INDONESIA

필리핀

말레이시아

칼리만탄
(보르네오)

술라웨시

말루쿠

이리안자야
(파푸아)

수마트라

자바

천 가지 얼굴의

이슬람,

그리고

나의 이슬람

Julia's Jihad

천 가 지 얼 굴 의 이 슬 람 , 그 리 고

나의 이슬람

이 슬 람 이 생 활 의 모 든 면 을 , 세 속 적 인 것 과

율리아 수리야쿠수마 지음
구정은 옮김

신 성 한 것 모 두 를 규 정 하 는 종 교 라 는 점 은 사

실 이 다 . 하 지 만 이 슬 람 의 가 르 침 과 규 율 도 맥

락 에 맞 춰 해 석 해 야 한 다 . 어 떻 게 해 석 하 느 냐

에 따 라 율 법 도 얼 마 든 지 개 방 적 이 될 수 있

다 . 종 교 안 에 서 의 자 유 도 놀 랄 만 큼 유 연 하 다

asia network 푸른숲

전 국민의 88퍼센트가 알라를 믿는 나라

중동 전체 무슬림 인구보다 더 많은 무슬림이 사는 나라

세계에서 이슬람 신자가 가장 많은 나라

종교지도자가 두 번째 아내를 얻었다는 뉴스가 나오고

여성들이 립스틱을 발랐다고 체포되지만

2001년 이미 첫 여성 대통령을 선출한 나라

동남아시아에서 가장 화려한 스카이라인을 뽐내지만

인구의 절반이 빈민인 나라

이슬람을 앞세워 폭력, 차별, 억압을 외치는 사람들이 지도자라는 나라

서로 다른 250여 언어를 사용하는 300여 민족이 모여 사는

인도네시아에서 만나는 천 가지 얼굴의 이슬람 이야기

그리고

나의 이슬람

인도네시아 개관

인도네시아
INDONESIA

공식명칭 인도네시아 공화국 Republic of Indonesia

약칭 인도네시아 Indonesia

수도 자카르타 Jakarta

정부형태 공화국

면적 1,904,570km^2

지리 아시아 대륙과 오스트레일리아 대륙 사이에 자리 잡은 인도네시아는 17,508개 섬으로 이루어져 있다. 가장 큰 다섯 섬은 칼리만탄Kalimantan(539,460km^2), 수마트라 Sumatra(473,606km^2), 파푸아 Papua(421,981km^2), 술라웨시 Sulawesi(189,216km^2), 자바Java(132,107km^2). 400여 개 화산 가운데 100여 개가 활화산이어서 적어도 하루에 한 번 지진이 일어나고 1년에 한 번 꼴로 화산이 폭발한다. 최고봉은 파푸아 수이르만 산맥의 푼착 자야Puncak Jaya로 해발 5,030m다.

인구 총 인구 2억 4197만 3879명으로 세계 4위다. 인구의 64%가 인도네시아 총 면적의 6.9%를 차지하는 자바와 마두라Madura에 모여 있다(주한인도네시아대사관. 2005년 추계). 평균 수명은 70.46세(2008년 추정).

태국
베트남
필리핀
말레이시아
수마트라
칼리만탄
(보르네오)
술라웨시
말루쿠
이리안자야
(파푸아)
자바
자카르타
오스트레일리아

민족구성 서로 다른 250여 언어를 사용하는 300개 넘는 민족으로 이루어져 있다. 다수
민족은 말레이계, 파푸아계, 자바계, 순다계다. 소수민족은 8세기 즈음 상인으
로 인도네시아로 온 중국계가 전체 인구의 3%를 차지하고 이밖에 인도계와 아
랍계 그리고 국가 행정이 미치지 않는 다야크족 등 소수민족 집단들이 있다.

종교구성 이슬람 88.22%, 기독교 5.87%, 가톨릭 3.05%, 힌두교 1.81%, 불교 0.84%,
나머지 0.2%로 구성되어 있다(2004년 인도네시아 중앙통계청. 총 인구 2억 1
천만 명 기준).

언어 공용어는 말레이어의 한 갈래인 바하사 인도네시아어. 이밖에 민족과 지역에 따라
300여 언어와 방언이 쓰이나 모든 학교는 인도네시아어로 교육한다.

행정구역 33개 행정구역

교육체계 초등교육 6년과 중등교육 3년이 의무교육이다. 초등학교 4학년 진학률은 여자
82%, 남자 97%이고 중등학교 진학률은 여자 남자 모두 58%이다(2000년 주
한인도네시아대사관).

경제지표 국내총생산 433억 달러. 연 경제성장률 6.3%. 물가상승률 6.6%. 1인당 국민소
득 3,700달러(2007년 미 국무성).

주요 수출품 석유, 천연가스, 합판, 직물, 고무, 야자기름.

주요 교역국 일본, 미국, 말레이시아, 싱가포르, 오스트레일리아.

국가 인터넷 도메인 id

모두의 평화, 그 먼 꿈을 향하여

상상해보라.

아시아와 오스트레일리아 두 대륙 사이 태평양과 인도양이 만나는 곳, 적도 위 수천 킬로미터에 걸쳐 있는 나라를. 1만 7천 개의 작은 섬들과 다섯 개의 거대한 섬으로 이뤄진, 세상에서 가장 큰 군도群島의 나라를. 천혜의 자연과 푸르고 비옥한 땅을 가졌으나 오염과 상처로 가득한 나라를.

상상해보라.

인구 2억 4천만 명 가운데 절반이 넘는 1억 7천만 명이 전체 국토 면적의 10퍼센트도 안 되는 섬 하나에 몰려 복작이는 나라, 수도의 경계선이 인구 폭발로 터져나갈 지경인 나라를. 온화하고 우아한 사람들이 피비린내 나는 전쟁과 혁명의 역사를 끌어안은 채 살아가고 있는 나라를. 세계 여러 문명들 중에서도 특히 여러 인종, 여러 민족이 오래 모여 살아왔으나 여전히 누가 국민이고 누가 국민이 아닌지 싸우고 있는 나라를.

상상해보라.

지난날 오만한 칼뱅파 장사꾼 식민주의자들 손에 억지로 한데 묶여야 했던 다문화 · 다언어 · 다종교의 나라, 이제야 뒤늦게 근대 국가가 되고자 정체성을 대량 생산하고 있는 나라. 아마도 세계에서 가장 주목을 받게 될, 하지만 그 모습을 짐작할 수 없는 나라를.

중국, 인도, 미국에 이어 세계 네 번째 인구 대국 인도네시아가 이런 나라임을 알아차리기는 쉽지 않다. 인도네시아가 세계에서 무슬림 인구가 가장 많은 나라이며 중동 전체 무슬림 인구보다도 많은 무슬림들이 살고 있는 나라임을 아는 사람도 많지 않으리라. 인도네시아의 '생물종 다양성 보호기준'이 세계에서 두 번째로 엄격하다는 사실을 아는 사람은 더더욱 없으리라.

인도네시아가 주목받아 마땅할 이유는 또 있다.

첫째, 이슬람에 기반을 둔 나라 가운데 현재 인도네시아처럼 민주화 과정을 폭발적으로 거치고 있는 나라는 아주 드물다.

1998년 수하르토 정권의 '신질서' 체제가 실패로 끝난 뒤, 아시아를 강타한 금융위기의 폐허 속에서 터져나온 '레포르마시Reformasi · 개혁 운동'은 이슬람 정체성 강화와 민주화라는, 일반적으로 어우러지기 어려운 두 지향을 동시에 내걸었다. 여태껏 외국 언론들은 인도네시아를 말할 때 질밥jilba'ab 쓴 여성이나 이슬람식 모자를 쓴 남성을 상투적으로 갖다 붙였다. 하지만 이제 작은 시골마을부터 대통령궁까지 나라 방방곡곡에서 전통 의상을 입고 한 표를 행사하는 무슬림의 모습이 그 자리를 차지할 것이다.

인도네시아는 1997년 최악의 경제위기, 정치적 소요, 종교 · 민족적 갈등, 화산 · 지진 · 쓰나미 · 대화재 같은 자연재해를 겪었지만, 그럼에도 세계에서 가장 성공적으로 민주주의로 옮겨간 나라 가운데 하나다. 미국은 여성 대통령 '후보'도 내지 못했지만 인도네시아에서는 2001년 첫 여성 대통령 메가와티 수카르노푸트리Megawati Soekarnoputri가 집권했다. 얼마 전 영국 컨설팅 회사 프라이스워터하우스쿠퍼스가 내놓은 보고서는 인도네시아 경제 규모가 2050년에는 미국의 20퍼센트 수준으로 성장하고 현재의 경제성장률이 계속될 경우 영국이나 독일을 제칠 것으로 전망했다.

그런데 이런 사실들만으로 인도네시아의 독특한 특성들, 그 역동성과 탄력성을 모두 보여줄 수 없다. 인도네시아처럼 문화·지리·역사가 다양하고 복잡한 나라는 드물다. 아마도 여기에 9·11 테러가 증폭시킨 이슬람에 대한 서구의 편집증적 공포와 인도네시아에서 연이어 터진 테러 사건들이 맞물려, 인도네시아를 테러리즘, 혼란, 폭력으로 가득 찬 나라로 보이게 했을 것이다. 그 결과 미국을 비롯한 서방 국가들은, 인도네시아가 세상을 향해 문을 열고 민주주의와 안정을 향해 가고 있던 바로 그 시점에 인도네시아 여행 자제령을 내렸다.

인도네시아는 지금 패션, 음식, 영화, 기술과 더불어 생활양식 전반에서 때론 폭력적으로 느껴질 만큼 거센 서구화를 겪고 있다. 그래서 밀려드는 서구에 맞서고자 질밥으로 머리를 가리고 인도네시아 인사말 '슬라맛selamat' 대신 아랍어 인사말 '아살라무알라이쿰assalamu alaikum'을 쓰며 옷차림과 행동방식에서 아랍 쪽으로 치우치는 흐름이 등장했다. 그렇게 인도네시아인은 서구와 아랍 문화 사이를 오락가락하면서 정작 자신들의 문화는 무시하고 있다. 인도네시아에는 3백 가지가 넘는 다양한 민족문화가 있는데도 말이다.

원하든 원하지 않든 나는 민주화와 되살아난 보수적 전통·종교·정치가 맞부딪히는 곳, '다양성 속의 통일the unity through diversity'을 국가 목표로 삼고 있는 곳에서 살아가고 있다. 온건하고 관용적인 사회를 만들려는 많은 국민들의 조용한 희망과 점점 커져가는 이슬람 강경파의 목소리 사이에서, 번영을 갈구하는 중산층과 점점 더 가난해져가는, 인구 절반이 넘는 빈민들 사이에서, 인도네시아 전통이 그랬듯이 권리를 찾고 스스로 선택한 인생을 살려는 여성들과 그런 여성들을 묶고 억압하는 종교 사이에서, 우리는 늘 '무엇이 진정한 인도네시아 사람의 조건인가'를 놓고 혼란스러워하고 있다. 많은 인도네시아인들처럼 나도 떠오르는 '무슬림 민주주의'의 역동성 속에서 살아가는 방법을 이해하려 애쓰며 이 사회 한복판에서 살아가고 있다.

어떤 면에서 나는 인도네시아가 지닌 복잡성을 체현하고 있다. 이슬람 분리주의 지지자들이 많은 서부 자바 순다^Sunda족 무슬림 집안에서 태어나 외교관이셨던 부모님을 따라 유럽 여러 나라에서 살고 교육 받은 나는 '이중 외국인', 즉 외국에서뿐 아니라 고국에서도 외국인이었다.

하지만 경계에 선 덕분에 나는 인도네시아를 내부인과 외부인의 눈으로 동시에 바라볼 수 있었다. 온건하지만 신실한 무슬림 가정에서 자라난 조부모는 신심이 깊었지만 나는 특별히 종교적이었던 적은 없었다. 그러나 9·11 테러와 뒤이은 '이슬람 때리기'는 처음으로 내가 무슬림임을 일깨웠다. 극단적 이슬람주의자들이 저지르는 폭력을 혐오하지만 동시에 이슬람과 무슬림이 너무 부당한 대접을 받고 있다고 느끼게 되었다.

나는 이슬람을 점점 많이 공부하게 됐고, 내 믿음과 행동 가운데 많은 부분이 이슬람 전통에 빚졌다는 사실을 깨달았다. 평화로운 민족이 문명국가를 만든다는 생각, 관용이 진정한 종교의 기둥이라는 믿음과 함께 지식과 진리를 향한 내 물음이 사실은 이슬람의 핵심이었음을 뒤늦게 발견한 것이다.

서구와 극단적 이슬람근본주의자들이 생각하는 이슬람이 비슷한 모습이라는 사실도 깨달았다. 포르노 반대 운동에서 기독교 보수파와 급진 페미니스트들이 손을 잡듯, 무지에서 비롯된 이슬람 공포에 휩싸인 서구는, 두려움을 폭력으로 잊으려들고 신념이 다른 사람들을 핍박한다는 점에서 극단적 이슬람주의자들과 닮은꼴이다. 그 둘 모두에게 '타자'는 곧 자신들을 위협해오는 적이다.

나는 성스러운 전쟁인 지하드jihad가 적들에게 무기를 겨누는 십자군이 아니며 가장 중요한 '지하드'는 마음 또는 영혼이 벌이는 싸움이라는 것을 알았다. 《꾸란Quran》은 내 안에 있는 증오, 질투, 탐욕, 분노, 복수심, 죄악, 원망, 두려움과 싸워 스스로를 정복하는 일이 가장 중요하고 어려운 지하드라고 분명히 말한다. 진정한 지하드는 타인과 자신을 향한 관용과 공감, 열정, 신념, 낙관주의, 결속, 사랑을 키워가며 평화를 향한 공동체의 여정에 힘을 보태는 것이다.

그런 이유에서 이 책의 제목은 '율리아의 지하드Julia's Jihad'라 정했다. 여기 실린 글은 내가 우리 민족과 나라를 좀 더 깊이 이해해가는 과정이었고 동시에, 그동안 잘못 알고 있던 이 나라와 종교에 대해 새로 깨달은 것을 전하기 위한 작은 노력이다.

나와 함께하며 생각과 영혼을 다해 나를 도와준 지적 파트너이자 특별 편집자 남편 팀 린지에게 감사한다. 팀의 변함없는 지원이 없었다면 몇 년씩 걸린 이 작업을 제대로 할 수 없었으리라.

마지막으로, 내 영감의 원천이자 내가 언제까지나 탐험하고 발견하고 상상해나갈 인도네시아와 인도네시아 사람들에게 감사한다.

자카르타 치레네에서, 2008년 10월
율리아 수리야쿠수마

2장 | 국가는 바보인가

3장 | 약자를 위한 나라는 없다

꾸란은 그렇게 말하지 않았다

:: 1장

● 신이 인류에게 말한다.
  아, 믿는 자들아, 우리는 너희를 남녀로 나누어 창조하였다.
  너희들을 부족과 종족으로 나누었는데,
  이것은 너희들 서로가 알도록 하기 위함이다.
  — 《꾸란》 49장 13절

●● 무슬림에게 '남'은 적이 아니라, 스스로를 알도록 해주는
  소중한 존재다. 그런데 이 가르침을 지키는 사람은 많지 않으며,
  이 때문에 피해와 고통을 당하는 이들은 여성이나 사회적 약자들이다.
  그리고 알지 못하는 사이 이슬람은 자기파괴적이고 시대에 뒤떨어
  지고 불합리한 도그마가 된다.

| 일러두기 |

1 이 책에 실린 글은 2006년부터 2008년 사이에 〈자카르타포스트Jakarta Post〉〈가루다 항공Garuda Inflight
  Magazine〉〈템포Tempo〉(영문판)〈TEBI〉〈스트레이트타임즈Straight Times〉〈수퍼코란온라인신문Superkoran
  Online Newspaper〉 등에 수록되었다.
2 저자 주로 표기하지 않은 모든 각주는 역자 주다.
3 이 책의 외래어 표기는 국립국어연구원의 '외래어표기법 및 표기 용례'를 따랐다. 다만, 이슬람 경전 '꾸란'은 한
  종교의 경전으로 존중한다는 의미로 '코란'이라 표기하는 용례를 따르지 않고 현지 발음에 가깝게 표기하였다.
4 글에서 인용한 《꾸란》 한글어판 대본은 명문당에서 펴낸 《코란》(꾸란)(김용선 역주, 2006)을 참고하였다.
5 저작권 표시가 없는 사진 자료는 모두 위키피디아에서 제공하는 자료를 활용했다.
6 인도네시아 단체 이름의 번역은 국내 언론매체가 보도한 번역 전례를 따랐고, 공식 약칭은 인도네시아어로, 공
  식 명칭은 자료 조사 등의 독자 편의를 위해 영문으로 병기했다. 예) 인도네시아울라마위원회(MUI·Indonesian
  Ulema Council)—MUI는 인도네시아어 Majelis Ulama Indonesia의 약어.

알라의 첫 계시,
"읽어라"

선지자 무하마드에게 알라가 최초로 내린 계시는 "이끄라 Iqur'a",
즉 '읽어라'다.

알라에게 받은 첫 계시의 내용은 이렇다.

읽어라. '창조주이신 당신의 주님의 이름으로,
주님은 응혈로부터 인간을 만들어주셨다.'
읽어라. '당신의 주님은 한없이 마음 넓으신 분
붓 잡는 법을 가르쳐주셨고
인간에게 미지의 일을 가르쳐주셨다.'

— 《꾸란》 96장 1-5절*

---

* 《꾸란》은 맨 앞에 짧은 개경장(Al-Fatiha·開經章)이 있고 그다음에는, 계시를 받은 시간 순서와 상관
없이 긴 구절 순서대로 정리되어 있다.

첫 계시 말고도《꾸란》에는 배움과 지혜를 강조한 구절들이 많다.

> 엎드려 밤을 새우고, 혹은 서서 예배를 드리며, 내세를 두려워하고, 주의 은혜만을 희망하는 자. 말하라, '지식이 있는 자와 없는 자가 같을 수 있느냐?' 깊은 생각 있는 자만이 교훈을 얻는다.
>
> — 《꾸란》 39장 9절

> [알라는] 누구에게나 마음에 합당한 자에게 지혜를 주신다. 지혜를 얻는 자는 참 좋은 것을 얻은 것이다. 그러나 분별이 있는 자 외에는 누구도 반성치 않는다.
>
> — 《꾸란》 2장 269절

그러나 많은 사람들이 이슬람을 맹목적인 믿음을 강요하는 비이성적 종교로 잘못 알고 있다. 이슬람의 가르침을 잘못 이해한 몇몇 독단적인 사람들 때문에 빚어진 오해일 뿐이다.

몇 달 전 남편 팀과 외국에서 돌아오는 길이었다. 비행기 뒷자리에는 정통 아랍 남자처럼 차려입고 턱수염까지 덥수룩하게 기른 인도네시아 남성이 앉아 있었다. 비행기에서 내리려 줄 서 있던 팀은 그 남성이 적개심이 가득한 눈으로 자신을 노려보고 있다는 걸 알았다. 전에 만난 적이 없었으니, 아마도 그는 우리를 '순진한 인도네시아 여자(가끔은 나를 그렇게 보는 사람도 있다!)를 꼬드긴 이교도와 그 옆에 붙어다니는 썩어빠지고 우매한 여성'이라고 생각했을 것이다.

그 남자가 보였던 증오심이 진짜 그런 이유 때문이었다면, 정말 아이러니다. 팀은 무슬림일 뿐 아니라 이슬람 학자다. 그는 인도네시아의 성스러운 이슬람법 샤리아sharia'h를 연구하기도 했다. 날 때부터 무슬림인 나는 팀과 결혼함으로써 이슬람을 더 제대로 배울 수 있었다. 사정이 이런데, 아일랜드계 백인이라는 겉모습만 보고 그런 경멸의 눈빛을 보냈다면 정말 안타까운 일이다.

비행기 사건이 있은 뒤에 나는 영화 〈키퍼: 오마르 하이얌의 전설 The Keeper: The Legend of Omar Khayyam〉를 보게 되었다. 11세기 이란 철학자이자 천문학자 오마르 하이얌은 서사시집 《루바이야트The Rubaiyat》를 쓴 시인이기도 하다. 영화는 오마르가 당대 최고 지성으로 떠오르는 과정, 노예 소녀 다리야Darya와의 사랑, 숙적이자 친구였던 하산 사바 Hassan-i Sabbah와의 우정 등을 그리고 있다.

영화 속 등장인물들은 각기 다른 삶의 길을 걷는다. 다리야는 노예로 팔려가고 세상에 대한 분노로 가득 찼던 하산은 이슬람극단주의 무장조직인 아사신파Assassins·암살단파를 창시하고, 오늘날 지하드 전사들의 원조 격인 '산 위의 어른Old Man of the Mountains'*이 된다. 반면 오마르는 과학과 이성을 추구하는 지식인이 되어 이란의 새로운 지도자 술탄 말리크 샤Sultan Malik shah를 교육하고 비잔틴의 십자군을 어떻게 막아낼지 조언한다. 다리야를 놓고 오랫동안 오마르와 경쟁을 벌인 뒤 끝내 사랑을 얻지 못한 하산은 이슬람 광신도가 되어 말리크 샤에 맞선다. 나는 특히 오마르와 하산이 종교와 이성을 주제 삼아 토론하는 장면이 기억에 남았다.

오마르가 왕에 맞서 무장봉기를 일으킨 까닭을 묻자 하산이 답한다. "신앙심이 깊지 않으니 이해하기 힘들겠지. 너는 신만이 진리임을

---

* 하산이 만든 아사신파 요새가 지금의 이란과 시리아를 잇는 산악지대에 있었기 때문에 붙은 별명이다. 중세 십자군 전쟁을 다룬 기록들이나 우리에겐 《동방견문록》으로 친숙한 마르코 폴로(Marco Polo)의 《세계의 서술(Il Milione)》 같은 옛 문헌에 '산 위의 어른'에 얽힌 일화가 많이 나온다.

완전히 믿어야 해."

오마르가 말한다.

"종교가 진리라는 게 언제나 진정한 진리는 아니지. 신앙인 중에도 그 가르침과 의례를 따르지 않는 이들도 많고."

하산이 다시 말한다.

"신에 대한 절대 믿음만이 유일하고 진정한 진리야."

오마르가 말한다.

"신앙이 이성과 조화와 균형을 이룰수록 자신의 신념이 옳은지 스스로에게 묻게 되지."

하산이 다시 반박한다.

"늘 질문이 너무 많군. 결국 너의 이단은 사람들을 혼란에 빠뜨려."

오마르가 묻는다

"이단이라고?"

하산이 답한다.

"믿음 위에 이성을 놓는 게 바로 이단이지. 신앙의 영역에서는 절대적 권위를 인정해야 해."

오마르가 마지막으로 묻는다.

"대체 누가 그 '절대적 권위'를 가졌지?"

그 장면이 기억에 남은 것은 우리의 믿음이 어떤 고비를 맞고 있는지 함축적으로 보여주고 있어서였다. 하산과 오마르는 각각 '적'에게 폭탄 세례를 퍼붓는, 그리하여 스스로의 목숨도 날려버리곤 하는 급진 강경파 이슬람과, '계몽된' 이슬람 학자들을 대변하고 있다. 오사마 빈 라덴과 조지 W. 부시는 거울에 비춘 듯 꼭 닮은 하산의 복제인간들이다. 그리고 사람들은 이런 모습이 이슬람, 혹은 이슬람의 정신이라고 생각한다. 그러나 《꾸란》이 첫 계시로 강조했듯이 이슬람의 본질은 이성과 지식을 추구하는 오마르 쪽이다.

이성과 지식을 향한 욕구는 역사적으로도 이슬람 문화의 중요한 부분이었다. 이런 문화 덕분에 이슬람은 10~12세기의 황금시대를 열었다. 이 시기에 이슬람은 암흑의 중세를 겪던 유럽이 팽개친 고대 그리스와 로마의 과학적 유산들을 보존하고 나아가 폭발적으로 발전시킬 수 있었다.

그런데 이성과 신앙이 분리되면서 신앙은 맹목적으로 변했다. 그 결과, 이슬람에도 종교 관습 같은 겉치레에만 매달리는 무지하고 맹목적인 '신앙'(여기서는 독선이 더 맞겠다)이 나타나게 되었다. 남편의 겉모습만 보고 이글거리는 증오의 눈길을 보낸 그 남자처럼 말이다.

오마르는 하산에게 "가장 중요한 지하드는 자기 자신과의 싸움"이라고 말하지만, 오늘날 이 사실을 이해하는 오마르의 후예들은 눈에 잘 띄지 않는다. 오히려 "네가 속한 세상에선 지식이 곧 힘이지만 내가 말하는 세상에서는 믿음이 힘"라고 말하는 하산들이 더 많이 눈에 띈다. 맹목적인 믿음은 '앎(이성)이 없는 권력(종교)'이고, 이것은 진실을 교묘하게 비틀거나 못 본 체하는 경우가 많다. 이러한 맹목성이 종교를 핑계 댄 테러의 뿌리가 되며 사회를 분열시키는 위험한 동력 구실을 한다.

오마르의 후예들이여, 과학자와 철학자와 시인들이여, 어서 다시 일어나 우리의 영웅이 되어달라.

깊이읽기: 《꾸란》과 선지자 무하마드

이슬람 경전 《꾸란》은 선지자 무하마드에게 알라가 내린 계시를 집대성한 것으로 신의 말씀을 전하는 경전이자 동시에 개인의 생활 규범이고 이슬람 국가의 통치원리다.

이슬람의 창시자이자 알라의 말씀을 전하는 선지자 무하마드Muhammad ibn' Abdullāh 또는 Mohammed, Muhhammed는 기원전 570년 무렵 현재 사우디아라비아 히자즈Hejaz 지방 메카Mecca에서 지역을 장악하고 있던 쿠라이시족 명문 하심 가에서 태어났다. 어머니 뱃속에 있을 때 아버지를, 여섯 살에 어머니를 여의고 할아버지와 숙부 아부 타립Abu Tarib 손에서 자랐다. 숙부를 따라 일찌감치 대상이 된 무하마드는 막대한 재산을 가진 과부 하디자Khadijah를 만난다. 뛰어난 사업가였던 하디자는 무하마드의 사업 능력뿐 아니라 성실함과 진실함을 확인하고 무하마드와 결혼한다. 스물다섯 살 무하마드는 첫 결혼이었고 열다섯 살 연상인 하디자에게는 세 번째 결혼이었다. 하디자가 죽을 때까지 무하마드는 하디자만을 아내로 두었는데, 둘의 결혼은 이슬람에서 모범 삼을 만큼 충만하고 행복했다고 한다.

그러나 세상은 평화롭지 않았고 고통 받는 사람들이 넘쳤다. 엄청난 부를 누리는 상인들과 입 하나 덜겠다고 갓난아이를 예사로 죽이는 서민들, 자신들만의 신을 앞세우며 서로 불화하는 부족들을 보며 시대의 모순에 번민하던 무하마드는 히라 산Mount.Hira 동굴로 들어가 금욕생활을 시작했다. 어린 시절 겪은 가난과 외로움은 무하마드가 세상의 고통에 더 깊이 공명하게 된 이유였으리라. 610년 단식월의 어느 날, 꿈에 나타난 대천사 가브리엘(지브릴)은 "읽으라"고 명했다.* 무하마드가 "저는 읽을 줄도 쓸 줄도 모르는데 어찌 제가 읽겠습니까?" 하자 천사는 첫 계시를 내렸다. 그

것이 바로 《꾸란》 96장 1절에서 2절에 이르는 첫 계시 "읽어라. '창조주이
신 당신의 주님의 이름으로, 주님은 응혈로부터 인간을 만들어주셨다'" 이
다. 발작 같은 경련, 온몸에 흐르는 진땀 등 이상 징후에 혼란스럽고 두려
워하던 무하마드는 당장 집으로 내려왔다. 이야기를 들은 아내 하디자는
무하마드가 선지자로서의 사명을 받아들여야 한다고 격려한다.

그 후 632년 일흔일곱의 나이로 죽을 때까지 무하마드는 모두 114장
sura·수라, 6220절 aya·아야에 이르는 《꾸란》 내용을 계시 받았다. 처음 계시
내용은 신의 은총과 권능을 강조하며, 신에 대한 감사와 숭배, 타인에 대
한 자비와 친절을 통해 현세가 끝난 뒤 찾아올 세상에서 구원받을 수 있다
고 강조한다.

유일신을 강조하는 무하마드의 가르침은 부족들마다 다른 신을 섬기
던 메카의 기존 세력에게는 위협이었다. 무하마드를 지지하고 보호해주
던 아내와 숙부가 죽자 박해는 더 심해졌다.

622년 무하마드는 메카를 떠나 야스립 Yathrib에 정착한다. 도시 명칭 야
스립은 곧 '선지자의 도시'를 뜻하는 메디나 Medina로 바뀌어 오늘에 이른
다. 이때를 이슬람력 제1년으로 정하고 이 일을 '옮겨가다 遷行'를 뜻하는
'헤즈라 Hijrah·Hegirah'라고 부른다.

메디나로 간 후 무하마드가 받은 계시는 《꾸란》 전체 114장 가운데 20개
장인데, 짧고 선언적이며 강렬했던 초기 메카 계시와 달리 장구의 길이가
길어지고 정치·사회적 요소가 많아졌다. 메디나로 옮긴 후 이슬람 공동
체 '움마 umma'가 생기면서 새로운 사회에 대한 비전과 공동체의 규율이
강조되고 공동체의 일원으로서 개인의 일상 규범이 중요해진 까닭이다.

✻ 대천사 가브리엘이 처음 전한 말이 '무하마드여, 그대는 알라의 사도이다'라고도 하는데, 이것은 신
도 일반에게 전하는 가르침이 아니라 무하마드 개인에게 전하는 말로 여겨진다.

그래서 《꾸란》의 많은 내용이, 아내를 여럿 얻어도 되는지, 다른 이를 돕는 희사금은 얼마나 내야 하는지 같은 구체적인 생활 규범으로 이루어져 있다. 특히, 고아나 과부 같은 사회적 약자를 배려하는 공동체의 관심, 타인에 대한 관대함과 친절이 중요한 규범으로 제시된다.

메카에서 겪은 박해에 더해 메디나에서 맞닥뜨린 유대인과의 갈등은 무하마드의 말년을 전쟁으로 몰아간다. 무하마드가 태어난 메카 지배층 쿠라이시족과 벌인 전투 두 번과 624년 바드르 전투, 625년 우흐드 전투가 대표적이다. 627년(이슬람력 5년), 메디나로 진격해온 쿠라이시족과 메디나 유대인을 주축으로 한 1만여 부족 연합군과의 싸움에서 거둔 승리는 인근 부족뿐 아니라 아라비아 반도까지 통합할 수 있는 발판이 된다. 이와 같은 큰 전투를 이끌려면 강렬한 구호와 정의의 수호자라는 신념을 강조해야 한다. 이런 점이 이슬람을 폭력과 불관용의 종교로 여기게 하는 단초가 되었다.

무하마드가 궁극적으로 원한 것은 아라비아 반도의 평화로운 통합이었다. 그래서 《꾸란》을 통해 다른 부족들을 협력자로 끌어안을 수 있도록 관용을 강조하고 그 스스로도 630년(이슬람력 8년) 전쟁없이 평화롭게 메카로 돌아갔다. 2년 후 무하마드는 최초이자 최후의 순례인 '이별의 순례'를 다녀온 후 그해 애처 아이샤Aisha에게 안겨 숨을 거둔다. 무하마드의 '이별의 순례'는 무슬림의 5대 의무 가운데 하나인 성지 순례 '하즈haji'로 굳어졌다.

'신이 한 말 그 자체'로 알려진 《꾸란》이 오늘날과 같은 형태로 정리된 것은 제3대 칼리프 우스만'Uthman ibn 'Affan · 644~656년 재위 때다. 이때 계시를 받은 시간 순서가 아니라 계시 내용이 긴 순서대로 늘어놓아, 신과 인간의 내밀한 관계를 다룬 짧고 강렬한 초기 계시가 뒤에 나오고 공동체 규율과 일상 규범이 주로 앞에 나온다.

다른 종교와 달리 《꾸란》은 생활 규범이 많이 담겨 있기 때문에 시대적 맥락과 현실을 무시하고 문구 자체에 매달리는 교조적 해석이 문제가 되곤 한다. 이슬람에는 《꾸란》 외에도 이슬람 공동체의 결속과 법 형성에 큰 영향을 미친 무하마드의 언행록 '하디스Hadith'가 있다.

오마르 하이얌과 하산 사바

●●●
이란 니샤푸르에 있는 오마르 하이얌 묘실의 초상화. 이슬람 전성기에 천문학자, 시인, 수학자로서 활약하여 '세계의 학자'로도 불린다. 그가 보여줬던 이성과 믿음의 조화, 이성과 지식을 향한 욕구는 이슬람 문화의 핵심 요소이다.

오마르 하이얌Omar Khayyam·1048~1122은 중세 페르시아 셀주크 왕조의 수도였던 코라산Khorasan, 지금의 이란 북동부 니샤푸르Nishapur에서 태어났다.

시집 《루바이야트》로 널리 알려진 하이얌은 이슬람 전성기인 중세 이슬람 과학을 대표하는 수학자이자 천문학자다. 원의 쌍곡선 교차로 3차 방정식을 풀 수 있는 기하학적 방법을 제시한 〈대수 문제 논증에 관한 논문Treatise on Demonstration of Problems of Algebra〉은 현대 이전 논문 가운데 가장 뛰어나다고 평가되며 코페르니쿠스보다 앞서 지동설을 제안했다고 알려진다. 철학, 법학, 역사, 의학에도 통달해 "세계의 학자"로 불리기도 했다. 생의 대부분을 보낸 고향에서 학생들을 가르치다 1022년 숨을 거두었는데 오마르 하이얌의 묘실은 건축물의 걸작으로 오늘날 많은 이들이 찾고 있다.

●●● 하산이 이끄는 아사신파의 근거지였다고 전해지는 알라무트 요새. 맹목적인 믿음으로 정치적 암살을 일삼았던 그들의 후예가 아직도 활약하고 있지만 그게 이슬람의 전부는 아니다.

학자 오마르 하이얌과는 달리 하산 사바는 최초로 정치적 암살이 목표인 암살단을 만들었다. 1056년(또는 1024년), 현재 이란인 페르시아의 쿰Qom에서 '12 이맘파Twelveler'로 통하는 시아파 일원으로 태어났다. 이집트 파티마 왕조를 위해 일하다 이슬람 포교사가 되어 고국으로 돌아왔는데, 당시 지배자 셀주크 왕조를 지지하는 순니Sunni파와 정치적, 종교적으로 대립하면서 순니파 칼리프들를 비롯한 반대파 고위 정치인을 암살하는 무장집단 '아사신파Assassins'를 결성했다. '아사신'은 '하시시마약의 일종에 취한 사람들'을 뜻하는 페르시아어 '하슈사신Hashshashin'에서 유래했고 '암살'을 뜻하는 영어 단어 'assassination'의 어원이 됐다. 종교가 아닌 정치적 이유로 움직이는 무장집단이었다는 점에서 일반적인 종교 분파로는 볼 수 없다.

이들은 이란 다이람 산맥의 이름 난 요새 '알라무트 Alamut · 매의 둥지'를 근거지 삼아 배타적이고 극단적인 종교관을 가진 젊고 날렵한 남자들을 단련시켰는데 당시 십자군 원정부대는 이들을 '산 속의 어른(산중노인, 산 위의 노인)'이라 부르며 두려워했다고 한다. 아사신파는 13세기 내분을 겪다가 이란을 점령한 몽고군에 섬멸 당했다.

현재 종교적 추종자는 소수며, 사업에 성공한 부유한 무슬림으로 사는 이들이 많다.

라마단을 끝내며
올리는 기도

　이슬람 금식월禁食月인 라마단Ramadhan이 끝날 때쯤이면 TV와 라디오 방송들은 라마단이 끝나는 것을 축하하는 이둘피트리와 르바란*을 맞아 현란한 축제 프로그램을 쏟아낸다. 쇼 진행자들은 '욕망을 이기고' 극기에 성공했다고 축하하면서, 한 달 동안의 절제로 얻어낸 순수한 상태를 1년 내내 이어가자고 입을 모은다.

　여기서 '순수함'과 '성공'은 무슬림들이 라마단 동안 해 뜬 뒤부터 해 질 녘까지 먹고 마시고 성내고 섹스 하고픈 욕망을 극복했음을 뜻한다. 무슬림들은 그렇게 부족함과 배고픔을 직접 겪으면서 영적으로

---

* 이둘피트리(Idhul-Fitri)는 금식월이 끝났음을 축하하는 행사이고 르바란(Lebaran)은 이를 포함한 축제 기간을 일컫는다. 금식월 다음 달이 이슬람력 새해여서 축하 연휴를 겸한다. 인도네시아에서는 르바란에 중국과 우리나라가 설날에 하듯 성묘를 하고 고향도 방문한다. 섬이 많고 교통이 나빠 길게는 일주일 넘게 쉬기도 한다. 인도네시아에서는 이둘피트리로 부르지만 아랍과 인도에서는 '이둘피트르'라 부르고 각각 Eid Al-Fiter, Ei-dul-Fitr로 쓴다.

성장한다고 TV 프로그램들은 주장한다. 그런데 영적이라는 단어가 뜻하는 건 도대체 뭘까. 라마단 저녁에 먹는 부카푸아사 buka puasa*는 대개 특별한 요리들로 어느 때보다 푸짐한 성찬이다.

르바란 축제일이 되면 여유 있는 집들은 요리를 넘치도록 차려놓고 손님, 친구, 친척들을 맞는다. 이날의 방문은 젊은 사람이 나이든 사람 집에, 아랫사람이 윗사람 집에, 가난한 사람이 부잣집에 가는 식으로 사회적 수직구조에 따라 정해진다. 식사를 대접하는 사람이 아랫사람에게 보내는 메시지는 분명하다. "아침부터 저녁까지 굶은 너에게 고칼로리, 고지방, 고당분으로 보답하겠노라."

여기 어디에 영적인 수련과 성장이 있단 말인가? 낮 동안 끼니를 거르는 대신 새벽에 잘 차린 음식을 먹고 저녁에 화려한 만찬을 즐기는 것은 탐욕과 지나침의 다른 모습에 지나지 않는다. 마치 물속에서 고무공을 내리누를 때처럼, 억압은 반작용을 부른다. 거듭 억누르면 어느 순간 폭발할 수도 있고, 병이 날 수도 있고, 아니면 둘 다가 될 수도 있다.

내 말의 요점은 낮 동안의 식욕을 30일 동안 억누른 뒤 이둘피트리 잔치에서 배가 터지도록 먹지 말고, 지성과 이성으로 신과의 연결을 굳건히 하자는 말이다. 우리 안의 나쁜 성격이나 잘못된 습관을 고쳐 라마단이 끝난 뒤에도 변화가 이어지도록 하자는 것이다. 이것이 라마단의—아니 이슬람 뿐 아니라 모든 종교의—보다 숭고한 목적이 되어야 한다. 스스로를 변화시키는 것은 의례가 아닌 일상생활에서라는 사실이 중요하다. 만약 우리가 가난한 사람들을 진심으로 생각한다면 더 간소하게 먹어야 하지 않을까?

* 하루의 금식을 깬다는 뜻. 라마단 기간 중 해가 진 뒤 먹는 그날의 첫 식사를 가리킨다.

이슬람을 이해하는 방식이 저마다 다르니 나처럼 생각하지 않는 사람도 있겠지만, 내가 보기에 요즘 들어 르바란은 서양의 크리스마스처럼 점점 더 상업화되고 있다. 신앙이 아니라 의례 그 자체가 르바란의 목적처럼 보일 때도 많다. 불행하게도 오늘날 인도네시아에서 라마단의 실체는 모호한 이상 속으로 자취를 감추어버렸다. 단식은 이제 다른 많은 이슬람 의식들처럼 그저 '의례'일 뿐이다. 신앙이 돈독한 친구는 "르바란이 우상 숭배 비슷하게 됐다"고까지 지적한다.

이 말은 핵심을 꼬집고 있다. 르바란과 관련된 좋은 전통들, 예를 들면 이슬람의 5대 의무 가운데 가난한 사람들을 돕는 희사금 자캇 zakat 이 과연 순수한지도 한번 짚어보자. 어떤 면에서 자캇은 부정하게 끌어모은 돈을 조금 떼어 면죄부를 얻으려는 '도덕적 돈세탁' 의례다. 요즘은 도움이 필요한 사람이 아니라 사업 상대에게 '르바란 꾸러미'라며 선물 보내기가 관행이 되고 있다. 은행들이 내게 보내준 그 많은 초콜릿들이 과연 정말 나한테 필요할까? 초콜릿은 내 몸매만 망가뜨릴 뿐, 내 영혼에는 아무 도움이 못 된다.

또 하나 인기 있는 르바란 풍습으로 성묘를 들 수 있다. 먼 옛날의 조상숭배 풍습에서 온 성묘는 이슬람과는 별 상관없지만 이를 아는 사람들은 적다. 우리 가족도 성묘를 했다. 내가 분위기 깨는 데엔 일가견이 있단 소리를 듣지만, 이때만큼은 입을 꾹 다물고 어머니를 따라 얼마 전 돌아가신 아버지 묘를 찾았다. 불볕더위로 비좁은 차 안에서 땀을 쏟으며 평소엔 20분 걸릴 거리를 꽉꽉 막힌 도로 탓에 3시간이나 걸려서 갔다. 나는 마음속으로 "아버지, 정말로 이런 걸 원하세요?"라고 묻고 말았다.

라마단의 본래 의미로 돌아가자. 무언가를 포기할 마음이 있다면 우리는 왜 점심 한 끼 같은 짧은 육신의 불편함이 아닌 더 뜻 깊은 것을 포기하지 않을까? 우리의 이기심과 두려움, 한계, 나약함, 부정적인 생각, 무지와 물질주의 같은 것들을 포기하는 편히 훨씬 나을 텐데. 그래서 나는 르바란의 정신을 살려, 이번 기회에 용서를 빌고 싶다. 자의든 타의든 빈정거리고 잘난 척하는 내 글로 상처를 받은 모든 이들에게. 그리고 오랫동안 나 때문에 속이 상했을 가족들에게.

"미날 아이딘 왈 파이진, 마아프 라히르 단 바틴내 몸과 마음이 저지른 잘못을 용서해주소서!" 무슬림들이 라마단 끝에 용서를 구하며 하는 말이다.

 깊이읽기: 라마단과 이슬람의 5대 의무

이슬람이 계율이 혹독한 종교라고 여겨지는 데는 라마단 탓이 크다. 이슬람력 아홉 번째 달인 라마단은 무하마드가 첫 번째 계시를 받은 달로 이를 기리고자 해가 떠 있는 동안 먹고 마시는 것을 비롯해 술, 담배, 성행위 등을 금지한다. 그래서 라마단은 '신성한 달'이라는 본래 뜻 말고 금식월이라고도 부른다. 이때 이뤄지는 종교적 행위 전체를 공식적으로 '사움Sawm'이라고 하지만 라마단도 같은 의미로 쓴다.

라마단 시기는 해마다 조금씩 바뀌어 계절이 달라지곤 하는데, 이슬람력 때문이다. 달의 순환 주기를 따르는 이슬람력은 한 달을 29. 5일로 세어 1년의 길이가 그레고리오력보다 10~12일 정도 짧다.

라마단은 7, 8세 이상인 모든 무슬림이 반드시 지켜야 하는 의무다. 전쟁 중의 군인, 여행자, 어린이, 노약자, 환자, 임신·수유·월경 중인 여성은 금식이 면제되나 나중에 그 일수를 채워야 한다. 라마단에는 매일 기도를 올리고 《꾸란》을 암송하며 예배를 드리고, 27일째(또는 26일째)는 무하마드가 첫 계시를 받은 날로 특별히 기념한다. 금식이 끝나면 사흘 동안 가까운 이들과 축제 이둘피트르를 즐긴다.

'전투'의 의미를 지닌 사움은 알라께 순종하고 은총에 감사함을 표시하고자 내 안에 있는 욕망과 싸우는 정신적 훈련이자 실천이다. 아울러 가난하고 소외 당하는 이들과 고통을 함께함으로써 무슬림의 연대의식을 강화하는 사회적 훈련이기도 하다.

무슬림이 반드시 지켜야 하는 5대 의무에서 라마단 또는 사움을 뺀 네 가지 의무는 아래와 같다.

_ 샤하다(Shahadah)·신앙 고백
이슬람의 첫 번째 의무로 하나님(알라)이 유일하고 위대한 존재임을 인정하고 고백해야 한다.

하나님은 위대하시다.

나는 하나님 외에 다른 신이 없음을 증언하나이다.

나는 무하마드가 하나님의 사자임을 증언하나이다.

예배 보러 올지어다.

성공을 빌러 올지어다.

하나님은 위대하시다.

하나님 외에 신은 없도다.

날마다 예배 시간을 알릴 때 이 기도문을 낭송한다.

● ● ● 선지자 무하마드가 14세기 전 밟았던 행로를 따르는 하즈는 무슬림이라면 일생에 한 번은 꼭 해야 하는
의무다. 2008년 '순례의 달'에도 약 3백만 명의 무슬림 순례자들이 인생 최고의 영적 체험을 위해 길을
나섰다. 노쇠한 아버지를 안은 한 남자가 사우디아라비아 메카로 가기 위해 아라파트 평원을 가로지르고
있다. ⓒ 연합통신

_ 살랏(Salat) · 기도

하루에 다섯 번(해 뜨기 전Faj, 정오Zuhr, 해 지기 전Asr, 해가 진 후Maghrib,
자기 전Isha), 몸을 깨끗이 하고 메카를 향해 기도해야 한다. 살랏은 일상에
서 신을 만난다는 본디 뜻에 따라 이슬람 성전 모스크Mosque가 아닌 개인
적 장소에서 올리기도 한다. 다만 신의 날인 금요일 정오 예배는 다른 신
도들과 함께하도록 권한다. 예배는 선지자 무하마드가 정한 의례에 따라
《꾸란》을 낭송하고 메카 쪽을 보고 일렬로 늘어서 예배를 이끄는 '이맘
Imam'을 따른다. 기도를 마치면 몸을 오른쪽으로 돌려 선한 행위를 기록하

는 천사에게 인사하고 왼쪽으로 돌려 악한 행위를 기록하는 천사에게 "당신에게 평화가 깃들기를 원합니다" 라고 인사한다.

_ 자캇(Zakat) · 구빈세

'정화淨化'를 뜻하는 자캇은 가난한 사람과 공공복지를 위해 금품을 희사함으로써 마음을 씻는 의무다. 보통 라마단이 끝날 때 1년 수입의 2.5퍼센트 정도를 내도록 되어 있다. 유산도 일정 비율을 자캇으로 뗸 뒤 상속해야 한다.

이렇게 모은 돈은 빈민, 장애인, 억압 받는 사람들을 돕거나 교육, 의료처럼 공동체 전체의 복지를 높이는 등《꾸란》에 명시된 목적으로만 쓸 수 있다. 자캇은 이슬람 경제의 기본 원칙으로 모두가 공헌하고 나누는 평등한 사회에 대한 지향을 보여준다. 최근에는 이 뜻을 더욱 확장해 이슬람구호회Islamic Relief, 무슬림에이드Muslim Aid, 무슬림핸즈Muslim Hands 같은 무슬림 비정부조직이 이웃을 넘어 전쟁이나 자연재해로 피해를 입은 세계 곳곳의 사람들을 더욱 활발하게 돕고 있다.

_ 하즈(Hajj) · 성지순례

'수고 혹은 노력'을 뜻하는 하즈는 이슬람 성지 메카를 순례하는 일이다. 체력과 경제력이 되는 무슬림이라면 일생에 최소한 한 번은 해야 한다. 안으로는 신과 가장 내밀하게 만나고, 밖으로는 함께 순례하는 이들과 형제애, 자매애를 나누며 평화와 평등을 체험하는 하즈는 무슬림에게 가장 큰 영적 경험으로 꼽힌다. 그래서 하즈를 다녀온 남성을 하지Hajji, 여성을 Hajja라 부르며 존경한다.

하즈는 대개 라마단이 끝난 지 두 달 후인 이슬람력 '순례의 달Dhū al-Hijjah'에 선지자 무하마드가 만든 형식에 따라 메카의 대大모스크 안에 있는 카바Kabba 신전을 향한다. 메카를 10킬로미터 앞두면 헐렁한 겉옷 이흐람Ihram을 입는데 이때부터 철저한 금욕을 시작한다. 소리 지르거나 다른 이에게 화를 내거나 생명을 다치게 해서는 안 된다. 향기로운 비누도 쓸 수 없다.

메카에 도착하면 이슬람의 가장 성스러운 장소로 꼽히는, 검은 돌로 된 카바 신전을 일곱 번 도는 의례 타와프Tawaf를 행하고 이슬람 전례에 따라 가까운 낮은 언덕 사이를 뛰어 오가거나 돌기둥에 돌을 던지는 것 같은 의식을 차례로 치른 뒤 희생제와 함께 자선을 베풀고 하즈를 마무리한다.

선지자가 할랄을
시작한 뜻은

남편 팀이 사는 오스트레일리아에 자주 가는데, 돌아올 때마다 어머니가 아주 좋아하시는 훈제치즈를 가져온다. 한번은 팀이 어머니도 좋아하실 거라면서 훈제치즈와 함께 자기가 즐겨 먹는 훈제한 닭을 가져왔다. 어머니께 훈제 닭을 갖다드리고 나서 하루 이틀 뒤 전화를 걸어 잘 드셨는지 여쭤봤더니 어머니는 그때까지도 드시지 않았다고 했다. 아주 신실한 무슬림인 이웃이 그 닭을 보고 이슬람 율법에 따라 도축된 고기인 할랄^{halal}인지 아닌지 알 수 없는 음식이라고 했다는 것이다.

그 얘기를 듣고 나는 "물론 할랄이죠, 엄마. 팀도 그걸 먹거든요"라고 말했다. 엄마는 어떻게 팀의 신앙을 의심하실까? 팀은 무슬림일 뿐 아니라 이슬람 학자여서 이슬람 의례라면 다른 무슬림들보다 많이 알면 알았지, 적게 아는 사람이 아니다. 그런데 많은 사람들은 이웃이나 가족, 친구에게 단편적으로 듣거나 관습적으로 전해 내려오는 전례만 알 뿐, 실제로 그 배경 같은 깊이 있는 지식은 없으면서 자신이 아는 게 전부인 양 생각한다.

물론 어머니 이웃의 종교적 믿음도 존중해야 한다. 그 믿음과 종교적 관습을 지키려는 그의 태도가 그를 좋은 사람으로 만들어줄 수 있기 때문이다. 하지만 애초의 종교적 신심과 경건함을 거스르는 정도만 아니라면, 현실에서 좀 더 유연해질 수도 있지 않을까. 어머니에게 내 생각을 전했지만, 어머니는 "그 사람은 '종교적 순수함'을 지키려고 애쓰는 것뿐이란다"라고 대답하셨다. 나는 이렇게 말씀드렸다.

"순수함은 우리의 생각이나 감정에서 비롯되는 것이지 닭을 어떻게 잡았느냐로 측정되지 않아요. 왜 기도할 때마다 '은혜로우시고 자비로우신 알라의 이름으로'라고 하시면서 그런 일은 신께 맡기시지 않으세요?"

아무튼 그 문제는 어머니께 맡겼고, 더 이상 닭고기를 드시라 권하지 않았다. 오스트레일리아에서 어머니가 있는 곳까지 가져온 사위의 정성을 받아들이라고 강요하지도 않았다. 이웃의 말만 없었다면 어머니는 아마도 맛있게 드셨겠지. 하지만 어머니는 이 문제에서는 하지인 이웃의 의견을 따르고 싶어 하셨다.

언젠가 라디오 프로그램에서 이슬람 학자 울릴 아브라르-압달라Ulil Abrar-Abdalla와 인터뷰를 했다. 그는 이슬람 철학을 새롭게 해석한 글을 썼는데, 이 글을 놓고 이슬람 학자 단체 포럼 울라마 우맛 이슬람Forum Ulama Umat Islam은 그에게 반대하는 이슬람법 해석인 파트와fatwa를 냈다. 인터뷰에서 그는 나의 영적인 믿음이 무엇이냐고 물었다. 나는 "신은 믿지만 종교는 별로 믿지 않는다"고 답했다. 종교는 교통수단일 뿐인데 그 안에 너무 많은 장치가 들어 있고 또 그 자체가 숭배의 대상이 된다. 나에게 종교의 핵심은 신에게 다가가는 것이고 우리 안의 신적인 속성들을 발전시키는 것이다.

모든 무슬림들은 먹을 때나 여행할 때나 일할 때나, 무언가를 시작하기에 앞서 축복을 구하며 '비스밀라히 라흐마니 라힘'이라 말한다. 이 말은 '은혜로우시고 자비로우신 알라의 이름으로'라는 뜻이지, '성나고 참을성 없고 용서할 줄 모르는 신의 이름으로'라는 뜻이 아니다. 만일 이슬람 국가가 아닌 나라에 살고 있다면 어떻게 하겠는가. 채식주의자가 될 수도 있겠지만(종교적인 이유가 아니더라도 채식주의자가 되는 것은 좋은 일일 수 있다) 굶어 죽기보다는 구할 수 있는 음식을 먹는 편이 '필요의 법칙'에 충실한 선택일 게다. 물론 그런 절박한 상황이 아닌 많은 무슬림들은 마을 이쪽 끝에서 저쪽 끝까지 한참을 달려가 할랄 음식을 파는 정육점에서 고기를 산다. 멜버른에 사는 내 남편도 그렇게 하고 있다.

이슬람이든 아니든, 이런 종교적인 형식주의에 집착하는 건 성가시고 짜증난다. 그런데 다른 이슬람 국가에서도 비슷하겠지만 인도네시아에서는 그런 형식들이 곧 규범이 된다. 종교적 형식주의가 상식, 공감, 관용, 타인에 대한 존중, 진실, 통합과 연대, 신과의 일체감보다 우위에 서고 결국은 종교의 본질마저도 가려버리는 때도 종종 있다. 역사적으로 식품을 준비하고 조리하는 유대교 관습 코셔^{kosher}에 뿌리를 둔 이슬람의 할랄은 선지자 무하마드가 청결을 강조하면서 시작됐다. 위생 개념이 없던 7세기에 이슬람의 엄격한 위생규칙들은 생존을 위해서 분명 아주 중요했을 것이다. 하지만 지금은 생활환경이 달라졌다.

이슬람은 생활의 모든 면을, 세속적인 것과 신성한 것 모두를 규정하는 종교다. 하지만 이슬람의 가르침과 규율도 맥락에 맞춰 해석해야 한다. 어떻게 해석하느냐에 따라 율법도 얼마든지 개방적이 될 수 있다. 종교 안에서의 자유도 놀랄 만큼 유연하다. 《꾸란》의 많은 구절들은 신앙이 신과 개인 사이의 문제라고 분명하게 밝힌다.

> 진실로 믿음을 가진 사람들과 유태교도·기독교도·사바인* 등 누구든지 알라와 최후의 심판날을 믿고 좋은 일을 행하는 자들은 그들의 주(신)로부터 보상을 받을 것이며, 두려움도 없고 슬픔도 없을 것이다.
>
> — 《꾸란》 2장 62절

《꾸란》은 모든 사람들이 신을 믿을 것인지 말 것인지, 그리고 어떤 종교를 신봉할지 자유롭게 정해야 한다고 말한다.

 깊이읽기: 파트와와 이슬람법

파트와는 이슬람의 종교적 법 해석이다.

이슬람과 무슬림의 모든 것을 규정하는 종합적인 법이라고 할 수 있는 샤리아와 달리 실제 문제가 발생하면 어떤 근거로 어떻게 해석하고 판단할지 이슬람 학자들이 모여 결정한 판례라고 할 수 있다. 유명한 예로 인도 작가 살만 루슈디Ahmed Salman Rushdie 처형 결정이 있다. 이슬람 형법 224조는 무하마드를 모독하거나 욕하는 경우, 그리고 그의 딸 파티마 알

* 메소포타미아의 유프라테스 강쪽에 사는 유대적인 기독교 일파. 물속에서 전신 세례를 받는 것이 특징이다.

자라Fatimah al Zahra나 시아파의 이맘을 욕되게 하는 경우 사형에 처하도록 되어 있는데, 이를 근거로 1989년 2월 이란 최고 종교지도자 아야톨라 호메이니Ayatollah Ruhollah Khomeini가 살만 루슈디를 처형하라는 파트와를 발표했다.

샤리아는 이미 완성된 이슬람 성문법이다. '샘물로 이끄는 길'을 뜻하는 샤리아는 신의 계시를 바탕으로 삼는다는 점에서 일반 법률과 다르다. 샤리아가 체계를 갖춘 시기는 8세기에서 9세기 사이다. 샤리아의 제 1근원은《꾸란》이고 그밖에 무하마드 언행록 하디스, 무하마드 이전 부족 공동체에서 내려오던 관습 · 관행 가운데 무하마드가 인정한 순나Sunnah, 이슬람 학자 울라마Ulama · 학자를 가리키는 복수형, 단수형은 Alim들의 합의를 가리키는 이즈마ijmā, 유추를 통한 추론 키야스qiyās가 근거가 된다.《꾸란》의 원문 해석뿐 아니라 시대의 맥락에 따른 해석이 중요한 까닭에, 이 임무를 맡는 이슬람 학자들의 권위는 다른 종교 사제나 일반 법학자와 다르다.

개인과 신이 직접 맺는 관계를 중심에 두는 이슬람은 다른 종교와 달리 따로 사제가 없고 종교법이 곧 현실 세계를 다스린다. 따라서 이슬람 학자들은 이슬람 발흥기에 종교와 정치를 모두 관장했으며 소규모 공동체의 우두머리 성격이 강하다.

이슬람에서 학자를 가리키는 여러 명칭 가운데 지도자 또는 우두머리라는 뜻을 가진 '이맘'은 이슬람 초기 실제로 정치권력까지 가졌다. 초기 시아파에게는 선지자 무하마드를 대신할 정도로 절대적 권위를 가졌으나 지금은 그 영향력이 소규모 지역 공동체에 그친다. 울라마는 넓게는 이슬람 신학에 정통한 지식층을 가리키고 좁게는 이슬람 정부 관리로 이루어진 지식인 평의회라고 할 수 있다. 2004년 이라크에서 김선일 씨가 피랍되었을 때 이라크 울라마는 김선일 씨를 당장 석방해야 한다는 입장을 밝힌 바 있다. 이슬람 초기에는 울라마의 합의인 이즈마에 따라 공동체 관례들이 결정되었기 때문에 울라마의 권위가 아주 강했지만 지금은 각 나라의 상황에 따라 영향력이 다르다.

샤리아에는 형법, 상거래법, 가족법, 상속법이 다 들어 있다. 서구의 영향, 도시의 발달, 여성운동을 비롯한 사회환경 변화에 따라 여러 이슬람 국가들에서 샤리아를 폐지하거나 개정하려는 움직임이 일고 있다. 터키는 1926년 샤리아 대신 스위스식 가족법을 채택했고, 시리아와 튀니지는 일부다처제와 이혼 관련 법률을 각각 1953년, 1957년에 개정했다. 파키스탄은 《꾸란》과 순나를 새로 해석해 1961년 이슬람 가족법령을 공포했다.

2009년 2월 인도네시아 울라마 협의회MUI, Indonesian Ulema Council가 "인도네시아 대통령은 반드시 이슬람이어야 한다"는 파트와를 발표하자 시민사회가 들끓었다. 종교에 따른 정치활동 차별을 금지한 헌법이 그 근거가 되었다. 인도네시아의 헌법은 이슬람, 불교, 힌두교, 기독교, 가톨릭 5개 종교의 합법적인 활동을 보장하고 있지만 전·현직 인도네시아 공화국 대통령 여섯 명은 모두 무슬림이다.

파트와는 법률적 강제력이 없지만 많은 무슬림들이 파트와를 어기는 것을 중대한 죄라고 믿는 탓에 문제가 되곤 한다. 근본주의 성향이 강한 인도네시아 울라마 협의회는 전에도 요가 금지 등 사회적 논란이 될 만한 파트와를 자주 발표했다.

표현의 자유와
이교도에 대한 예의

지금도 기억나는 초등학교 시절 친구가 있다. 그 친구 이름을 '하리'라 부르기로 하자. 아이들은 약한 애 하나를 골라 골탕 먹이는 경향이 있는데, 하리가 바로 그런 유약한 아이였다. 게다가 그 애 아버지가 부패와 연루됐다는 뉴스가 나오자 하리는 오갈 데 없는 희생양이 됐다. 아무 잘못이 없는 그 애를 우리는 지옥 속으로 밀어 넣고 기회만 있으면 괴롭혔다. 되돌아보니 우리가 했던 짓들이 부끄럽지만, 어린 우리는 얼마나 잔인한 짓을 하고 있는지도 몰랐다. 그건 어려서 그랬다 치자. 그런데 우리 어른들이 지금 서로에게 똑같은 짓을 하고 있는 건 어떻게 변명해야 할까?

사람들이 오랫동안 사랑해온 종교가 바로 다른 사람들을 박해하는 가장 흔한 이유가 되고 있다. 9·11 이후 세계에서 인기 스포츠처럼 되어버린 '이슬람 때리기' 예들을 보자. 최근 인도네시아에서 가장 격렬한 시위와 저항을 불러일으켰던 사건은 선지자 무하마드를 그린 카툰과 관련됐다. 어째서! 또! 세계적으로 시위가 그렇게 거셌는데도 양측은 도대체 아무것도 배운 게 없었다는 말인가?

문제의 만평은 덴마크의 일간지 〈윌란스포스텐Jyllands-Postend〉에 실린 쿠르트 베스테르고르Kurt Westergaard의 카툰으로 선지자 무하마드의 터번에 폭탄을 그려넣었다. 이 일로 만평가가 무슬림으로부터 살해 위협을 받자 유럽 신문들은 그에 대한 항의 표시로 의도적으로 만평을 다시 게재했다. 그게 사태에 어떤 도움이 된다는 건지! 맞불 작전은 문제를 악화시킬 뿐이다.

일부 무슬림들은 살만 루슈디의 《악마의 시The Satanic Verses》*나 타슬리마 나스린Taslima Nasreen**의 저작이 발표됐을 때처럼, 예언자를 부정적으로 그린 만평들에 폭력적으로 대응한 것이 사실이다. 하지만 자기 종교가 모독당했다고 느낄 때 무슬림들만 폭력적으로 반응하는 것은 아니다. 기독교도들도 몇 해 전 댄 브라운Dan Brown의 소설 《다빈치 코드The Da Vinci Code》가 출간됐을 때 똑같이 반응했다.

어떤 면에서 그런 현상들은 참 당혹스럽다. 진지하게 자신의 종교적 신념을 고수하는 사람들은 위협이나 모욕을 당했다고 해서 쉽게 흔들리지 않는다. 믿음을 비롯해 인간의 정신세계가 다양하다는 것은

---

* 인도의 소설가 살만 루슈디는 1988년 이슬람의 독선을 비판한 《악마의 시》를 냈다. 소설이 발표되자 이란의 최고 종교 지도자 아야툴라 호메이니는 전 세계 무슬림들에게 루슈디를 죽이라는 파트와를 내렸으며, 루슈디는 영국으로 피신해 망명생활을 해야 했다. 1998년 이란 정부는 공식적으로 루슈디에게 내렸던 파트와를 철회했으나 루슈디는 여전히 이슬람극단주의자들의 공격 위협에 시달리고 있다.

** 이슬람을 모욕하는 페미니즘 소설을 출간했다고 살해 협박을 받았던 방글라데시 여성작가. 1992년 소설 《복수(Shodh)》를 발표하고 1993년 힌두 소녀가 무슬림 남성에게 강간당하는 이야기를 담은 소설 《수치(Lajja)》를 발표해 이슬람근본주의자들에게 살해 위협을 당했다. 1994년부터 서유럽으로 망명해 프랑스, 스웨덴 등을 떠돌다 2004년부터 인도 정부의 보호 속에 지냈으나 2007년 3월 인도의 보수적 이슬람단체가 현상금을 내걸자 다시 서유럽으로 피해 숨어 지내고 있다.

언제 어디서나 진실이며, 이 진실은 카툰, 책, 영화, 신문 칼럼 따위로 흔들리지 않는다. 그렇다면 저런 분쟁들은 종교 교리와 관련되었다기보다는, 어린 시절 교실에서 일어났던 일에 더 가까운 것 아닐까? 우리는 자주 나와 다르다는 이유로 누군가를 의심하고 두려워하며, 기회가 생길 때마다 공격한다.

그리고 '표현의 자유'란 무엇일까? 종교를 비판하는 사람들은 '세속주의'나 무신론을 종교인 듯 떠받들며, 합리성을 들먹일 때 '종교의 자유'를 전가의 보도처럼 휘두른다. 그렇다면 묻고 싶다. 자신을 표현할 권리와 종교적 자유를 지킬 권리 사이에서 어떻게 균형을 잡을 것인가? 그 대답은, '어느 쪽이든 말로나 행동으로나 폭력을 정당화해서는 안 된다'가 아닐까? 표현의 자유를 옹호하는 것과, 우리가 어릴 때 하리를 괴롭혔던 것처럼, 자신과 다르다는 이유로 누군가를 괴롭히게끔 교묘하게 선동하는 것은 분명 다르지 않은가? 그런 선동은 '자유주의자' 혹은 '진보주의자'들이 반대한다고 주장하는 폭력과 비합리성을 오히려 증식시킨다는 점에서, 자기모순적이다.

네덜란드 영화감독 테오 반 고흐 Theo van Gogh 사건이 바로 그런 예다. 그는 친척에게 강간당한 채 강제로 혼인한 이슬람 여성 이야기를 담은 영화 〈복종 Submission〉을 만들었다. 영화에는 속이 들여다보이는 차도르 chador · 몸을 모두 가리는 이슬람권의 여성 의상를 입은 여성이 등장한다. 그녀의 알몸에는 《꾸란》 구절들과 시린 네샷 Shirin Neshat · 미국에서 활동하고 있는 이란 출신 현대미술 여성 작가의 비디오아트 표절 의혹을 받았던 이미지들이 그려져 있다. 이 영화는 찬사와 분노를 모두 불러일으켰지만, 어찌됐든 이슬람에 대한 진지한 비판이라고 하기엔 실패작이었다. 미국의 문화전문지 〈빌리지보이스 Village Voice〉의 영화평론가는 "겉보기에 그럴싸한 말을 뻔뻔하게 몇 마디 늘어놓은 작품을 이슬람 보수주의에 대한 의미 있는 비판으로 받아들이고 있다는 사실이 실망스럽다"고 평했다.

슬프게도 반 고흐 감독은 네덜란드 무슬림에게 살해당했고, 이 영화의 극본을 쓴 소말리아 출신 무슬림 여성 정치인 아얀 히르시 알리Ayaan Hirsi Ali도 살해 위협을 받았다. 이 영화에 대한 무슬림들의 반응은 정말로 옳지 못하고 극악했지만 그렇다고 예상 못한 일은 아니었다. 타슬리마 나스린처럼 아얀 히르시 알리는《가둬진 처녀, 이교도Caged Virgin, Infidel》라는 작품과 평소의 언행을 통해 희생양이 되기를 자처했다. 나도 무슬림 여성이지만, 내 경험에 비춰 볼 때 그들이 이슬람 여성의 실상이라고 전시한 사례는 사실과 다르다. 세계 여러 나라 여성들이 나스린과 히르시 알리의 경험을 이슬람 사회에 사는 여성의 실상으로 믿고 싶을지 모르겠지만 세상의 모든 무슬림 여성이 그들과 같은 경험을 하지는 않는다. 세계 최대 무슬림 국가인 여기 인도네시아에서도 그런 일을 겪는 여성은 아주 적을 것이다.

우리는 안이 환히 들여다보이는 깨지기 쉬운 '유리 집'에 살면서 남의 집을 부수겠다며 서로에게 돌을 던지고 있는 것 같다. 내 집이 산산조각 나는 줄도 모르고 말이다. 누군가 나서서 이제 그만하자고 말하면, 다들 그 사람을 새로운 표적으로 삼는다. 영국 캔터베리 대주교 로완 윌리엄스Rowan Williams는 영국 사법체제가 이슬람법을 제한적으로나마 수용해야 한다고 조심스레 제안했다가 거센 비난과 사임 요구에 맞닥뜨렸다.

아이들끼리 서로 못살게 굴고 괴롭히는 짓은 극단까지 치닫지 않지만 종교를 빌미 삼은 어른들의 선동과 상호비방은 누군가의 문화적 토대를 부정하는 일로 더 치명적이다. 하리도 그렇게 말할 것이다.

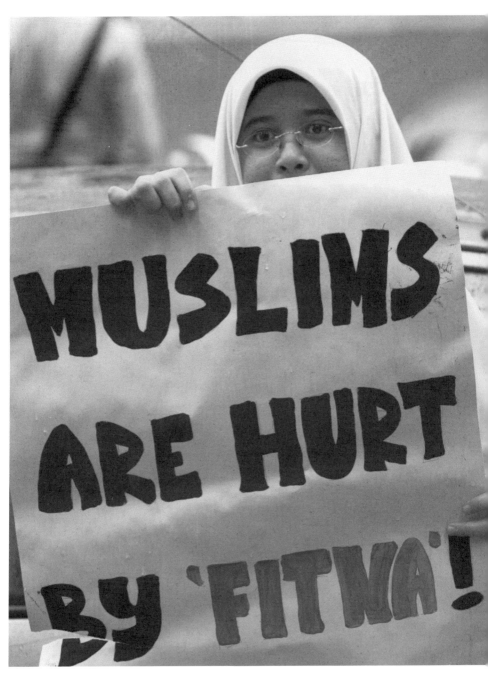

●●● 2008년 3월 네덜란드 헤이르트 빌더스 의원의 짧은 영상물 〈피트나〉가 인터넷에 공개되자 전 세계 무슬림들은 큰 상처를 입었다. 이슬람은 종교가 아니라 전체주의 이데올로기라며 무슬림 모두를 테러리스트 취급한 영화의 내용에 이슬람 세계는 크게 분노했다. 2008년 4월 4일, 말레이시아 쿠알라룸푸르(Kuala Lumpur)에 있는 네덜란드 대사관을 향해 항의 행진을 벌인 범말레이시안이슬람당(Pan-Malaysian Islamic Party)의 한 여성 회원이 "무슬림들은 '피트나'에 상처 받았다"고 쓴 종이를 들고 있다.   EPA/AHMAD YUSNI _ ⓒ 연합통신

_ 영화 〈복종〉 파문

네덜란드 영화 제작자이자 감독인 테오 반 고흐는 2004년 8월 여성 관점에서 이슬람 교리를 비판했다는 영화 〈복종〉을 발표했다. 영화는 이슬람 여성이 남성에게서 받는 부당한 대우와 폭력을 고발한다며 여성들의 몸, 그것도 구타당해 멍이 든 몸을 보여주었다. 영화 〈복종〉을 이슬람 모독으로 받아들인 무슬림들의 수차례 협박에도 경찰 보호를 거절했던 고흐 감독은 11월 2일 오전 9시경 암스테르담 시내 한복판에서 총격당해 사망했다. 모로코계 무슬림인 범인 무하마드 부바리 Mohammed Bouyeri 는 고흐 감독에게 여덟 발을 쏜 뒤 가슴과 목에 칼을 꽂았다. 범행 직후 체포된 그에게서 〈복종〉 시나리오를 쓴 아얀 히르시 알리에게 보내는 협박 편지와 전 세계 무슬림에게 성전을 촉구하는 메시지가 발견되었다. 무하마드 부바리는 2005년 7월 26일 네덜란드 법정에서 가석방 없는 종신형을 선고받고 복역 중이다.

총격 사건 이후 네덜란드에서는 이슬람을 향한 테러가 잇따랐는데, 일주일 뒤인 11월 9일 네덜란드 남부 위던에 있는 이슬람계 베디르초등학교 화재 사건은 벽에 남긴 "테오가 평화 속에 잠들기를……"이라는 낙서로 보아 방화로 추정된다. 같은 날 새벽에는 위트레흐트에 있는 개신교회 두 곳에서 불이 났으며, 하루 전인 8일에는 아인트호벤의 한 이슬람계 초등학교에서 폭탄 테러가 발생했다. 이 사건들 말고도 고흐 감독 사건 이후 이슬람 관련 장소를 겨냥한 방화와 테러 같은 폭력 사건이 모두 여섯 차례 일어났다.

　2005년 9월 30일 덴마크 일간지 〈월란스포스텐〉에 머리에 폭탄 모양 터번을 쓴 선지자 무하마드를 그린 만평이 실렸다. 덴마크의 유명 만평가 쿠르트 베스테르고르가 그린 이 그림은 즉각 덴마크 이슬람단체의 반발을 불러일으켰다. 뒤이은 쿠르트 베스테르고르에 대한 살해 위협을, 유럽을 비롯한 세계 40여 나라는 언론과 표현의 자유에 대한 중대한 도전으로 받아들였고 유럽의 여러 신문은 문제 만평을 다시 올리고 다른 이슬람 관련 만평을 릴레이 하듯 실었다. 무슬림은 대규모로 더욱 거세게 반발했다.

　당시 유럽연합 인구 가운데 3퍼센트가 무슬림이었는데 이들은 이 만평이 문화적 차이를 이해하지 못한 데서 나온 모욕적인 행위라고 주장하며 대규모 시위를 벌였다. 이슬람 국가들도 경제·외교적 대응에 나섰는데, 대사 소환, 대사관 철수와 덴마크 제품 불매운동, 통상 계약 파기 등이 이어졌다. 이슬람 국가들이 자국 내 덴마크 공장 일시 폐쇄를 결정하자 수상까지 진화에 나섰다.

　프랑스에서는 교황 비판, 조롱이 문제가 안 된다며 종교 비판은 인종차별과 다르다고 강하게 반발했지만 이슬람 쪽에서는 문화 차이를 존중하라고 맞받았다. 이슬람은 알라와 선지자 무하마드 등의 형상화를 금지한다. 《꾸란》 42장 11절에 "……알라와 비교할 수 있는 것은 아무것도 없다……"는 구절이 있고, 순나와 하디스에서도 선지자 무하마드가 형상을 금했다고 나온 까닭이다. 드물게 이슬람 초기 그림에서 무하마드를 찾을 수 있는데, 이 경우도 얼굴 부분은 비워둔다. 이슬람 사원에서도 성상은 찾을 수 없다.

　무하마드 만평 사건은 이슬람의 이런 배경과 현실을 무시하고 선지자 무하마드의 형상을 그린 데서 나아가 무슬림 전체를 자살 폭탄 테러를 일삼는 테러리스트로 몰아가서 문제가 된 것이다.

_ 네덜란드 빌더스 의원의 영화 〈피트나〉

네덜란드 자유당PVV · Partij voor de Vrijheid 당수인 헤이르트 빌더스는 2007년 3월 자신이 만든 짧은 영상물 〈피트나〉를 인터넷에 공개했다. 이 영화는 《꾸란》의 한 구절로 시작해 2001년 9 · 11 테러 사건, 2005년 7월 런던 테러 사건, 2004년 3월 마드리드 열차 테러 사건을 차례로 보여준다. 또 "히틀러에게 신의 축복을", "지옥에 갈 자유를"이라고 쓴 플래카드를 들고 있는 무슬림 시위자들을 보여주며, "이슬람화 중지. 우리의 자유를 지키자"라는 말로 끝난다. 이슬람을 폭력 그 자체로 표현하고 《꾸란》을 히틀러의 《나의 투쟁Mein Kampf》에 비유한 이 영상은 전 세계 무슬림들의 분노를 촉발했다.

얀 피터 발켄엔데Jan Peter Balkenende 당시 네덜란드 총리는 〈피트나〉가 이슬람을 폭력과 동일하게 보고 있다고 지적하면서 "불쾌함을 일으키려는 것 외에 다른 목적은 없다"고 말했다. 영화제작자 빌더스 의원을 기소한 암스테르담 법원은 "민주적 시스템에서 편파적인 발언은 공익에 있어서 매우 심각한 행위로 간주된다"고 판결했다. 빌더스 의원은 "표현의 자유를 침해했다"며 반발했지만 세 명의 재판관들은 빌더스 의원의 "치우친 일반화"가 표현의 자유에서 허용하는 권리를 넘어섰으며 빌더스 의원이 "무슬림과 그들의 믿음을 비판함으로써 증오와 차별을 부추겼다"고 기소 판결 이유를 밝혔다.

이런 움직임 때문인지 최근 네덜란드 한편에서는 화해와 화합을 이루려는 새로운 바람이 불고 있다. 2008년 11월 모로코계로 이슬람 교육을 받은 노동당PvdA 소속 아메드 아부탈렙Ahmed Aboutaleb이 네덜란드 제2도시 로테르담 시장으로 선출되었다. 로테르담은 시민 세 명 중 한 명이 극우 정당인 리프바르로테르담당LR·과거 리스트당을 지지하는 보수적 지역이기에 이 결과는 더욱 의미 있다. 리프바르로테르담당은 리스트당 시절이던 2002년 외국인 이민 반대를 외쳐 인기몰이를 하던 극우 포퓰리즘 정치인 핌 포르투인Pim Fortuyn 의원의 인기로 부상한 극우 정당이다.

내가 다시
신을 믿는 이유

'신이 전지전능하다면 왜 이 세상에는 그토록 많은 고통이 있을까, 진짜 전능하다면 신은 이 세상의 고통을 없애줘야 하는 거 아닐까.' 이렇게 생각한 열네 살의 나는 그토록 매정한 신을 믿지 못하겠다고 무신론자를 선언했다. 내가 다녔던 이탈리아 로마의 가톨릭 고등학교 는 A, B 두 그룹으로 나눠 종교 수업을 했다. A그룹은 가톨릭, B그룹 은 가톨릭이 아닌 학생들이었다. 나를 비롯해 열네 살짜리 B그룹 열 두 명은 한 학기 동안 세계 여러 종교를 배운 다음 "종교를 완전히 알 게 됐다."고 생각했다. 그래서 우리는 입을 모아 선생님께 종교 공부 를 마치고 다음으로 나아가자고 외쳤다.

"선생님, 이제는 철학을 가르쳐주세요!"

나는 특히 무신론의 한 갈래인 실존주의에 폭 빠졌다. 열네 살이었 던 내게는 실존주의자가 되는 일이 지극히 마땅해 보였다. 내가 '자기 삶의 의미를 스스로 결정하는 사람들'이라고 믿었던 실존주의자들은 자신의 삶을 통제할 수 있는 이들이었다. 특히 "타인이 곧 지옥"*이라는 문장은 나를 매혹했다. 그리고 이 말이 '나만 옳고 남들은 다 틀리다'는 의미라고 믿었다! 나는 사르트르 글을 읽으며 자유, 지겨움, 두려움, 소외, 불합리, 무無 같은 여러 주제에 매료됐다. 언제나, 모든 일에 부정적인 사람이 된다는 게 얼마나 멋지게 보였는지! 자기도취에 빠진, 정서적으로 불안정하고 심술 가득한 열네 살 소녀에게 딱 어울리는 생각이었다.

하지만 나는 곧 무신론에서 벗어났다. 무신론이 물러간 자리에 종교와 영성靈性, 그리고 삶의 의미를 찾는 일생의 과제가 자리를 잡았다. 많은 사람들이 삶의 의미를 찾아 헤맨다. 나도 그래 왔고 여전히 그렇다. 그리고 나는 삶의 의미를 찾기는 무신론자들도 마찬가지일 거라고 확신한다. 무신론은 고전철학과 현대 정치사상의 밑바탕으로 오랜 세월 위력을 발휘해왔다. 그런데 최근 무신론이 새로운 운동처럼 부활하는 듯하다. 신의 존재를 부정하는 책들이 베스트셀러가 되고 있지 않은 걸 보면. 그 이유가 뭘까?

미국 경우는 '근본주의자'에 대한 반작용으로 보인다. 그리고 조지 W. 부시 행정부가 검증된 사실을 무시하고 '광신'을 부추기며 벌어진 9·11 테러는, 거의 모든 서구 세계가 종교적 극단주의를 비판하는 결정적 계기가 됐다. 하지만 기억해야 할 것은 서구뿐 아니라 거의 모든 무슬림들이 이슬람극단주의를 꺼린다는 사실이다. '극단주의자 형제들'이 이슬람의 본모습을 왜곡시키고 무슬림 모두를 욕먹게 한다고 여긴다. 그렇다면 이슬람권에서는 왜 무신론이 힘을 발휘하지 못할

---

* 프랑스의 실존주의 철학자 장 폴 사르트르의 말로, 소통 없이 단절돼 있는 현대사회의 인간관계가 고통의 근원이라는 의미로 해석된다.

까? 인도네시아 초대 대통령 수카르노Soekarno가 '나사콤Nasakom'*이라
는 이데올로기를 만들어 민족주의nationalist와 이슬람santri, 공산주의
communist를 한데 묶으려 한 적도 있지만, 이슬람 국가에서 무신론을 주
장하는 것은 여전히 '저주받을 짓'이다. 다른 신을 섬기는 사람은 존
중할 수 있지만 종교가 없는 사람은 믿을 수 없다고 여기기 때문이다.

그 '저주받을 짓'에 학문적인 흥미를 보이는 학자들도 있다. 얼마
전 '무신론자들의 3대 경전'이라 불리는 영국 생물학자 리처드 도킨스
Richard Dawkins의 《만들어진 신The God Delusion》, 미국 좌파 언론인 크리스
토퍼 히친스Christopher Hitchens의 《신은 위대하지 않다God Is Not Great: How
Religion Poisons Everything》, 미국 철학자 샘 해리스Sam Harris의 《기독교 국가
에 보내는 편지Letter to a Christian Nation》를 놓고 토론하는 모임에 참석했
다. 얼마 지나지 않아 내 호기심은 시들어버렸다. 무신론자라는 사람
들 역시 맹신적 종교인들처럼 지루한 설교를 늘어놓는 것 같았다.

책들은 '더욱 강력한 과학적 근거'와 '신은 없다는 더욱 분명한 증
거'를 내세우고 있으나, 1980~90년대 나온 사실들의 재활용일 뿐이
었다. 무신론에도 여러 흐름이 있지만 공통분모는 신의 존재 부정이
다. 옛 소련 우주비행사 유리 가가린Yuri Gagarin은 인류 최초로 지구 궤
도를 돌고 돌아와 "우주 어디에도 신은 없었다"고 의기양양하게 외쳤
단다. 그가 우주복을 벗고 우주선 밖으로 한번 나가보았다면 당장 신
의 존재를 느꼈을 거라고 생각한다. 죽을 것처럼 숨이 막힌다면 저절
로 신을 찾게 될 테니까! 내가 보기에 과학은 통계학과 닮았다. 한 가

---

* 인도네시아 공화국 초대 대통령 수카르노는 대통령과 군부로 이루어진 권력체계에 이슬람, 공산주
의를 끌어들여 세력 간 균형을 이용해 통치기반을 닦으려 했다. 1961년 정당 간소화 절차에 따라 사
회당, 마슈미당을 제거하고 민족주의계 정당 네 개와 다섯 개의 이슬람 정당, 그리고 인도네시아공
산당(PKI)만을 인정하여 나사콤 체제를 구축하였다. 이것은 자바를 중심으로 인도네시아를 대표하
는 세 계층을 한데 묶음으로써 통치기반을 공고히 하려는 시도였다.

지 통계가 여러 가지로 해석되듯, 한 가지 사실이 무언가를 입증하는 증거가 되기도 하지만 부인하는 증거가 될 수도 있다. 결국 신의 존재를 부정하기 위한 세 무신론자 저술가의 시도는 포크로 수프를 떠 먹으려는 것처럼 공허할 뿐이다.

무신론자들의 접근법은 신앙이 아니라 과학과 회의주의와 이성적인 사고였으니 더 '논리적'일지 모른다. 하지만 끝내는 종교인들과 똑같은 짓을 하고 있다. 타인에게 낙인을 찍고 비난하는 일 말이다. 무신론자들은 종교가 수백만 명을 죽게 만든 살인범이라고 공격한다. 하지만 스탈린이나 마오쩌둥, 히틀러처럼 무신론을 내세우면서 대량 학살을 저지른 정권들도 있다. 히틀러는 자신이 무신론자라고 공개적으로 밝히기도 했다.

내가 무신론자들을 미워하냐고? 내 친한 친구들 가운데도 무신론자들이 있다. 나는 따뜻한 마음으로 사회적 약자들을 찾아 돕는 그들을 존경한다. 무신론이 나오게 된 긍정적인 이유들도 있다. 이를테면 무신론은 진실하고 보편적인 휴머니즘을 추구한다는 동기에서 출발했다. 무신론은 모든 교리를 뛰어넘어 휴머니티 즉 인간애를 가장 윗자리에 놓는다. 그렇지만 무신론자들이 "종교가 분열을 불러일으키고 증오를 부풀린다"고 종교를 비난하고 공격한다면, 그들 역시 분열과 증오를 부추기는 셈이다.

신을 부정하면 영혼의 존재도 부정하게 된다. 아무리 무신론자라도 눈으로 본 것을 머릿속에서 '해석'한다. 그 '해석'은 과연 누가 한다고 생각하는 걸까? 산 사람과 죽은 몸의 차이는 무엇인가? 심장 박동이 멈출 때 우리 안에 있던 무엇이 떠나가는 것일까? 분노, 슬픔, 실망, 적대감, 평온함, 행복, 열정, 사랑 같은 감정은 어디에서 생겨나나? 나는 이런 질문들에 대한 답이 '영혼'이라고 생각한다. 정신의 불씨를 지펴 우리를 살아 있게 만들고 인간으로서의 자각과 감정을 선사해주는 영혼.

또한 내게, 그것은 '신'이기도 하다. 나에게 '신'은 인간이 정신적인 위안을 얻고자 만들어낸 종교 제도 따위가 아니라, 더 크고 위대한 영혼이다.

내 삶에서, 그리고 이 세상에서 벌어지는 잘못된 일들이 종교 그 자체 때문이 아니라는 걸 깨달은 후부터 나는 종교를 욕하는 짓을 그만뒀다. 우리는 모두 자유의지에 따라 느끼고 행동한다. 누군가로부터 모욕을 당했다고 느꼈을 때 어떻게 반응할지는 각자 선택할 문제다.

옛말에 있듯이 "문제가 있어도 해결하지 않는 사람은 그 자체로 문제다." 강경한 무신론자건 종교론자건 이 세상을 더 살기 좋게 만들려고 노력하지 않고 부정적인 말만 쏟아내는 사람은 상황을 더 나쁘게 만들 뿐이다. 신이 있든 없든 먼저 우리 안에서 평화를 얻고자 노력하고, 그런 다음에 생각과 행동의 차이를 토론하는 편이 낫지 않을까. 이런 태도가 늘어난다면 세상의 갈등은 분명 많이 줄어들 것이다.

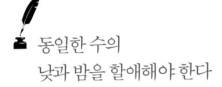

동일한 수의
낮과 밤을 할애해야 한다

일간지 〈자카르타포스트〉를 보다가 아침밥이 목에 걸려 질식할 뻔했다. 저명한 온건파 이슬람 설교자 아아 김Aa Gym*이 두 번째 아내를 얻었다는 기사를 본 탓이다. 세상에 이 사람마저! 그가 내세운 이유는 애처롭기 짝이 없었다. 많은 여자들은 선천적으로 일부일처제를 선호하지만 남자들은 '스테레오'(설마 양성애자라는 뜻은 아니겠지!), 다시 말해 일부다처 성향이란다. 세상에, 안쓰러워라! 아아 김은 인도네시아에서 가장 인기가 있는 이슬람 성직자이자, 존경받는 사회 지도자였다. 특히 진정한 가족의 가치와 미덕을 구현한 사람으로서 말이다. 한 종파를 초월한 성직자였고, 무슬림이나 인도네시아인이 아닌 사람

* 본명은 압둘라 김나스티아르(Abdullah Gymnastiar)이지만 '아아 김'으로 널리 알려져 있다. 다루드 타우히드 이슬람학교 교장이다. 카리스마 넘치는 설교로 유명했고 대중 매체에 자주 출연해 대중적 인기가 높았다. 오래전 결혼한 아내 테테 니니 김과 혼인을 유지한 상태에서 2006년 반둥 출신 전직 모델 알파리니 에리다니를 아내로 얻어 큰 파문을 불러일으켰다. '아아'는 서자바 섬 순다족 방언에서 '맏형'을 뜻하는 말로, 남성들에게 흔히 붙는 경칭이다.

들도 국경을 넘어 그를 존경했다. 그렇다고 많은 인도네시아 남성들
이 하는 행동을 아아 김만은 하면 안 된다는 법은 없다.

그런데 왜 소동이 일어났을까? 왜 신문 사설들은 온 나라가 쇼크
를 받았다고 난리들을 칠까? 전에는 그를 신봉하던 이들이 어째서 더
이상 그의 설교 따위는 듣지 않겠다면서, 특히 '마음의 관리'로 알려
져 있는 그의 '가족 화합' 설교에 등을 돌리고 나선 걸까? 아아 김의
설교는 여전히 훌륭한데도 말이다. 우리가 스스로를 잘 이해하고 진
정으로 자신을 통제할 수 있어야 한다고 주장해온 그의 말이 행동과
일치하지 않아서? 하지만 신념과 원칙을 100퍼센트 한결같이 지킬 수
있는 사람이 과연 몇이나 될까. 아아 김은 욕망을 누르지는 못했지만
최소한 위선을 부리진 않았다.

그는 감정이 이끄는 대로 하려고 애썼고 그의 종교적 믿음을 벗어
나지 않는 범위에서 '중년의 위기'를 맞아 분출하는 호르몬을 처리하
려 했을 뿐이다. 그는 섹시한 새 여자를 골라잡았다. 그런데 이게 웬
떡인가, 이슬람은 일부다처제를 인정하고 있었던 것이다! 얼마나 편
리한가? 어쨌든 《꾸란》 걱정은 접을 수 있으니! 혼외정사 비디오가
폭로돼 망신살이 뻗쳤던 야흐야 자이니 Yahya Zaini*보다는 처지가 나았
다고 해야 할까?

하지만 엄밀히 말해 야흐야의 혼외정사와 아아 김의 공개적인 중
혼重婚은 뭐가 다른가? 같은 행동의 다른 버전일 뿐이다. 두 사람 다
지도층이었고, 욕정을 주체하지 못했고, 아내의 감정 따위는 고려하
지 않았다. 아아 김이 많은 이들이 본받고자 한 널리 존경받는 유명한

* 수하르토 정권의 손발이자 인도네시아 최대 정당이던 골카르당 종교위원회 위원장과 원내총무 등
  을 맡았던 유력 정치인. 2006년 모델 겸 가수 마리아 이레바(Maria Ireva)와 혼외정사를 벌이는 모습
  을 담은 동영상이 유출돼 망신을 당했다.

인물이었지만 국회의원이었던 야흐야는 그보다 덜 유명하고 뜻하지 않게 포르노스타가 됐다는 점만 다를 뿐이다. 오히려 야흐야는 사건 후에 더 유명해졌다. 그가 이 사건으로 사임하자 골카르당 대표 유숩 칼라Jusuf Kalla 부통령은 그의 용기와 책임감에 찬사를 보낸다며 칭찬을 아끼지 않았던 것이다. 그 덕에 야흐야는 명예(제기랄!)를 지킨 정치인의 상징이 됐다.

그러니 이것을 어떻게 해야 하나? 수실로 밤방 유도요노SBY·Susilo Bambang Yudhoyono 대통령은 아아 김 숭배라는 미몽에서 깨어난 대중들에 합세해 튀니지나 모로코처럼 일부다처제를 금지·처벌하는 방안을 입에 올리기 시작했다. 그것도 나쁘진 않다. 하지만 일부다처제를 없애겠다며 1983년 발효한 'PP10' 법령을 생각해보라. 공무원들이 이혼, 재혼, 혹은 두 명 이상 아내를 얻을 때는 상급자 허가를 받도록 규정한 이 법은 오히려 사내들의 부정을 부추겼고 결국 지금은 유명무실해졌다. 아내들은 어떻게 생각할까? 어떤 여자들은 "남편이 아예 염소를 집으로 끌고 들어오는 것보다는 염소 꼬치구이를 사 먹고 오는 편이 낫다"고 말한다. 다른 아내를 얻는 것보다는 '바람'이 낫다는 얘기다.

보수적인 무슬림들은 그런 불장난을 이유로 들어 일부다처제를 옹호한다. 일부다처제가 '간통'을 막아준다는 것이다. 도대체 이해할 수 없다. '간통'을 제도화해서 '간통'을 예방한다는 말인가? 게다가 무슬림들은 《꾸란》을 일부다처 옹호의 근거로 삼는다. 하지만 이것은 《꾸란》이 쓰인 시대적 맥락을 무시하고 글자 그대로만 해석한 결과다. 《꾸란》은 부족 전쟁으로 과부가 많아지자 그들을 구제할 목적으로 일부다처를 허용한다고 말한다. 유명한 무슬림 여성운동가 시티 무스다 물리아Siti Musdah Mulia에 따르면 첫 부인 하디자가 죽고 난 후 아내 열

명과 첩 둘을 거느렸다고 알려진 선지자 무하마드도 하디자와 일부일
처로 살았던 25년이 가장 행복했다고 했으며, 다른 몇 번의 혼인은 다
른 부족과 제휴를 위한 전략이었다고 한다. 게다가 《꾸란》은 아내를
여럿 둘 수 있으나 모든 아내들을 평등하게 대해야 한다는, 실제로 불
가능한 전제조건을 붙여놓았다고 지적한다. 일상생활의 규준이 되는
이슬람의 샤리아에서도 각각의 아내에게 "동일한 수의 낮과 밤을 할
애해야 한다"고 정해놓았다.

　멋진 주장이다. 우리는 무엇을 말할 때 '맥락' 속에서 살펴야 한다.
그러니 이제 우리가 할 단 한 가지는 종교의 '출발' 버튼을 누르고 기
본으로 돌아가는 일이다. 하디스*는 "천사들은 새로운 것을 알고자
하는 이들을 좋아하기 때문에 새로운 것을 알고자 하는 이를 위해 그
들의 날개를 기꺼이 펼친다"고 말하며 지성을 찬양한다. 생식기와 호
르몬은 다음이었다. 그러니 사내들이여, 여자들이여, 생식기와 호르
몬보다는 먼저 지성知性을 사용하자. 이것이 《꾸란》의 진짜 가르침이
다. 아아 김, 당신도 마찬가지다!

---

* 선지자 무하마드의 말과 행동을 모아 적은 구전 전승 모음. 무하마드가 직접 적은 것이 아니라 전하
　는 것을 모았기 때문에 그 내용을 일일이 확인하고 대조해 확실한 것만을 인정한다. 전승자의 진실
　성과 정통성을 면밀히 검토한 결과, 현재 정통 이슬람에서 권위를 인정받은 것은 모두 여섯 권이다.
　이슬람력 3세기경에 무하마드 이븐 이스마일 알 부하리, 무슬림 이븐 알 하자즈, 아부 다우드 알 시
　지스타니, 아부 이사 무하마드 앗 티르미디, 아부 아브드 알 라흐만 안 나사이, 아부 아브달라 이븐
　마자가 편찬했다.

🖋 선지자의 결혼

    늙은 남자가 젊은 여성과 데이트를 하는 것은 사회 통념상 일반적이지만, 중년 여성과 젊은 남성의 관계는 금기로 여겨왔다. 그러나 '늙은 암탉' 따위로 부르며 업신여기던 중년 여성의 '욕망'을 드러낸 영화나 여성이 연상인 커플이 많아지면서 이런 관계는 이제 더 이상 금기가 아니다. 내 주변에도 40대 못잖게 화려하고 섹시한 50대 여성들이 여럿 있다. 남성이 여성보다 나이가 많고 덩치도 크고 현명하고 부유하고 사회적 지위도 높아야 한다는 고정관념이 이제 바뀌는 듯하다.

    하지만 새로운 경향이라는 이런 결혼은 오래전부터 존재해왔다. 미국인들은 젊은 남성들을 유혹하는 나이든 여성들을 '표범cougar'이라는 속어로 부르기도 하는데 이슬람권에서도 '역사를 바꾼' 유명한 '표범'들이 있다.

    그 가운데 예언자 무하마드의 첫 번째 부인 하디자가 있다. 무하마드는 스물다섯 살에 마흔 살 하디자와 결혼했다. 하디자는 부유한 남편에게서 재산을 물려받은 돈 많은 과부였다. 하디자는 장사 수완이 뛰어난 무하마드에게 마음을 빼앗긴다. 남성이 여성에게 구애하는 것이 당시의 관행이었지만, 하디자는 친구인 나피사^{Nafeesah}를 다리 삼아 선지자에게 접근한다. 멋지다! 이슬람 강경파들은 여성이 남성 가족과 동행하지 않고서는 다른 남성을 만나선 안 된다고 주장하지만, 선지자와 하디자의 이야기에는 거추장스런 부모나 친척 따위는 등장하지 않는다. 사랑과 존경과 감사, 부지런한 노동과 믿음으로 맺어져 25년 동안 일부일처로 행복하게 살았던 예언자 부부를 이슬람은 이상적인 결혼 모델로 여겨왔다.

아내 하디자는 예언자의 가장 좋은 친구이자 조언자이기도 했다. 신의 첫 번째 계시를 받고 당황한 무하마드가 가장 먼저 찾은 사람은 누구일까? 아내였다. 하디자는 남편을 허무맹랑한 말을 하는 미치광이로 여기지 않았고, 남편이 신의 사명을 받았음을 받아들여 가장 중요한 후원자가 되어줬다. 만일 하디자가 남편을 믿지 않고 쓸데없는 생각이나 하는 사람으로 여겼다면 인류 역사는 크게 달라졌을 것이다.

인도네시아 독립과 건국의 아버지이자 초대 대통령이었던 수카르노와 두 번째 부인 잉깃 가르나시^{Inggit Garnasih}도 있다. 1981년 나는 서자바 주 반둥의 잘란치아틀^{Jalan Ciateul}에 있는 그녀의 자택으로 찾아가 이틀 동안 함께 지냈는데, 당시 아흔네 살이었던 잉깃은 대단히 독립적이고 의욕적이었다.

잉깃은 수카르노와 함께했던 날들을 열정적으로 이야기했다. 두 사람이 처음 만났을 때 수카르노는 가진 것도, 지위도 없었으며 잉깃보다 열네 살이나 어렸다. 수카르노는 잉깃의 집에서 하숙을 하고 있었다. 두 사람 다 이미 결혼을 한 상태였는데, 놀랍게도 잉깃의 남편이었던 사노시Sanoesi는 아내가 잘생긴 젊은 하숙생과 관계를 맺도록 권했다고 한다(사노시는 얼마 안 가 아내와 이혼했다).

수카르노와 재혼한 잉깃은 약초와 전통 화장품 따위를 팔아 남편 공부 뒷바라지를 했다. 이런 관계는 수카르노가 정치에 뛰어든 뒤에도 계속됐다. 잉깃은 남편을 정신적으로 지원해줬으며, 남편이 네덜란드 식민통치 시절 독립운동을 하다 체포되자 책, 신문, 편지뿐 아니라 정보들을 몰래 전달해 민족주의자 동지들과 끈을 이어갈 수 있도록 도왔다. 잉깃은 그녀만의 암호로 《꾸란》에 비밀 정보와 메시지를 적어 남편에게 전달했다.

하디자가 예언자에게 충실했던 것처럼, 잉깃도 수카르노에게 충실했다. 심지어 수카르노가 둘 사이의 양딸이던 파트마와티Fatmawati를 아내로 삼은 뒤에도 이런 관계는 달라지지 않았다. 수카르노는 여전히 잉깃을 본부인으로 두고 싶어 했고, 그녀에게 퍼스트레이디 자리를 지켜달라고 부탁했다. 하지만 아내를 여럿 둔 남편에게 배신감을 느낀 잉깃은 이혼을 선택해 예전의 약초 장사로 되돌아갔다.* 하지만 그녀는 마음의 상처를 입은 뒤에도 남편에 대한 애정을 버리지 않았다. 그녀는 더 큰 목적, 즉 나라를 위해 남편을 내주었다고 생각했다.

잉깃은 남편 뒤에 22년 동안 버티고 서 있었으며, 민족주의 진영 내부에서 권력 투쟁이 벌어졌을 때에는 남편을 지키고자 애썼다. 그녀가 살았던 거리는 뒷날 여성 독립투사인 그녀의 이름을 붙였다. 하디자와 잉깃이 위대하다는 사실을 위대한 두 연하남은 몇 년 후에야

---

* 수카르노는 잉깃과 파트마와티, 일본 여성 데비 수카르노(Dewi Soekarno, 일본명 네무토 나오코) 등 모두 아홉 명의 아내를 뒀다. 뒷날 인도네시아 5대 대통령이 된 메가와티는 수카르노와 파트마와티 사이에서 태어난 딸이다. 수카르노와 데비 사이에서 난 딸 카르티카(Kartika)는 자선재단을 만들어 활동하고 있다.

비로소 알았다. 그들이 없었다면 인도네시아도 오늘날의 모습과는 크게 달라졌을 것이다.

깊이읽기: 이슬람의 일부다처제

일부다처는 베일과 함께 여성을 억압하는 대표적 이슬람 악습으로 꼽힌다. 선지자 무하마드는 열다섯 번 결혼했고 이 가운데 열세 명의 아내와 함께 살았다. 여기에는 불안정했던 이슬람공동체의 결속을 공고히 하려는 정치적 목적과 더불어 사회적 배경이 있다. 메디나로 근거지를 옮긴 후 잇단 전쟁으로 많은 과부와 고아들이 생겼는데, 교역이 중심이던 당시 이슬람 사회에서 여성은 가장 노릇을 하기 어려웠다. 그래서 가장 잃은 식솔을 구제하기 위해 경제적 여유가 있는 성인 남자들에게 과부와 결혼을 권장했다. 《꾸란》에는 과부와 고아를 돌보도록 독려하는 내용이 유난히 많은데, 이들이 안전하게 살 방법을 찾아주는 일이 공동체를 안정시키는 데 중요했던 까닭이다. 또 결혼이나 남녀의 섹스를 중요하게 여기는 이슬람 사회에서 과부를 물질적으로 구제할 방법은 여럿일 수 있겠지만 성적 본능은 결혼 외에 다른 방법이 없다고 생각했다.

《꾸란》은 남성이 아내를 여럿 둘 수 있다는 내용과 함께 엄격한 전제 조건을 달아놓았다.

만일 너희들이 [입양한] 고아에게 공정하지 못할 것 같이 생각되면 누군가 마음에 드는 두 명, 세 명, 네 명의 여자와 결혼해 [그들을 아이들의 엄마로 삼아)도 좋다. [그런데] 만일 [아내들에게 자신이] 공평하지 못한 생각이 들게 된다면 한 명으로 놔두든가 너의 오른손에 소유하고 있는 것(여자 종을 가리킴)으로 [아내를 삼으라]하라. 그러는 것이 불공평하게 될 염려가 없다.

— 《꾸란》 4장 3절

모든 아내에게 공평할 수 없으면 아내를 여럿 얻을 수 없다는 말이다.

일부다처 외에 이슬람의 독특한 결혼제도로 무타mu'tah가 있다. 한시적 결혼인 무타는 남성이 여성을 돌보거나 일정 금액을 지불한다는 합의하에 일정 기간 실질적인 결혼생활을 하는 계약 결혼이라 할 수 있다. 매춘과 비슷해 보이지만 이 기간 동안 아이를 낳으면 합법적인 자식으로 인정된다는 점에서 일반 매춘과는 다르다. 하지만 정식 결혼처럼 책임이 뒤따르지 않는 탓에 여성이 피해를 입거나 매춘으로 이용되는 부작용이 있어 점차 금하고 있다.

아들딸을 차별 안 하면
지옥불에 떨어진다고?

제법 성공한 화가인 내 친구 아멜리아가 며칠 전 전화를 했다. 늘 쾌활하던 아멜리아는 몹시 혼란스러운 듯했다. 한 달 전 아버지가 돌아가셨는데 유산 다툼으로 집안이 뒤죽박죽이라는 얘기였다. 이슬람 율법은 아버지가 죽으면 남성 자손이 유산의 3분의 2를, 여성 자손이 3분의 1을 받도록 하고 있다. 하지만 아멜리아 부모님은 오래전부터 아멜리아와 남동생에게 유산을 똑같이 주겠다고 말해왔다. 아멜리아는 "유산을 똑같이 나눠달라"고 말은 안 했지만 부모님 뜻이 그러니 그렇게 되겠거니 생각했다. 메카 순례까지 다녀온 신실한 무슬림이자 교장까지 지낸 지식인으로 《꾸란》에 정통한 학자였던 외할아버지가 딸을 차별 않고 자식들에게 똑같이 재산을 물려주었기 때문에 그런 믿음은 더 컸다.

그런데 아버지가 돌아가시자마자 아멜리아 남동생 밤방이 "이슬람 법대로 유산을 나눠야 한다"고 주장하고 나섰다. 가족을 부양할 책임이 있는 남자가 더 많이 받아야 합리적이라는 것이다. 어머니도 처음에는 "어릴 적 어머니(아멜리아의 외할머니)가 '금쪽같이 귀한 아들'*을 편애해서 몹시 마음이 상했는데 다행히 아버지는 아들딸을 평등하게 대해주셨다"고 말씀하시며 당신 아버지께서 하신 대로 아들과 딸에게 재산을 똑같이 주겠다며 버텼다고 한다.

그런데 석 달 사이에 갑자기 상황이 뒤집혔다. 어머니는 "생각해보니 아버지가 잘못하셨던 것 같다"며 생각을 바꾸셨다. 어머니가 《꾸란》 공부를 시작하셨는데, 선생이 "이슬람법을 안 지키면 타계한 남편과 당신 모두 지옥불에 떨어지게 된다"고 했다는 것이다. 아멜리아는 어머니의 변심에 충격을 받았다. 돈이 궁한 처지는 아니었지만 이건 공정성의 문제였다. 물론 집안에서 딸이라는 이유로 차별 당한 것이 처음은 아니었다. 그녀는 차별대우 속에서도 자신의 노력으로 성공했다.

나는 아멜리아에게 "율법이라는 게 항상 여러 가지로 풀이될 수 있어서 누구든 자기 의도대로 해석하게 마련"이라고 말했다. 자신이 '공정하고자' 한다면 율법은 시대를 막론하고 '공정'할 수 있다. 유산 문제를 놓고 보더라도 아들에게 3분의 2를 주고 딸에게 3분의 1을 주도록 한 이슬람의 율법은 딸에게 전혀 주지 않던 과거나 다른 문화에 비해 공정한 처사였을 것이다. 하지만 지금은 여성이 남성과 동등하게 교육을 받고, 가계를 부양할 책임을 지고 똑같이 돈을 버는 시대다. 시대는 달라졌지만 아무리 생각해도 율법이 신경 쓰인다면, 아들에게 3분의 2를 물려주는 대신 딸에게는 다른 선물을 남기는 식으로 율법

---

* 인도네시아에서는 귀한 아들을 일컬어 '아낙 에마스(anak emas)' 즉 '금으로 만든 아이'라고 부르기도 한다.

도 지키면서 자녀에게 공정하게 대하는 법을 찾아낼 수 있을 것이다.

여기서 말하고 싶은 것은 율법을 지키고 안 지키고의 문제가 아니라 그 율법을 지키게끔 하는 힘이 '두려움'에서 나온다는 사실이다. 아멜리아 어머니는 지옥불에 떨어질까 두려워 생각을 바꿨다. 딸에 대한 사랑, 공정해지려는 마음, 스스로 지켜왔던 원칙보다 두려움이 자신의 최종 결정을 지배했다. 어릴 적 경험을 통해 공평함이 얼마나 중요한지 잘 알지만 죽음 후에 대한 두려움 때문에 모두 잊은 것이다.

이 두려움은 종교를 빙자한 테러리즘이나 다른 종교에 대한 편협한 배타주의에도 숨어 있다. 아멜리아 모친에게 두려움의 대상은 미지의 사후 세계였고, 남동생에게는 신앙심과 재산이 날아가버릴지도 모른다는 것이었다. 이 두려움 때문에 그들은 율법을 글자 그대로 해석했다. 이것이 바로 이슬람을 오해하게 만드는 광신적 믿음의 바탕이다. 아멜리아의 동생 밤방은 무슬림 '테러리스트'들을 비난하는 입장이었지만 그와 그의 어머니가 가졌던 사고방식이 덜 극단적일 뿐, 테러리스트의 행동 원리와 비슷하다는 사실은 깨닫지 못했다.

진정한 무슬림은 생각이 다른 사람을 존중할 뿐 아니라 잘못된 견해를 가진 이에게도 관대하다. 《꾸란》은 "믿는 자들은 형제49장 10절"이며 "모든 백성은 다른 백성을 비웃으면 안 된다. 이것이 그것보다 훌륭한지도 모르니까. …… 너희들 서로가 험담을 해서는 안 된다. 신앙을 갖기 시작한 이후에 사악한 이름을 붙인다는 것은 나쁜 짓이다. 회오하지 않는 자는 의롭지 못한 자이니라49장 11절"라고 말한다. 나아가 신은 인류에게 이렇게 말한다.

아, 믿는 자들아, 우리는 너희를 남녀로 나누어 창조하였다. 너희들을 부족과 종족으로 나누었는데, 이것은 너희들 서로가 알도록 하기 위함이다. 너희들 중의 가장 존귀한 자는 보다 알라를 공경하는 자이니라. 알라께서는 참으로 잘 용서하시고 자애로운 분이시다.

— 〈꾸란〉 49장 11절

그러므로 무슬림에게 '남'은 적이 아니라, 스스로를 알도록 해주는 소중한 존재다. 그런데 이 가르침을 지키는 사람은 많지 않으며, 이 때문에 피해와 고통을 당하는 이들은 여성이나 사회적 약자다. 그리고 알지 못하는 사이 이슬람은 자기파괴적이고 시대에 뒤떨어지고 불합리한 도그마가 된다.

이슬람 율법을 문자 그대로 해석하지 않고 맥락에 맞게 해석한다면, 현대에 얼마든지 적용할 수 있다. 다만 기득권을 쥔 보수주의자들이 현대화를 원치 않을 뿐이다. 그들은 아직도 전근대적인 사고방식에 맞춰 이슬람을 해석하고 싶어 한다. 시대적 맥락 안에 있던 경전의 내용을 글자 그대로 해석하니까 모든 게 뒤죽박죽이 된다.

아멜리아의 어머니와 남동생처럼 독실한 무슬림을 자처하는 모두에게 이 말을 하고 싶지만, 받아들이는 사람은 많지 않을 것 같다. 그래서 아멜리아에게 뭐라고 말해주었느냐고?

"네 어머니와 남동생이 자기네들의 신앙이 잘못됐다는 사실을 깨달을 가능성이 없으니, 기대하지는 마."

차마 이렇게 말할 수는 없었다. 나는 솔직하게 말하는 대신 이렇게만 이야기했다.

"인간은 공평하지 않아도 신은 공평하시니 신께 모든 것을 맡기면 마음이 좀 편해질 거야."

내가 질밥을
쓰지 않는 이유

나는 질밥 jil'ba'ab* 으로 머리를 덮지 않는다. 아체 Aceh** 처럼 보수적인 지역에 가거나 장례식에 참석할 때 머리에 살짝 숄을 덮어 질밥 비슷한 것을 쓴 적은 있다. 그런데 얼마 전 질밥을 쓰지 않는 이유를 칼럼에 써보라는 제안을 받았다. 청탁을 받고서야 내가 한 번도 그 이유를 생각해본 적이 없다는 것을 깨달았다.

사람들은 내가 질밥을 쓰지 않는 데 거창한 이유가 있으리라 생각하겠지만 전혀 아니다. 나는 신실한 무슬림 가정에서 태어났고, 내 할

---

* 이슬람 여성이 쓰는 베일의 한 종류인 질라바(jilaabah)의 복수형. 인도네시아에서는 질밥이 중동의 히잡처럼 모든 베일을 가리키는 보통명사로 쓰인다.

** 수마트라 북부 자치 지역으로 수도는 반다아체(Banda Aceh)다. 동남아시아에서 최초로 이슬람을 받아들인 곳으로 알려진다. 강경 이슬람주의자가 많으며 인도네시아 중앙정부에 맞서 오랫동안 분리 독립운동을 벌여왔다. 인도네시아 정부는 아체 독립운동을 무력 탄압했는데, 이 과정에서 수많은 이들을 학살했다는 비난을 받고 있다. 2004년 쓰나미로 큰 피해를 입었다.

머니처럼 '종교적인' 분위기―'광신적인' 것과는 분명 다른―에서 자랐다. 하지만 할머니도 질밥을 쓰지는 않았다. 이유는 간단하다. 당시엔 질밥이 없었거나 유행이 아니었다. 할머니가 《꾸란》을 암송하실 때에는 얇은 숄을 머리에 쓰셨던 것 같기는 하다. 하지만 그게 다였다. 그래서 나는 질밥이 종교적으로 꼭 필요하다거나 꼭 써야 한다고 생각해본 적이 없다.

게다가 나는 그런 식으로는 '종교적'이지 않다. 머리에 뭔가를 덮어쓴다고 해서 '정신적'으로 더 신과 가까워진다고 생각하지 않는다. 정신적인 힘은 내면에서 나오지, 이슬람 옷가게에서 시작되지 않는다. 무엇보다도 나는 종교적 형식주의에는 관심이 없다. 내가 보기에 질밥을 쓰는 것은 딱 형식주의에 해당된다. 요즘 들어 그걸 쓰게 하느냐 마느냐가 정치적인 쟁점이 되고 있지만, 정치가 됐든 패션이 됐든 종교의 문제든 우리 정신을 위해서 꼭 필요한 게 아님은 분명하다.

하지만 어떤 사람들에게는 그것이 몹시 중요하다. 자카르타 외곽에서 판치는 이슬람근본주의자들이 내세우는 지역규칙 '프르다^{PerDa}' 율법은 가슴과 배꼽 혹은 허벅지 같은 부위를 드러내면 우리의 나약한 영혼이 타락한다고 생각하는 듯하다. 그런데 우리의 몸과 인격을 조금만 더 깊이 파고들어가 보자. 옷차림은 개인에게 '정체성'을 부여해주기도 하지만, 사람의 본질을 가리는 가면도 된다. 특히 유니폼이 그렇다. 그리고 세상에는 공무원이나 군인들의 공식 유니폼 말고도 참 많은 유니폼, 즉 획일화가 존재한다.

끝내주는 몸매에 멋진 옷차림, 잘 정돈된 머리에 향수를 뿌린 사람이 내면은 아름답지 않을 수 있다는 사실, 심지어 비열하고 추악하고 앙심을 품었을 수도 있다는 사실을 우리는 종종 잊는다. 또 겉보기에 강한 사람이 실제로는 그렇지 않을 수도 있다. 그런 사람들은 지위와 돈의 힘을 빌려 큰 소리로 외치고 이래라 저래라 명령하지만 내면은 약하고 든 게 없다. 또 멋지고 지적이고 매력적이고 확신에 차 보이는 사람이 안으로는 불안감에 시달릴 수도 있다. 유명 배우나 가수가 서서히 혹은 갑자기 자기파괴적인 생활에 젖으면서 스스로 목숨을 끊는 경우도 있다. 종교 지도자들이나 노벨상 같은 큰 상을 받은 사람들 중에도 부패하고 타락한 사람들이 있을 수 있다. 이를 정치영역으로까지 넓혀 생각하면 너무 구태의연하려나?

옷차림은 '맥락'에 따라 판단해야 하는 것이지, 종교적 판단의 대상이 될 수 없다. 친구 테사가 어느 날 질밥을 쓰기로 결심했다. 이유를 물으니 신이 보시기에 머리쓰개를 쓴 모습이 더 아름다우리라 여겨서란다. 하지만 이제까지 질밥 없이도 신실한 무슬림으로 잘 살아왔던 친구가 갑작스레 그렇게 결심한 것은 종교적 이유 때문은 아니었으리라 생각한다. 오히려 이혼한 지 얼마 되지 않았던 테사가 질밥를 씀으로써 무언가로부터 보호를 받는다고 느껴서 그랬을 거라고 생각한다. 일종의 현실도피랄까.

내 어머니 연배인 나니는 메카 순례를 다녀온 여성인 하자다. 신실한 나니는 이 문제를 테사와 다르게 해석한다. "큰 길에서 발가벗고 기도를 한다 해도 신에게는 중요하지 않다. 신은 오로지 우리 영혼과 정신, 마음, 말과 행동, 열정과 자비심을 보실 뿐이지 머리와 몸에 뭘 덮어썼는지는 보지 않으신다"고 말한다. 《꾸란》도 이렇게 말한다.

보아라, 그들은 알라한테서 숨으려고 가슴을 접는다. 그러나 그들이 옷으로 얼굴까지 싹 감추어도 알라께서는 감추는 것도 나타내는 것도 모두 아신다. 가슴속에 있는 것도 모두 잘 아신다.

— 《꾸란》 11장 5절

나 역시 그렇게 생각한다. 게다가 질밥을 쓰면 신이 주신 선물인 내 길고 숱 많은 머리카락이 가려진다.

물론 격식을 차려야 될 때에는 나도 다른 여성들처럼 전통 정장인 크바야kebaya*와 바틱사롱batik sarong**을 입는다. 하지만 보통 내가 즐겨 입는 꼭 끼는 청바지와 탱크톱은 질밥과 잘 어울리지 않는다.

또 하나 지나칠 수 없는 근본적인 물음이 있다. 머리에 작은 천 조각을 하나 얹어놓는다고 어떻게 신과 더 가까워지고 더 훌륭한 사람이 될 수 있는가. 도둑과 살인범이 질밥을 쓴다고 좋은 사람이 될까. 이슬람 학자인 친구는 그런 문화에서 자란 탓에 질밥을 쓰면 마음이 편해진다고 한다. 하지만 나에게 강요하지는 않는다. 자란 환경이 달랐기 때문이다. 그녀는 나에게는 평소 입던 대로가 어울린다고 말한다. 그녀는 내 옷차림을 보고 내 믿음을 가늠하지 않고 내 믿음을 존중한다. 머리를 천으로 감싼다고 신에게 더 가까워지지는 않는다는 것이 친구의 의견이다.

깊이읽기: 이슬람 여성의 베일

많은 이들이 이슬람 여성의 베일이 종교 전통에서 비롯됐다고 생각한다. 그러나 이슬람 여성들이 언제, 어떻게 베일을 쓰게 되었는지는 여러

---

* 인도네시아, 말레이시아, 싱가포르 등에서 여성들이 입는 레이스로 된 화려한 웃옷.

** 동남아시아 사람들이 치마처럼 둘러 입는 무늬가 화려한 바틱천으로 만든 하의.

●●● '덮다', '가리다'라는 뜻의 '히마르'에서 비롯된 히잡은 무슬림 여성의 베일을 통칭하는 말이다. 히잡이 종교적 전통의 시작에 대해서는 여러 주장이 있지만 《꾸란》이 여성을 구속하고 억압하기 위해 베일을 강요하지 않았다는 점만은 분명하다. 그러나 지금은 종교적 관례라는 외피를 쓰고 베일이 정치적으로 이용되고 있다. 사진의 베일은 예멘 등지에서 많이 쓰이는 '니캅'으로 얼굴을 내놓는 보통 히잡에 눈 아래부터 가슴까지 늘어뜨리는 베일을 덧붙였다.

●●● 대부분의 이슬람 지역에서 흔히 쓰는 히잡으로
얼굴은 내놓고 머리와 목, 가슴을 감춘다. 간편
하게 스카프 하나로 가능하다. 인도네시아에서
는 히잡 대신 질밥이라 부르고, 이란 등지에서
는 수녀복처럼 얼굴 주변을 동여매고 그 위에
망토를 덮어쓰는 차도르를 많이 쓴다(위).

●●● 가장 잔인한 베일인 부르카. 주로 아프가니스탄
에서 쓰는데, 온몸을 감싸고 눈 부분만 망사 처
리해 시력을 나쁘게 할 뿐 아니라 시야가 좁아
교통사고의 원인이 되기도 한다(왼쪽).

가지 설이 있다. 남성 가부장 권력을 강화하고자 베일이 나왔다는 의견도
있고, 중동과 지중해 지역 기후 때문에 고대부터 내려오던 습속이 굳어졌
다고도 한다. 또 이슬람 정착 초기 부족 종교를 믿는 이들의 공격으로부터
이슬람 여성을 보호하기 위해서였다고도 한다. 어쨌든《꾸란》이 애초에
여성을 구속하고 억압하고자 베일을 권하지 않았다는 점만은 확실하다.

《꾸란》에 따르면 처음에는 예언자의 아내나 딸처럼 특별한 여성에게
베일을 권장했고 지금처럼 모든 여성에게 무차별적으로 지운 의무가 아
니었다. 《꾸란》은 이렇게 말한다.

오오, 예언자여. 그대의 아내와 딸과 신자들의 아내에게 '외투로 몸을 감추어라'라고 말하라. 그것이야말로 그녀들이 알 수 있는 가장 쉬운 방법이며 괴로움을 받지 않는다. 알라께서는 잘 용서하시는 분, 자애로우신 분이시다.

— 《꾸란》 33장 59절

결혼을 바라지 않는 갱년기의 여자라면 내 몸의 장식이 눈에 띄지 않게 옷을 벗는 것은 죄가 안 된다. 그러나 그녀들이 삼가는 것은 더욱 좋다. 알라께서는 모든 것을 들으시고 잘 아신다.

— 《꾸란》 25장 60절

이슬람 여성들이 쓰는 베일의 종류는 다음과 같다.

_ **부르카(Burqa)**

아프가니스탄에서 쓰는 온몸을 감싸고 눈 부분만 망사로 처리해 가장 잔인한 히잡이다. 손에는 장갑을 끼기도 하는데, 1970년대까지 청색을 주로 입다가 나중에 검은색도 등장했다.

_ **차도르(Chador)**

주로 이란에서 쓰는데 가톨릭 수녀처럼 머리를 동여매고 그 위에 망토 같은 것을 덮는다. 그러나 어깨까지만 닿는 수녀복 머릿수건과 달리 온몸을 다 가리는 망토 형태다. 20세기 초반까지는 꽃무늬 등 화려한 천으로 만들었는데, 지금은 검은색이 일반적이다.

_ **히잡(Hijab)**

'덮는다'는 뜻의 아랍어 '히마르khimar'에서 비롯된 말로 《꾸란》에서 머리쓰개, 베일이라는 뜻으로 쓰였다. 모든 형태의 베일을 가리키는 일반적 명칭인데, 좁은 의미로는 얼굴을 내놓고 머리와 목을 가리고 가슴까지 늘어뜨린 스카프 같은 것을 말한다. 북아프리카의 튀니지와 시리아처럼 비교적 개방적인 이슬람 국가에서 널리 쓴다.

_ 니캅(Niqab)

히잡에 얼굴 가리개를 덧붙여 눈만 내놓은 형태다. 스카프 같은 것으로 머리를 싸매고 다른 천으로 눈 아래를 가려 목이나 가슴까지 늘어뜨린다. 파키스탄과 모로코 여성들이 주로 쓰는데, 색깔이나 무늬가 다양하다.

경건한(?) 남자들은
섹시한 여성이 무섭다

아부 바카르 바시르Abu Bakar Ba'asyr가 TV에 나와서 "야한 옷을 입은 여자들이 도덕성을 무너뜨린다."며 "그런 여자들이야말로 발리를 테러한 폭탄보다 더 위험하다"고 말했다는 기사(《자카르타포스트》 2006년 9월 21일 보도)를 읽었다. 여러 면에서 흥미로운 얘기다. 이슬람극단주의 무장조직 제마아이슬라미야JI·Jemaah Islamiyah의 정신적 지도자이자 인도네시아 무자헤딘 위원회MMI·Indonesia Mujahidin Council를 이끄는 인물이 '반쯤 벗은 여자들'을 폭탄 테러보다 더 무섭다고 이야기하다니! 이걸 다행이라 해야 하나 말아야 하나. 아무리 강한 사람에게도 아킬레스건이 있다지만, 아부 바카르는 참 특이하기도 하다.

사실 여자에 대한 공포증은 인류 역사에 참 많은 영향을 미쳐왔다. 역사적으로 보면 어떤 나라, 어떤 문화에서나 남성들은 종교를 비롯해 권력으로 만든 관습, 제도, 법을 총동원해 여성의 성적 에너지를 억누르려 애써왔다. 마녀 사냥, 여성 숨기기인 푸르다purdha*, 할례라는 생식기 훼손, 처녀임이 입증된 신부에 '웃돈'을 얹어주는 풍습, '가족의 명예를 지킨다'며 아내와 딸의 성을 통제하기, 간통한 여성을 가혹하게 처벌하는 일(이란에서는 간통 혐의를 받는 여성을 돌로 쳐 죽인다) 등 이런 예는 얼마든지 찾을 수 있다. 인도네시아에는 지금도 여성들을 물리적으로 남성들과 격리시키는 풍습이 남아 있고 극단적 이슬람주의자들은 가혹한 이슬람 지역규칙 프르다를 적용해 여성의 활동을 제한한다.

여성들은 이러한 억압 밑에서 숨죽인 채 지배, 통제, 학대를 통해 착취당해왔다. 남성들은, 성인 여성뿐 아니라 어린 여자아이들까지 강간, 근친상간, 성희롱, 구타, 성 매매 대상으로 삼아 성적 쾌락과 경제적 이익을 챙겨왔다. 여성은 도덕과 순종을 지켜야 하는 동시에 남성들의 욕구를 충족시켜줘야 했다. 세계의 거의 모든 문화를 지배하는 가부장적 종교에는 이런 위선이 널리 퍼져 있다.

위선적이지 않은 종교, 문화도 물론 있었다. 고대 수메르와 바빌론 문명에서는 여신이 가장 중요한 신이었다. 고대인들은 땅이 척박해지면 "여신이 자기를 모시는 남성에게 만족하지 못하고 있다"고 여겼다. 그러나 시대가 흐르면서 권력의 중심에 있던 여성성은 낙인으로 변하고 말았다. 여성성을 억압하려는 시도는 여러 가지 핑계를 대왔다. 가장 강력한 것이 바로 종교의 힘이다.

그러나 고맙게도 나는 저항할 수 있는 환경에서 사는 덕분에 가슴 굴곡이 드러나는 이브닝 가운이나 허벅지가 보이게 디자인한 치마를 입는다. 머리카락을 치렁치렁 늘어뜨린 채 붉은 치마를 입고 거리를

---

* 이란, 파키스탄, 인도 등의 관습으로 여성을 남성 눈에 띄지 않게 숨기는 것을 가리킨다. 여성이 베일을 쓰도록 하고 남자의 안채 출입을 극도로 통제하며 여성의 외출을 금지하는 것이 모두 '프르다'이다.

다닐 때 쏟아지는 행인들의 눈길을 즐긴다. 나에게 이건 예술적 퍼포먼스와 비슷하다. 사람들은 여성의 몸이 예술작품이라고, 신이 만든 예술작품이라고 한다. 그러니 신의 창조물인 나를 그대로 보여주는 것은 그 자체로 신에 대한 경배가 아니고 무엇일까. 그렇게 거리를 활보하다 집으로 돌아와 화장을 지우고 줄줄이 늘어뜨렸던 장신구를 떼어내고, 남편만을 위해 다시 섹시하게(?) 치장한다. 이것이 우리의 믿음에 어떤 나쁜 영향을 끼친다는 걸까.

아부 바카르는 "텔레비전에서 몸을 심하게 드러낸 여자를 보기만 해도 신앙심이 떨어진다"고 말했다는데(〈AFP〉 통신 2006년 9월 20일 보도) 어떤 근거로 한 말일까? 혹시 그런 경험이 있다는 얘길까? 그렇다면 아부 바카르는 위선자다. 경험 없이 하는 말이라면, 그만 입 다물고 잘 아는 주제―예를 들면 폭탄이라든가―나 이야기하는 편이 좋겠고. 아름다움은 보는 이의 눈에 달려 있고, 악행과 욕정은 마음이 만든다. 보리수 아래에서 수행하던 싯다르타는 벌거벗은 여성으로 나타난 악마의 유혹에 시달렸다. 하지만 그는 흔들리거나 도망치지 않았으며 수행을 계속해 믿음을 굳건히 했다.

도덕성은 사람의 내면에서 나오는 것이지, 신앙 깊고 정숙한 옷차림을 한 다른 사람으로부터 오지 않는다. 우리는 성적 유혹뿐 아니라 다양한 유혹이 가득한 세상에서 살아간다. 유혹을 이기는 방법은 스스로 도덕성을 단련하는 길뿐이다.

아부 바카르의 주장은 역설적으로 그와 그의 추종자들이 지저분한 마음을 지녔고 신앙심이 약하다는 것을 보여준다. 어쩌면 그래서 그들은 총으로 다른 이들을 개종시키려 드는지도 모른다. 그렇다면 그의 신앙은 진실하지 않다. 진정으로 신을 믿는다면, 자신들이 총을 들지 않더라도 신께서, 신이 가진 다른 힘으로 사람들을 품 안으로 거두실 것을 믿어야 한다.

사람들이 진짜로 문란하고 난잡한 폭력에는 입 다물면서 누드나 섹스라면 사사건건 검열하고 빡빡하게 구는 이유는 무엇일까. 남에게 아무런 해를 끼치지 않는 섹스 얘기만 나오면 다들 쉬쉬하면서 뒤에서만 쑥덕거리는 까닭은 뭘까? 이건 명백히 폭력이고, 우리는 지금 폭력을 미화하는 세상에 살고 있다. 폭력보다는 정신을 충만하게 하는 섹스를 예찬하는 세상이 훨씬 더 살기 좋지 않을까. 아부 바카르는 여성들과 더 많이 접촉하고, 야외에 나가 좀 뒹굴며 즐기는 편이 좋겠다. 그렇게 긴장을 좀 풀어서 나라 전체가 골치 썩어야 하는 그 날카로워진 신경을 좀 누그러뜨리길 바란다.

하긴, 공정하게 말하자면 아부 바카르의 발언이 나쁘기만 했던 건 아니다. 그의 말을 듣다보니 항공기를 납치하는 무슬림 테러범들을 해결할 좋은 방법이 떠올랐다. 항공사들은 까다로운 보안 절차로 모든 승객을 번거롭게 하지 말고, 여성 승무원들만 누드로 근무하게 하면 어떨까. 테러범들은 벌거벗은 여자들을 싫어한다니까 그 비행기는 안 탈 것이다! 우리 모두 벌거벗고 돌아다닌다면 이 세상은 정말로 평화로워질 텐데!

깊이읽기: 〈자카르타포스트〉 2006년 9월 21일자 기사
인도네시아 무자헤딘 위원회 의장 아부 바카르 바시르,
"TV의 관능적인 쇼, 발리 폭탄 사건보다 더 위험해"

202명이 살해당한 2002년 발리 폭탄 테러 연루 혐의로 26개월을 복역하고 2006년 6월 14일 풀려난 그는, 도덕성을 파괴하는 포르노그라피가 폭탄 테러보다 더 위험하다고 말했다. 인도네시아 뉴스에이전시 〈안타라

Antara〉와 가진 기자회견에서 "벌거벗은 여성과 발리 폭발 사건을 놓고 무
엇이 더 위험하냐고 묻는다면, 살갗을 드러낸 여성이 더 위험하다고 대답
할 것이다."라고 했던 것.

인도네시아 무자헤딘 위원회 의장 바시르는 6차 샤리아 실행 준비평의
회Committee for the Preparation of Sharia Enforcement에 참석하고자 자신이 운영하
는 마카사르이슬람학교를 방문했는데 그가 깊숙이 관여한 두 조직은 인도네
시아를 더 공고한 이슬람 국가로 만들려고 한다.

그는 곧 다가오는 단식월을 맞아 인도네시아 TV 방송국들이 선정적인 프로그램 대신《꾸란》토론 같은 알라의 훌륭함을 보여주는 프로그램을 방송해야 한다고 주장하는 한편, 남부 술라웨시 지방 정부가 샤리아법을 시행해야 한다고 호소했다. 남부 술라웨시는 급진적 종교 투쟁의 온상으로 알려졌는데 상당수 행정관과 시 당국은 샤리아 규정을 채택해 여성공무원의 이슬람식 복장 착용이나 아랍어 교육 등을 시행해왔다.

립스틱은 무죄!

인도에서 〈힌두스탄타임스The Hindustani Times〉 2005년 11월 22일자 복사본을 우연히 보게 됐다. 우타르프라데시Uttar Pradesh 주州 경찰청장 D. K. 판다Devendra Kumar Panda·'D. K. 판다'가 공식 이름가 여성이 되기로 결심했다는 희한한 기사였다. 정확히 말하면 판다는 그냥 '여성'이 아니라 힌두 신화에 나오는 신 크리슈나의 연인 라다Radha가 되기로 결심하고, 라다처럼 꾸미고 다니기로 결정했다고 한다. 경찰 유니폼을 입은 여신이라니. 인도 정부는 당혹스러웠겠지만 독자들에겐 재미난 뉴스였을 것이 틀림없다.

이야기는 이렇다. 판다 청장은 여성이 되기로 했고, 라다 여신처럼 입고 다니기로 마음을 먹었다. 이 결정으로 판다가 처벌을 피하느라 애를 좀 먹었으리라 생각하기 쉽지만, 사실은 그렇지 않았다. 판다는 법을 피해 다닐 필요가 없었다! 못 믿겠다고? 〈힌두스탄타임스〉 기사를 읽어보자.

판다의 결정이 우타르프라데시 주 전체를 들썩이게 했지만, 법은 판다 편이다. "분명 엽기적이나 막을 방법은 없다. 1954년 제정된 경찰법에는 남성 경찰관이 립스틱을 바르거나 손톱에 에나멜을 칠하는 것을 금지한 규정이 없기 때문이다." 한 경찰 간부의 지적이다. 경찰법에 따르면 여성 경찰관은 밝은 색 립스틱이나 짙은 색 에나멜을 발라서는 안 된다. 금색 팔찌와 귀걸이 착용도 금지다. 그런데 현행법상 남성인 판다가 그런 차림을 하는 건 문제가 되지 않는다. 그를 제재하려면 경찰법을 바꿔야 한다. "1954년에 '립스틱과 에나멜을 바른 남성 경찰관'이 나타나리라고 누가 상상이나 했겠는가." 은퇴한 경찰 간부는 탄식했다.

판다 이야기는 성적 정체성을 다시 생각해보는 계기가 됐다. 남성을 남성이게끔, 여성을 여성이게끔 만드는 것은 무엇일까? 우리가 어떤 성性으로 행동하는가, 남에게 어떤 성으로 보이는가에 따라 사회적으로 규정되는 성을 '젠더gender'라 부른다. 각자가 처한 환경과 양육 과정에 따라 결정되는 젠더는 생물학적으로 타고난 성 섹스sex와 반드시 일치하지 않는다.

여성 생식기를 지니고 태어난 아기에게 남자 이름을 붙여 사내아이처럼 키우면 그 아이는 자라서 남자가 될까, 여자가 될까? 실제로 이런 일이 있었는데, 사람들은 옳지 않은, 아니면 별스러운 짓으로 받아들였다. 사회는 늘 정형화한 성별 구분을 사람들에게 강요한다. 그리고 이렇게 고정된 성 역할은 모든 사회관계의 기본이 된다. 다른 모든 사회적 계약과 마찬가지로, 성별에 마땅한 일이 무엇인지도 협정처럼 굳어져 있다. 그 가운데서 우리를 가장 먼저 규정짓는 것은 생물학적으로 타고난 성별, 섹스다. 하지만 자세히 들여다 보면, 성별에 마땅한 일을 정하는 것은 생물학적 근거라기보다 권력을 쥔 사람들과 정치적 역학관계다.

인도네시아의 유명 가수이자 토크쇼 진행자인 도르체Dorce는 원래 남성이었는데 여성으로 산다. 도르체가 태어났을 때 부모는 '그'가 성 전환을 해 '그녀'가 되리라고, 여성이 된 뒤에야 내면의 평화를 찾을 수 있으리라고 상상도 못했을 게다. 트랜스섹슈얼, 즉 성 전환자 말고도 세상에는 이성의 옷차림을 하는 크로스-드레서cross-dresser와 게이, 동성애자 같은 다양하고 복합적인 성 구분 카테고리가 있다. '그런 사람은 소수일 뿐'이라 할 수 있지만 인도네시아에는 그런 '소수'가 무려 인구의 10퍼센트에 이른다. 이들을 모두 합치면 말레이시아나 오스트레일리아 인구에 맞먹는다.

정신이상을 겪는 사람들을 연구하다 보면 우리가 '정상'이라고 부르는 의식 상태를 더 잘 이해할 수 있다. 마찬가지로 동성애자를 비롯한 성적 소수자 문제를 들여다봄으로써, 우리의 성적 정체성과 성별 역할을 더 잘 이해할 수 있다. 성적 정체성 섹슈얼리티는 생물학적으로 타고난 성과 사회적으로 만들어진 성이 합쳐져 발현된다. 미국의 성 의학자 킨제이Alfred Charles Kinsey는 이미 1940년대에 사람의 성적 정체성이 생물학적 성과 일치하지 않는다는 사실을 밝힌 기념비적인 보고서를 펴낸 바 있다. 보고서는 환경이 이성애 성향과 동성애 성향에 어느 정도 영향을 미친다고 밝히고 있다.

물론 사회적으로 결정된 성별 역할 구분은 사라지지 않고 있다. 하지만 이제 '여자는 부엌 밖으로 나오면 안 된다'고 생각하는 극단적인 보수파는 많지 않다. 창조적이고 생산적인 일을 하는 여성이 많고, 전통적인 역할 구분에서 벗어나 여성이 돈을 벌고 남성이 살림을 하는 경우가 점점 늘고 있다. 그럼에도 불구하고 바깥일 하는 여성은 여전히 집안일까지 잔뜩 떠맡는다.

인도네시아에서는 예전부터 여자들이 사회활동을 활발하게 해왔다. 다른 문화권에서 살아온 남편은 심지어 "겉보기와 달리 실제로 여자들이 이 나라를 움직이는 것 아니냐"고 말할 정도다. 민속신앙에서도 자바의 수호신은 남쪽 바다 여신 로로 키둘Loro Kidul이다. 역사학자 옹 혹 함Ong Hok Ham은 한술 더 떠 "인도네시아 남성들은 모두 오이디푸스 콤플렉스를 갖고 있다"고 말한다. 그런데도 여성들은 정치나 행정, 일상에서 뒷전으로 밀려나기 일쑤인데 그 대가는 사회의 퇴보다. 우리는 시대에 맞게 살기를 포기하고 구닥다리 전통을 고집하며 사회적 약자와 소수를 억압하고 있다. '약자', '소수'를 만든 건 사실 우리의 배타적인 태도인데 말이다.

인도 정부는 판다의 선언에 당혹스러워할 일이 아니다. 오히려 신념에 따라 행동하는 '용감한' 사람이 있다는 사실을 자랑스러워해야 한다. 이곳 인도네시아에도 강요된 신념을 벗어던지고 나설 판다 같은 사람들이 있으면 좋을 텐데. 그런 인물이 있다면 최소한 자카르타 경찰 조직만이라도 좀 생기발랄해지지 않을까.

🖋 기도를 올리기 전에

    우리 집 일을 도와주고 있는 디디의 일상은 종교적이고 늘 경건하다. 다른 많은 인도네시아 사람들처럼 하루 다섯 번씩 기도하고 《꾸란》을 암송하며 단식과 금요 예배를 지키는 이슬람 의례가 몸에 배어 있다. 가족이 종교생활을 잘 하도록 이끄는 데도 열심이어서 디디의 어린 자녀들은 모두 중요한 《꾸란》 구절들을 외우면서 아버지를 따라 기도한다.

    하지만 종교 밖 일상생활에서 디디는 전혀 다르다. 가족에게 무책임하고 제멋대로일 때가 많다. 피임법을 몰라 아이를 여럿 낳은 것은 그렇다 쳐도 아이들 출생신고도 하지 않았다. 디디는 남편으로서도 무책임하게 굴 때가 많다. 임신한 아내 부탁을 종종 빼먹고, 아내가 세 아이 문제 때문에 학교에 다녀오는 것도 못마땅해한다.

    디디처럼 종교 의례에 충실하면서 정작 일상에서는 엉망인 인도네시아인들은 많다. 신문에는 종교적 위선을 폭로한 뉴스가 가득하다.

학생을 성폭행한 신심 깊은 교사, 하루 다섯 번씩 기도하면서 아랫사람을 학대한 사람, 《꾸란》 암송 모임에 열심히 나가면서 남을 못살게 구는 사람. 정치인들의 신앙도 마찬가지로 위선적이다. 종교부 장관을 지낸 키아이 하지 사이드 아길 알 무나와르Kiai Haji Said Agil al-Munawar는 정부의 메카 순례 지원 예산을 횡령했다가 감옥에 갔다. 이런 예는 너무 많다.

종교와 일상생활이 조화를 이루지 않고 따로따로인 이유는 이해하기 어렵다. 특히 이슬람은 사회적, 개인적 생활 그러니까 삶 전체를 규정하는 종교인데 말이다. 어쩌면 이슬람의 이런 특성이 문제의 원인일까. 많은 무슬림이 종교적인 의례와 율법 공부에 매몰돼 나머지에는 신경을 쓰지 않는다. 그러면 종교가 가르친 대로 해야 할 것과 말아야 할 것을 구분한다고 올바른 신앙생활을 하는 걸까. 종교의 본질은 스스로 신을 이해하고 신과 소통하는 데에 있지 않을까.

전통은 그것이 종교적인 것이든 문화적인 것이든 의례에 얽매이면 본질은 훼손된다. 2007년 6월 자카르타 도시탄생 480주년 기념행사가 성대하게 펼쳐졌는데, '힘센 사람 뽑기 대회'도 열렸다. 대회 참가자 한 명 이름이 야야 스톤Jaja Stone · 야야는 인도네시아어로 '돌멩이'라는 뜻이었는데 딱 어울리는 이름이었다. 그는 8.9톤짜리 자동차를 성기에 묶고 50센티미터나 끄는 데 성공해 구경꾼들을 놀라게 했다. 그저 재미를 맛보려고 저런 짓을 한다니 정말로 이상한 사람들이라고 할 수도 있겠지만, 내 생각은 다르다.

이른바 '문화 행위'들이 다 그렇게 괴상하고 유별났으면 좋겠다. TV나 공연은 '15분짜리 패키지'로 만든 문화만 보여줄 뿐이다. 보는 이들의 정신건강을 위해서라며 가치관은 다 빼고 '중립적'으로 만들거나 성적性的인 암시도 모두 삭제해 밋밋해진 댄스쇼, 반쯤 익힌 듯한 가믈란gamelan* 음악공연은 문화 행위 속에 스며 있는 정신이나 의미 따위는 빼버린 채 관광엽서 속 풍경처럼 보기 좋은 것만을 모아놓은, 실제를 흉내 내어 만든 모형이나 다름없다. 힌두 대서사시를 가지고 만들었다는 15분짜리 인형극이나 신비스러운 전통 자바 춤인 스림피serimpi도 있다. 원래 이 신비스러운 춤은 '솔로Solo'로 널리 알려진 자바 중부의 고대 술탄왕국 수도 수라카르타Surakarta에서 시작된 유서 깊은 문화유산이다.

인도네시아 현대사를 통틀어 국가 지도자들은 늘 국민에게 "전통 문화와 민족 정체성을 잘 보전하라"고 훈계했다. 건국의 아버지 수카르노는 이른바 '인도네시아적 특성'을 정리해 국가 슬로건으로 내걸고 통치 기간 동안 정치적 이데올로기로 삼았다. 수하르토 정치체제 '신질서'도 마찬가지였다. '신질서'는 '동양적 가치'와 전통문화 보전을 강조했는데, 실제로는 중부 자바의 문화를 인도네시아 전역에 강요하고 다른 지역 문화를 말살하는 결과를 낳았다. 자카르타에는 인도네시아의 주요 유적지를 미니어처로 만든 '타만Taman 미니인도네시아 테마공원'이 있는데 이는 문화를 박제로 만들려던 수하르토 정책을 적나라하게 보여주는 예다. 공원을 만들자는 아이디어는 수하르토 부인 이부 티엔Ibu Tien** 머리에서 나왔다고 알려져 있다.

수하르토 이후 개혁 시대가 되면서 전통문화를 보호하자는 목소리는 좀 줄어들었다. 아마도 경제가 무너져 국가가 빚에 허덕이게 된 탓일 게다. 수하르토 이후 정권들은 경제위기 속에서 권력을 유지하기

---

* 자바와 발리의 토착 기악합주. 목제, 죽제, 금속제의 타악기, 현악기, 관악기로 구성되었다. 연극이나 전통 춤의 반주로 쓰인다.

** '이부'는 마담, 부인 등을 뜻하는 경칭. 본명은 라덴 아유 시티 하르티나(Raden Ayu Siti Hartinah)였으나 보통 '이부 티엔'으로 불렸다.

바빠서 전통문화를 얘기하는 일은 사치였다. 그런데 이제 시간이 흘러 문화를 정치적으로 이용하는, '문화 전쟁'이 재연될 조짐을 보이고 있다. 요즘의 화두는 '탈중앙집중화'다. 신질서 시절의 인위적이고 세속적인 자바 문화 중심주의에 맞서 지역 정체성들이 다양하게 피어날 기회가 생겨났다는 뜻이다. 더할 수 없이 보수적인 것부터 극단적으로 자유분방한 것까지, 주류문화에서 극히 주변적인 것까지 다양한 문화 현상이 자바 문화 중심주의의 대안으로 떠올랐다. 군중의 시선을 모으는 야야 스톤의 엽기적 퍼포먼스도 이런 대안문화 언저리 어딘가에 있을 것이다.

인도네시아 이슬람은 종종 종교라는 이름으로 허식에 가까운 의례를 따르느라 본질을 잊는다. 원래 이슬람은 신과 인간을 이어주는 성직자 없이 알라와 개별 인간의 신실한 관계를 중요하게 여겼다. 《꾸란》에서 말하는 수많은 의례는 본디 인간이 정결한 마음으로 신을 대하도록 독려하는 것이다. 하디스는 하루 다섯 번 기도를 올리기 전에 몸을 씻으라고 말한다. 하지만 기도를 올리기 전에 마음을 닦는 사람은 과연 몇이나 될까. 《꾸란》은 말한다.

> 심판을 거짓이라 비방하는 자를 알고 있는가.
> 이들은 고아를 배척하고,
> 가난한 자에게 식사 제공하길 권장하지 않는 자.
> 재앙 있으라, 예배하면서도
> 예배에 전념하지 못하고,
> 겉만 꾸미고
> 적은 자선을 거절하는 자에게.
>
> ― 《꾸란》 107장 1-7절

섹슈얼 데모크라시

얼마 전 내 친구이자 인도네시아의 유명한 게이 인권운동가인 데데 오에토모^{Dede Oetomo}가 인도네시아 제2의 도시 수라바야^{Surabaya}에서 '젠더와 섹슈얼리티'에 대한 강연을 해달라고 초청했다. 그 강좌는 데데가 설립한 게이·트랜스젠더·남성 섹스 산업 종사자 보건운동 단체인 가야누산타라^{GAYa Nusantara}가 주최했다. 요즘 들어 이 단체는 연구, 교육 분야로 영역을 넓히면서 대중들을 상대로 한 홍보활동도 하고 있다.

강좌는 성적 다양성과 오락, 매춘과 섹스 산업, 언론보도와 종교, 인권, 보건, 임신과 출산 같은 젠더와 섹슈얼리티에 관계된 다양한 주제들을 넘나들었다. 나는 1980년대부터 내가 주로 연구해온 젠더, 섹슈얼리티와 국가라는 주제를 놓고 강연을 해달라는 부탁을 받았다. 수없이 많은 강연과 세미나와 워크숍을 다녀봤지만, 가야 누산타라의 강좌는 단연 독특하고 감동적이었다. 참석한 사람은 남성 열 명, 여성

열한 명, 와리아^{waria}* 한 명, 이렇게 모두 스물두 명이었다. 그 와리아는 나보다도 훨씬 짙은 화장을 하고 있었다!

직업도 다양해서 비정부기구 활동가, 심리학자, 교사, 대학 강사, 보건 분야 종사자 등이 있었고 작가도 한 명 있었다. 1천 2백만 명을 거느린 인도네시아의 이슬람 조직 무하마디야^{Muhamadiyah} 회원도 있었고, 가톨릭 결혼상담소 직원과 게이 신학을 연구하는 학생도 왔다. 성적 취향으로 보자면, 절반 정도는 '스트레이트^{이성애자}'였고 일부는 기혼자였으며, 나머지 사람들의 성적 정체성은 다양했다. 아직도 자신의 성적 정체성에 대해 혼란스러워하는 여성도 있었다. 참석한 게이넷 중 한 명은 여자 옷을 입고 공연하는 드랙쇼^{drag show} 배우였고, 한명은 가톨릭 신자였다. 에이즈 바이러스 감염자도 두 명 있었는데 한명은 양성애자였다.

'성 초월자^{transgressive}', 이른바 트랜스젠더도 있었다. 이들은 타고난 생물학적 성별을 따르지 않는 '제3의 성'으로 남성도 여성도 아니다. 성 전환자들이나 생물학적으로 타고난 성과 다른 복장을 하는 크로스드레서들도 여기에 포함된다. 그들은 의식적으로 자웅동체가 된 사람들로, 남녀의 특징을 모두 갖고 태어난 간성^{間性}인 사람도 있지만 그렇지 않은 사람도 있다.

혼란스럽다고? 하지만 지금 여기서 전문적인 내용으로 들어가려고 하는 것은 아니니 걱정할 필요는 없다. 나는 다만 그 강좌에 완벽하게 녹아 있던 관용적이고 열린 분위기와 다채로움이 얼마나 좋았던가를 얘기하고 싶을 뿐이다. 경계에 서 있거나 혹은 공동체에서 쫓겨

---

* 여자를 뜻하는 와니타(wanita)와 남자를 뜻하는 프리아(pria)의 합성어로 '여-남성'이라는 뜻. 여성 복장을 하는 남성이나 트랜스섹슈얼을 이른다.

난 사람들도 동등한 위치에서 동등한 대접을 받았다. 그곳에서 그들은 성적 '주류'에 속하는 사람들이 생각하듯 소수자가 아니었다. '일반적인' 사회에서는 감정을 드러내거나 목소리를 낼 기회를 얻지 못하는 소수자지만 그들은 사실 누구보다도 솔직한 사람들이다. 동지애와 웃음이 가득한 격의 없는 토론은 진실하고 개방적이고 때로는 감동적이었다.

정체성의 핵심인 성별을 억압당하면 몹시 괴롭다. 그 괴로움을 못이겨 살인을 저지르는 사람도 있다. 참석한 양성애자 중 한 명은 성적 정체성과 가족에 대한 사랑 사이에서 얼마나 찢어지는 아픔을 맛봐야했는지 털어났다. 그는 바로 얼마 전에야 자신이 에이즈에 감염됐다는 사실을 주변에 밝히고 그 사실을 알리는 티셔츠를 입기 시작했다. 자기 처지를 아무렇지도 않게 생각하는 척했지만 얼마나 고통스러울지는 짐작할 수 있었다.

강연자들은 토론을 위해 자신의 강연 주제를 잘 드러내는 영화를 하나씩 골라서 보여줘야 했다. 나는 〈스텝포드 와이프The Stepford Wives〉를 골랐다. 이 영화에는 미국 교외 가상의 마을에 사는 기괴한 남성들이 나온다. 그들은 아내의 뇌에 마이크로칩을 심어 성 노예로 만들거나, 독립심 강한 아내를 멍청하고 유순한 여자로 바꾸어버렸다. 가상마을 '스텝포드'는, 과거 수하르토 정권의 '신질서' 운동이 '남편의 충실하고 순종적인 부속물로서의 여성'의 본보기로 내세우려고 만든 공무원 부인 조직 다르마와니타Dharma Wanita와 비슷했다.

사상·정치·문화·종교·성적으로 관용적이지 못하게끔 프로그래밍 되어 있다는 점에서 우리 모두가 어느 정도는 스텝포드의 아내들과 비슷하다. 마이크로칩이 마음에 심어진 까닭에 우리는 다른 이들의 성적 정체성 같은 문제에 판에 박은 듯한 틀을 만들어놓고 편협하게 차별하며, 스스로에게도 진실해지지 못한다. 더구나 이런 편견은 개인의 문제에서 그치지 않고 범죄와 폭력의 원인이 되기도 한다. 인종·민족·종교·문화·사회·정치·이데올로기적 정체성과 지향점이 다양하게 존재해왔던 인도네시아 상황에서 젠더와 섹슈얼리티 강좌는 다양성을 인정하면서도 '하나 됨'을 느낄 수 있는 아주 드문 기회였다.

무엇보다 강좌에 참여하면서 '다름'을 관용으로 받아들여야 함은 물론이고 신이 주신 선물로 여겨 축복해야 한다는 《꾸란》의 가르침을 새삼 돌이켜보게 되었다. 우리가 이상적으로는 '서로 다름 가운데 하나 됨'을 이루어야 한다고 소리 높여왔지만 실제로 오랜 시간 동안 점점 더 분열되어왔다는 사실, 특히 도덕과 종교를 앞세우면서 더욱 편협해져왔다는 사실 때문일 것이다.

《꾸란》은 이렇게 말하면서 사람들의 언어와 피부색이 다양하다는 것을 신이 내려준 경이로움으로 찬양하고 있다.

> 천지와 갖가지 언어와 피부의 빛깔을 창조한 것도 알라의 징표다. 진실로 그 가운데는 지식 있는 자에의 징표가 있다.
>
> ― 《꾸란》 30장 22절

심지어 이렇게도 말한다.

> 아, 믿는 자들이여, 우리는 너희를 남녀로 나누어 창조하였다. 너희들을 부족과 종족으로 나누었는데, 이것은 너희들 서로가 알도록 하기 위함이다. 너희들 중의 가장 존귀한 자는 보다 알라를 공경하는 자이니라. 알라께서는 전지하시고 통찰하신 분이시다.
>
> ― 《꾸란》 49장 13절

신이 서로 다른 사람들이 서로를 알게 하기 위해 일부러 여러 나라들과 부족들로 흩어놓았다는 것이다.

우리가 힘들게 일궈낸 민주화가 더 큰 분열과 종교, 민족 분쟁으로 귀결된 현실은 가늠할 수 없을 만큼 슬픈 일이다. 우리는 서로를 알기 위해 애쓰는 대신, 신이 주신 다름을 이유 삼아 증오와 분열을 키우고 있다. 종교는 분열을 일으키는 것이 아니라 극복하기 위한 바탕이 되어야 마땅하지 않을까? 해법은 무엇일까? 우리의 종교, 정치 지도자들이 함께 이런 강좌에 참여하는 것은 어떨까. 그들 중 몇몇은 생각했던 것보다 그 강좌를 훨씬 좋아하게 될지 누가 알겠는가.

이슬람은 섹스에
'예스'라고 말한다

인도네시아의 거대 이슬람단체를 이끄는 지도자가 TV에 나와 "야한 옷을 입은 여자들이 도덕성을 무너뜨린다. 그런 여자들이야말로 발리를 테러한 폭탄보다 더 위험하다"라고 하는 한편, 한 나라의 부통령이라는 사람은 오일 달러가 넘쳐나는 중동 남자들이 '(섹스) 관광'을 더 많이 오도록 과부가 많은 리조트를 홍보해야 한다고 떠들어댄다. 그러면서 중동 남자들을 홀로 사는 여자들과 '살짝 이어주는' 일시적 계약 결혼 '무타'는 합법이며 시아파 법학자들도 괜찮다고 했다고 주장했다. 이 나이든 남자들이 말하는 게 진짜로 무슬림, 특히 인도네시아 무슬림을 위해 하는 소리일까?

분명 아니다. '민주주의'에 대한 해석들이 너무나 다양하듯이, 세상에는 수많은 '이슬람'이 존재한다. 그 안에는 수백만 명씩 모인 서로 다른 무슬림 무리들이 있어서, 저마다 지닌 욕망, 변덕, 성적 취향, 세계관, 사고방식에 따라 이슬람을 해석하고 서로 다른 관습을 따른다. 그 가운데는 편협한 외골수들도 있게 마련이다.

다른 종교들도 비슷하지만 특히 이슬람이 섹스를 부정적으로 본다고들 말한다. '섹스는 죄악과 잇닿아 있어서, 마치 야생마를 다룰 때처럼 눈가리개를 씌우고 고삐를 바짝 당겨야지 자칫 방심하면 약한 인간을 타락시킨다.' 이것이 많은 사람들이 생각하는 이슬람식 섹스 해석이다. 참 희한한 사고방식이다. 세상 누구도 섹스 없이 존재할 수 없다! 섹스는 즐거움을 줄 뿐 아니라 생명의 근원이다.

그럼, 정말 이슬람은 섹스를 어떻게 보고 있을까. '발가벗고 하는 일'에 이슬람은 어떤 입장일까?

이슬람은 섹스를 인정할 뿐 아니라 아주 긍정적으로 바라본다. 놀랍지 않은가. 이 사실을 발견하고 나는 진짜 놀랐다. 심지어 이슬람은 섹스를 인생에서 가장 큰 즐거움 중의 하나라고 말하며, 독신주의에 눈살을 찌푸린다. 그래서 이슬람에는 금욕 수도원이 없고, 거세 관행도 없다. 《꾸란》은 인간을 진실로 성적性的인 존재로 인식한다. 섹슈얼리티는 인간의 본질적인 부분이며, 영성과 전혀 대립하지 않는다.

《꾸란》은 이렇게 말한다.

그대들의 처는 그대들의 밭이다. 그러니 마음 내키는 대로 그대들의 밭으로 가라. 단 자기 자신을 위해 또는 앞으로를 위해 배려하라.

— 《꾸란》 2장 223절

단식하는 날 밤에 처와 사귀는 것은 허용된다. 그 여자들은 그대들의 의복, 그대들은 그 여자들의 의복이다.

— 《꾸란》 2장 187절

섹스라는 말과 함께 떠오르는 이슬람식 결혼 의례 '니카nikah'는 문자 그대로 해석하면 '성행위를 한다'는 뜻이다. 이어 생각해보면 '니카'는 결혼으로 맺은 관계 밖에서 성적 만족을 찾아서는 안 된다는 계약이기도 하다. 그러므로 이슬람은 아내와 남편 양쪽 모두에게 서로의 욕구와 필요를 보살피라고 명하고 있다. 남편이 아내에게서 성적 만족을 빼앗는 것은 죄를 짓는 일이 될 수 있다.

《꾸란》은 성경과 마찬가지로 남성 양성애와 가부장적 억압을 용인하며, 생식은 성행위의 여러 기능 중 하나로 본다. 부통령 칼라가 말한 대로 일시적 계약 결혼 무타는 성욕은 채우지만, 혼외정사·매춘 혐의를 피하려고 만든 혼인 형태다. 어떤 학자들은 무타가 지참금이 없어 혼례를 치르지 못하는 남성들을 구제하려고 생긴 풍습이라고 주장한다. 무타는 집을 떠나 멀리 떠돌아다녀야 하는 남성들에게도 허용되는데, 성폭행이나 동성애를 막기 위해서라고 한다. 많은 시아파가 무타를 허용하고 있는 반면 순니파는 이런 전통은 금지하고 있다(순니파인 우리 부통령께 누가 이 사실을 좀 알려드렸으면 좋겠다).

《꾸란》은 천국의 기쁨을 '젖과 꿀이 흐르는 강, 아름다운 요정들이 너를 위해 찬가를 불러주고 (성적) 즐거움을 주는 곳'이라고 노래한다. 이슬람 화법에서 천국은 종종 '영원한 오르가슴'이란 뜻으로 통한다. 이는 여성에게도 마찬가지다. 영혼에는 성별 구분이 없기 때문이다. 근대 전까지 고전적인 전통에서 성性은 금기가 되는 주제가 전혀 아니었다.

전통적으로 인도네시아 무슬림들은 결혼한 부부의 성관계를 나프카바틴nafkah bathin, 즉 영혼을 위한 벌이, 소득이라 불렀다. 이 말은 신체적 욕구에서 나온 행동이 궁극적으로 영혼의 성장을 돕는 자양분이 된다는 뜻을 담고 있다. 두 배우자가 서로의 성적 욕구를 채워주는 것은 의무며 이슬람에서는 배우자에게 성적 의무를 다하지 못하거나 자식을 낳지 못하는 사람은 이혼을 요구할 권리가 없다. 두 번째 아내를 맞아들인 남편도 마찬가지 의무를 져야 한다.

나아가 신실한 무슬림이고 질밥을 덮는다고 사도마조히즘을 즐기지 못할 것도 없다. 내가 알기로 남편과 함께라면 사도마조히즘을 즐겨도 아무 문제가 없다. 인도네시아에서 가장 오래된 게이 권익옹호 단체 가야누산타라를 세운 데데 오에토모에게 이런 얘기도 들었다. 여러 번 함께 메카 순례를 했을 정도로 신실한 상인 부부가 있는데 그들은 한 달에 한 번 대도시로 물건을 사러 나올 때마다 아리따운 트랜스젠더와 함께 셋이서 섹스를 즐긴다고 한다.

전통적으로 《꾸란》은 동성애 금지를 명시해왔고, 이슬람법도 동성애 징벌을 명하고 있다. 성경에 나타난 전통적인 기독교 교리도 이와 다르지 않다. 그래서 동성애는 터부고, 터무니없게도 게이 · 레즈비언 · 양성애자들의 존재 자체를 부인하는 쪽으로 나아가고 있다.

하지만 사회적, 역사적 현실은 다르다. 많고 적고 차이는 있지만 무슬림 사회에서 동성애의 표현은 아답 adab*이나 성애소설 같은 문학 작품을 통해 수백 년간 용인돼왔다. 그 가운데는 동성애를 생생히 묘사한 것들도 있다. 인도네시아 북부 아체 지방에는 인도 북부와 파키스탄 등지의 우르두 Urdu 문학처럼 동성애를 다룬 시들이 많이 있다.

인도네시아 기숙학교 프산트렌이 전통적으로 동성애에 유연한 태도를 보인 것도 이런 개방성을 반영한다. 우리가 잘 알고 있듯이, 동성애는 감옥처럼 하나의 성만이 존재하는 사회에서는 일반적인 현상

---

* 9세기 압바스 왕조의 전성기에 유행했던 문학의 한 장르. 다양한 인간적 관심사들을 연애편지 같은 서간문 형식으로 그렸다.

이다. 프산트렌도 예외가 아니었다. 물론 공식적으로는 동성애를 금하지만, 종교 교육을 맡은 정통 프산트렌에서 동성애는 사실상 관행이었다. 이런 관행은 상급생과 하급생의 후원 관계로, 공부할 때 짝을 이뤄 하는 데서 비롯된 것이다.

하지만 10대 후반에 프산트렌을 졸업하고 사회에 나가게 되면 이 커플은 남녀 모두 평범한 우정이 되어 결혼 후에도 친구 관계로 이어진다. 사람들은 혼전 성관계나 혼외정사보다는 동성애가 덜 나쁘다고 생각한다. 그래서 어떤 남성들은, 특히 동부 자바에서는, 여성 성노동자들을 찾느니 트렌스젠더나 다른 남성과 성관계를 택한다. 혼전 성관계와 혼외정사는 간통으로 죄가 무겁지만, 동성애는 기부 같은 선행으로 쉽게 사면 받을 수 있는 가벼운 위반 정도로 여겨지기 때문이다. 그것 참 편리하기도 하지.

이제 이슬람과 섹스에 대한 생각이 좀 바뀌었는지? 내 경우엔 그랬다. 물론 편협한 기준을 들이대며 여성을 비난한 바시르나 섹스관광 코스를 개발하자고 주장한 칼라와는 전혀 다른 방식이다. 섹스가 우리 인생에서 중요한 요소임을 즐겁고 관대하고 솔직하게 인정하자 이슬람과 섹스의 관계를 해석할 '제3의 길'이 있다는 걸 알게 됐다. 섹스를 어떤 마음으로 대하느냐가 문제이지, 그것이 동성애인지, 사도마조히즘인지는 중요하지 않다. 그것이 '내 방식의 이슬람'이다!

무슬림 청년 아즈와르가 발견한
또 다른 천국

나는 1960년대 후반 이탈리아 로마에 있는 메리마운트국제고등학교에 다녔다. 그곳 선생님께서 어느 날 동네 놀이터에서 본 일을 얘기해주셨다.

여자애 둘과 같이 놀던 한 꼬마 사내애가 여자애들에게 다가가 물었다.

"왜 너희들은 항상 같이 노니, 너희들 자매니?"

얼핏 듣기엔 아이가 충분히 할 법한 질문이다. 여자아이 하나는 까만 곱슬머리에 숯처럼 검은 피부였고 또 다른 아이는 창백하도록 흰 피부에 금발, 푸른 눈을 가졌다는 점만 빼면. 물음을 던진 어린 사내아이에게 이렇게 다른 겉모습은 중요하지 않았고, 오직 두 소녀가 아주 친하다는 것만 보였던가 보다. 이 사내아이는 티 없는 눈으로 친구들을 바라봤다. 그러나 안타깝게도 우리는 나이를 먹으면서 티 없는 어린 시절 영혼을 '이성理性'과 맞바꾸어버린다.

자카르타 보로부두르 호텔에서 열린 오스트레일리아-인도네시아 청소년교류프로그램AIYEP·Australia-Indonesia Youth Exchange Program 25주년 기념식에 참석했다가 비슷한 경험을 했다. 이날 축하행사는 네 쌍이 함께 추는 칼리만탄 전통 춤 반자르Banjar 댄스로 시작해, 아체 지방의 사만Saman 댄스로 이어졌다. AIYEP에 참가한 청소년 서른여섯 명이 무릎을 맞대고 두 줄로 서서 춘 춤은, 성별과 국적을 넘어 조화의 물결을 이루며 함께했던 시간들을 표현했다. 나는 이 젊은이들의 순수한 에너지에 매우 감동했다. 에덴동산에서 세상 걱정 없이 기쁨에 넘쳐 춤을 추는 모습 같았다. 두 나라 젊은이들은 어른, 정치인들이 만들어놓은 문화적, 종교적, 정치적 차이 따위는 모두 잊은 듯했다.

언론은 동티모르 문제와 파푸아 난민 사태, 아부 바카르 바시르 발언 논란, 샤펠 코비Schapelle Corby와 '발리 나인 사건*' 등을 둘러싸고 오스트레일리아와 인도네시아의 사이가 나빠졌다는 사실을 집중 보도했다. 그러나 내게는 AIYEP에 참가한 젊은이들의 춤이야말로 진정한 오스트레일리아-인도네시아 관계를 보여주는 것처럼 느껴졌다. 두 나라 정부가 큰 문제를 놓고 갈등하는 동안에도 열여덟 살도 안 된 이 청소년들은 두 달씩 서로의 나라를 교환 방문했다. 이들은 도시나 시골 가정에 머물며 주민들을 직접 만나고 부대끼면서 서로의 문화를 더욱 깊게 이해했다. 1982년부터 이어온 이 프로그램에 참가했던 사람들은 하나같이 마음과 마음의 따뜻한 만남에 감동했고 평생 잊지 못할 기억을 함께 만들었다.

아체 지방에서 태어나 전통적인 이슬람 가치관을 배우며 자라난 청년 아즈와르 하산도 그랬다. 그가 아는 천국에는 나무가 울창하고

* 108쪽 깊이 읽기 참조.

맑은 물이 흐르며 무슬림만 평화로이 살고 있었다. 하지만 AIYEP에 참가해 오스트레일리아 마을 베언스데일Bairnesdale에 간 아즈와르는 홈스테이를 하던 3주 동안 고향에서 배운 것과 너무 다른 사실들과 맞닥뜨렸다. 아즈와르가 머물렀던 집 아버지는 이교도 정도가 아니라 아예 무신론자였지만 너무나 친절했고, "마치 상상 속 천국에 사는 사람들처럼" 아즈와르가 불편하지 않도록 자상하게 돌봐주었다. 가족 중에는 결혼을 하지 않은 아들딸이 있었는데, 아들도 딸처럼 집안일을 도왔고 딸도 아들처럼 트랙터를 몰았다. 모두가 아즈와르를 진심으로 대해주었다. 아즈와르의 가치관이 뒤집어지는 순간이었다.

"이들은 무신론자, 이교도인데 어째서 우리 마을 울라마들이 얘기해준 천국에 사는 사람들과 비슷한 걸까?"

아즈와르는 고민 끝에 깨달음을 얻게 됐고 지금은 아체에서 소박한 인도네시아-오스트레일리아 교류프로그램을 직접 만들어 활동하고 있다.

아즈와르 경우에서 보듯, 서로 다른 문화의 만남은 가치 있다. 우리가 서로 비슷하다는 사실을 깨닫게 해주기 때문이다. 재미있는 일도 일어난다. AIYEP에서 만난 오스트레일리아 젊은이 루크 아놀드는 예전에 이 프로그램에 참가했다가 인도네시아 전문가가 된 톰 얘기를 해주었다. 톰은 지금은 인도네시아 공용어인 바하사Bahasa에 능통하지만 교환 방문 때만 해도 그렇지 못했다.

인도네시아 시골 마을에서 몇 주 머물렀던 톰은, 마을 주민들이 모두 모인 자리에서 작별인사를 해야 할 처지가 되자 꽤나 당황스러웠던 모양이다. 톰은 더듬거리며 "앞에 나와 인사를 하려니 쑥스럽다"는 뜻으로 말을 꺼냈다.

"크말루안 사야 브사르Kemaluan saya besar."

그러자 마을 사람들이 모두 배를 잡고 눈물이 쏙 빠지도록 웃어댔다. 노인들은 하도 웃어 쓰러질 지경이 되어 옆 사람의 부축을 받고서야 마을회관에서 나갈 수 있었다. 대체 무슨 일이 일어난 걸까. '말루Malu'는 인도네시아어로 '부끄럽다', '당황스럽다'는 뜻이다. 원래는 이 앞에 크ke를 붙이면 '부끄럼 탓에 괴롭다'는 뜻이 돼야 마땅하지만, 이 말은 페니스를 가리키는 속어다. 톰은 "나는 너무 부끄러워요"라고 말했지만 실제론 "나는 페니스가 너무 커요"라고 말한 게 돼버린 것이다.

인도네시아와 오스트레일리아는 이웃이다 보니 피할 수 없는 갈등과 오해가 생긴다. 하지만 갈등을 잘 해소하는 방법을 점점 배워가고 있다. AIYEP의 위원장 레오나스 차팀Leonas Chatim은 25주년 기념사에서 "이슬람은 우리에게 가족에게 하듯 이웃을 너그럽게 대하고 이해하라고 가르친다"며 "우리가 어려움에 처했을 때 도와줄 사람은 바로 우리 이웃들"이라고 강조했다. 아체를 강타한 2004년 쓰나미 뒤 오스트레일리아가 인도네시아에 10억 오스트레일리아달러를 지원했고 인도네시아는 '아세안+3(동남아시아국가연합 6개국과 한국, 중국, 일본)' 외교 마당에 오스트레일리아를 불러들인 일도 그런 예다.

AIYEP는 나라와 민족들이 서로 어떻게 관계 맺어야 하는지 보여주는 모델이다. 아즈와르 하산의 꿈처럼 더 많은 이들이 '타인의 눈'으로 삶을 들여다보는 경험을 한다면 갈등과 전쟁은 사라질 것이다. 하지만 현실은 그 꿈이 이뤄지기엔 너무 단단하다. 2억 4천만 인도네시아 사람들 가운데 1년에 열여덟 명은 너무 적다.

_ 동티모르 관련

인도네시아 동쪽 작은 나라 동티모르East Timor는 포르투갈로부터 독립을 선언한 지 9일 만인 1975년 12월 7일, 인도네시아 군대에 무력 점령당한다. 유엔안전보장이사회는 인도네시아 점령을 불법으로 규정하고 철수를 명령하나 미국을 등에 업은 인도네시아는 1976년 동티모르를 27번째 주로 선언한다. 오스트레일리아는 티모르 해 가스전 개발권을 얻고자 1979년 인도네시아의 동티모르 강제 합병을 세계 최초로 공식 인정한다. 그해는 동티모르 사람들이 인도네시아 군에 가장 잔인하게 학살당하던 때였다.

동티모르는 1999년 독립해 유엔 과도정부를 거쳐 2002년 독립정부가 공식 출범했다. 동티모르 독립 과정에서 평화유지군을 파견했던 오스트레일리아는, 2006년 쿠데타와 정치적 혼란에 관여했다고 알려졌다. 현재는 동티모르와 티모르 해 가스전을 공동 개발하고 있다.

_ 파푸아 난민 관련

인도네시아 동쪽 뉴기니 섬 서부는 인도네시아령 이리안자야Irian Jaya 지방이고, 서부는 독립국가인 파푸아뉴기니다. 2006년 3월 이리안자야 독립을 원하는 분리운동가들과 가족 등 마흔두 명이 보트를 타고 오스트레일리아에 도착해 망명을 신청했다. 오스트레일리아 정부가 이들을 받아들이기로 결정하면서 인도네시아와 외교 마찰이 일어났다.

_ 아부 바카르 바시르 발언 관련

2002, 2005년 발리 폭탄 테러 배후로 지목돼온 인도네시아 극단적 이

슬람주의자 아부 바카르 바시르는 "(2002년 발리 폭탄 테러 사건은) 무슬림 테러로 알려졌지만 실제로는 미국과 서방이 조작했다"며 음모론을 퍼뜨렸다. 잇단 발리 테러에 자국민들을 잃은 오스트레일리아 정부는 아부 바카르 바시르를 강력하게 비난하면서 인도네시아에 처벌을 요구했으나 인도네시아 법원은 2007년 그를 석방했다.

_ 샤펠 코비와 '발리 나인 사건' 관련

2004년 오스트레일리아 여성 관광객 샤펠 코비Schapelle Corby · 당시 27세가 발리 국제공항에서 입국 심사를 받다가 마리화나 소지죄로 체포됐다. 코비는 누군가 자신의 짐에 몰래 마리화나를 넣었다며 무죄를 주장했지만 현지 법원은 마약 밀반입죄로 20년 형을 선고했다. 오스트레일리아 정부는 법무장관까지 보내 거세게 항의하면서 방면을 주장했으나 받아들여지지 않자 "오스트레일리아에서 복역하게 해달라"고 요청했다. 인도네시아는 이를 명백한 주권 침해로 받아들여 강력 반발했으며, 두 나라 사이의 감정이 크게 악화됐다. 인도네시아 법원은 마약 밀반입자에게 대부분 총살형이나 종신형 등 중형을 선고한다. 코비 사건에 이어 발리에서 또다시 오스트레일리아 전문 밀매범 아홉 명이 연루된 헤로인 밀반입 사건, 이른바 '발리 나인 사건'이 일어나 양국 신경전이 재발되었다.

우리가 서로를
돕는 태도

얼마 전 휴대용 컴퓨터를 고치러 갔다. 내 컴퓨터가 말썽을 부리면 늘 고쳐주던 라흐만이 금요 기도를 하러 가고 없어 그의 아내 아일린과 이야기를 나눴다. 아일린은 딱 보기에도 분명한 중국계다. 신혼생활이 어떤지 시시콜콜한 얘기들을 나누던 끝에, 나는 그녀에게 "종교가 뭐냐?"고 물었다. 서구에서는 무례일지 몰라도 인도네시아 사람들에게는 흔한 질문이다.

아일린은 "무슬림"이라고 대답했다. 나는 좀 더 용기를 내 물었다.

"라흐만과 결혼하려 개종했어요?"

그녀는 아니라고 대답했다.

"남편과 만나기 훨씬 전부터 무슬림이었어요. 나는 기도 시간을 알리는 아잔azan*을 들으면 이상한 꿈을 꾸곤 했어요. 어딘가에서 누군

---

* 이슬람 사원에서 신도들에게 하루 다섯 차례 기도 시간을 알리는 외침. 전에는 '무아진'이라 불리는 신망 있는 신자가 아잔을 외쳤으나, 지금은 녹음테이프를 틀어놓는 곳이 많다.

가 나를 부르는 것만 같았지요."

오스트레일리아에서 공부할 때였다고 한다. 자카르타처럼 기도 시간이면 아잔 소리가 여기저기서 들려오는 곳이 아니라(지금 이 글을 쓰고 있는 순간에도 최소한 세 군데 모스크에서 동시에 외침이 들려오고 있다), 아잔을 들을 기회가 몹시 드문 그곳에서 그녀는 소리를 들었다. 아일린은 환청은 아닌지 마음으로 자문을 해봤다고 한다. 이런 경험이 계속되자 아일린은 무슬림 친구에게 털어놨다. 친구는 이슬람으로 오라는 부르심인 것 같다면서 기본 교리를 알려줬다. 이슬람의 관용과 인도주의 정신에 감동한 아일린은 개종했고, 지금은 몸과 마음을 다해 가르침을 실천하는 무슬림이 됐다.

아일린의 이야기는 내 마음을 끌었다. 신앙은 굉장히 신비스럽다. 우리는 왜 신을 믿는지 알지 못하면서도 믿는다. 아일린의 이야기를 듣고는 이슬람에 귀의한 유명한 사람들이 떠올랐다. 1970~80년대 미국 프로농구 NBA 최고 스타였던 카림 압둘-자바Kareem Adul-Jabbar 와 〈내셔널지오그래픽〉 사진작가인 토머스 애버크롬비Thomas Abercrombie*, 캐시어스 클레이 주니어였던 권투선수 무하마드 알리Muhammad Ali, 미국 팝그룹 '잭슨파이브' 멤버로 저메인 잭슨이었던 무하마드 압둘 아지즈Muhammad Abdul Aziz, 그리고 '캣 스티븐스'라는 이름으로 더 잘 알려져 있는 1970년대 영국 팝스타 유숩 이슬람Yusuf Islam.

사람들은 종종 개종을 광신도와 연결 짓지만, 아일린의 이야기를 들으면서 나는 개종자들이야말로 관용과 인도주의를 실천하며 서로 다른 신앙과 문화들을 연결하는 다리라는 사실을 깨달았다. 저메인

---

* 2006년에 사망한 미국의 유명 사진작가. 1957년 저널리스트로는 최초로 남극점을 방문하는 등 세계 곳곳을 다니며 자연 다큐 사진들을 남겼다. 사우디아라비아, 레바논 등 아랍지역을 주로 취재하다 무슬림으로 개종했다.

110
—
111

1
장
꾸란은
그렇게
말하지
않았다

잭슨과 유숩 이슬람이 좋은 예다. 두 사람은 모두 영국에 본부를 둔 이슬람 구호단체 무슬림에이드 활동에 깊이 관여하고 있다. 유숩은 1985년 그 단체를 직접 만들어 1993년까지 의장을 지냈다.

무슬림에이드의 꿈은 세계 빈곤을 없애는 것이다. 그들의 목표는 "홍수, 지진, 가뭄 같은 자연재해나 전염병, 빈곤에 시달리는 전 세계 가난한 이들, 노인, 어린이의 괴로움을 덜어주는 것, 전쟁터에서 도망쳐 나온 난민들이 고통에서 벗어나도록 돕는 것"이다. 지구촌에는 고통 받는 사람들이 너무 많다. 그래서 무슬림에이드는 늘 바쁘다. 그들은 아프리카, 아시아, 유럽과 카리브 해 등 60여 개국에서 활동하고 있다.

무슬림에이드는 사실 무슬림을 많이 돕는다. 하지만 이상하게 생각할 것 없다. 전 세계에서 재난과 위험으로 고통을 겪는 사람의 80퍼센트는 무슬림이니까. 하지만 무슬림에이드는 배타적이지 않다. 인구 97퍼센트가 기독교도인 솔로몬 군도의 쓰나미 피해 복구를 도왔고, 거의 모두가 가톨릭 신자인 필리핀의 태풍 피해자들을 지원하기도 했으니까. 이것이 진짜 이슬람이라고 나는 생각한다. 사실 모든 종교는 그래야 한다. 뭇사람들을 차별 없이 두루 사랑하는 숭고한 것이어야지, 편을 가르는 이기적인 것이어서는 안 된다.

살인과 파괴와 재앙을 일으키는 정신 나간 자들이 이슬람을 핑계 삼아 총과 폭탄을 들고 설쳐대는 현상은 우리 시대의 비극이다. 불행히도 그런 자들이 신문 헤드라인들을 장식하며 우리 종교를 대표하는 꼴이 되어 있다. 그러나 전쟁, 테러, 재해로 고통을 겪는 사람들을 돕고 있는 무슬림들은 주목을 받지 못한다.

그래서 나는 미국 구호원조청USAID이 '리스펙트ReSPECT'라는 구호 프로그램을 시행할 주관단체를 찾고자 마련한 토론회에 참석해달라는 초청장을 받고 기분이 아주 좋았다. 그 사업의 이름이 뜻하는 '종교와 사회의 다원주의, 평등, 관용Religious and Social Pluralism, Equity and Tolerance'은 인도네시아 사회에 진정 필요한 덕목들이기 때문이다. 하지만 이 덕목들이 절실하지 않은 곳이 어디 있겠는가. 게다가 여기서 말하는 '다원주의'는 내가 가장 좋아하는 세 가지 영역인 종교, 젠더, 소수자 문제와 깊은 관계가 있다!

토론회를 무슬림에이드와 감리교구호위원회연합UMCOR·United Methodist Committee on Relief이 공동 주최해서 더욱 기뻤다. 그전까지 감리교구호위원회연합에 대해선 들어본 적이 없었지만, 알고 보니 무슬림에이드처럼 세계 80여 개 나라에서 긴급 구호활동을 펼치는 유명한 기독교 조직이었다. 기부금을 100퍼센트 구호활동에 쓰는 대신 홍보는 거의 하지 않아서 적십자사처럼 잘 알려지지는 않았다.

무슬림에이드와 마찬가지로 감리교구호위원회연합도 종교에 상관없이 사람들을 돕는다. 아프가니스탄과 파키스탄의 난민들, 파키스탄 카슈미르의 지진 피해자들과 수단 다르푸르 난민들을 비롯한 모든 사람이 그들의 구호 대상이다. 전혀 다른 종교를 배경으로 한 두 단체 감리교구호위원회연합과 무슬림에이드는 2005년 쓰나미 피해를 입은 인도네시아 아체 주민들을 돕고자 공동 현장사무소를 열었으며, 얼마 전 유혈분쟁이 일어난 스리랑카에서도 다양한 종교를 가진 이들을 함께 도왔다. 두 단체는 인도주의적 구호가 필요한 지구촌 곳곳에서 활동하고자 리스펙트 프로젝트를 따내기 위해 힘을 합친 것이다.

이들이야말로 진정한 믿음이 무엇인지 아는 사람들이며 아일린이 '신이 주신 인간의 본성'이라고 여겼던 열정과 신앙을 완벽하게 갖춘 사람들이다. 감리교구호위원회연합과 무슬림에이드는 '굳건한 종교적 믿음은, 완고하고 편협한 잣대를 들이대며 휘두르는 부당한 권력과는 멀다'는 진실을 보여준다. 민족과 종교를 빌미로 퍼뜨리는 갈등과 폭력으로 가득 찬 세상에서 그들은 하나의 오아시스가 되고 있다. 안타깝게도 그들은 리스펙트 프로젝트 예산을 따내지 못했다. 하지만 성패와 상관없이 그들은 《꾸란》의 다음 구절을 실천하는 진정한 무슬림이자 종교인이다.

> 관용을 마음에 두어라, 좋은 일을 권하라, 무지한 자를 피하라.
>
> — 《꾸란》 7장 199절

 깊이읽기: 무슬림 자선단체

2007년 아프가니스탄에서 피랍된 한국인들이 무사히 풀려난 데는 팔레스타인 단체 '적신월사Red Crescent Society'가 큰 역할을 했다. 붉은 초승달 문양을 쓰는 적신월사는 우리가 잘 아는 국제적십자사International Red Cross and Red Crescent Movement의 다른 이름이다. 1858년 앙리 뒤낭이 이탈리아 통일전쟁의 참화를 목격하고 여러 나라에 인도주의 단체 결성을 제창하면서 시작된 국제적십자운동은 1863년 스위스 제네바에서 공식 출범했다. 하지만 국제적십자사라는 공식 기관이 있는 것은 아니고 원칙, 목적, 상징을 공유하는 여러 비정부 독립단체로 이루어져 있다.

이슬람에서는 1870년 러시아-터키 전쟁 중에 오스만 제국 병사들이 다른 종교의 상징물인 십자가 문양이 불편하다고 페르시아 사산 왕조의 문양이었던 초승달을 쓰기 시작했다. 이 문양은 이슬람권에서 널리 받아

● ● ● 붉은 초승달 문양을 쓰는 '적신월사'는 우리가 잘 아는 국제적십자사와 한몸이다. 십자 모양 대신 초승달
문양을 채택해 쓰는 나라는 국제적십자사 185개 가입국 가운데 33개국(2009년 현재). 사회적 약자를 돕는
이슬람공동체의 전통이 적신월사뿐만 아니라 무슬림에이드 등 여러 비정부기구들을 통해 전 세계로 확대
되고 있다.

들여져 1925년 제네바 협정에서 공식 인정했고 적십자운동의 공식 명칭
에도 나란히 쓰이게 됐다. 2006년 현재 185개 국제적십자 가입국 가운데
이슬람권을 중심으로 33개국이 적신월을 쓰고 있다. 적십자 문양은 적신
월 외에도 다양하다. 다윗의 별을 고집하던 유대인들의 마름모꼴 모양이
2006년부터 공식 문양으로 채택되었다.

이슬람과 국제적십자가 어울리지 않는다고 생각하면 큰 오산이다. 이
슬람에서는 고아나 과부 같은 사회적 약자를 책임지고 돌보는 것이 당연
한 의무이고 이러한 내용은 《꾸란》에도 자세히 명시되어 있다. 전쟁과 같

은 대형 재난이 일어난 이슬람 지역에서는 구호단체가 마련한 피난처에 사람이 적게 모이는데, 피해자들을 친척과 마을 공동체가 우선적으로 보살피기 때문이다. 이런 전통을 가진 만큼 자선단체도 적지 않다.

　가장 널리 알려진 단체는 유숩 이슬람이 1985년 영국을 기반으로 창립한 무슬림에이드다. 이 단체는 홍수, 지진, 가뭄 등 자연재해나 전쟁, 기아, 전염병, 빈곤으로 고통 받는 세계의 모든 사람들을 돕기 위해 만들어졌다. 2004년 인도네시아 쓰나미와 2006년 자바에서 있었던 두 차례 지진, 1990년대 유고슬라비아의 보스니아 내전 등에서 큰 활약을 했다. 2005년 파키스탄 카슈미르 지진과 팔레스타인 분쟁 외에도 아프리카의 다르푸르, 에리트레아, 중동의 아프가니스탄, 레바논, 인도와 방글라데시, 2008년에는 중국 지진 현장에도 도움을 줬다.

국가는
바보
인가

● 도시 빈민의 55퍼센트는 초등교육조차 받지 못한 사람들이다.
  이들 빈민층을 현대 기업경제에 통합시킬 방법이 있을까?
  미안한 말이지만 '없다' 고, 사람들은 말한다.
  떠나온 고향으로 돌아가라고? 그곳에도 일자리는 없다!
  왜 이렇게 됐는지는 정부 관리들에게 물어보라.

●● "심판을 거짓이라 비방하는 자를 알고 있는가.
  이들은 고아를 배척하고,
  가난한 자에게 식사 제공하길 권장하지 않는 자.
  재앙 있으라, 예배하면서도 예배에 전념하지 못하고,
  겉만 꾸미고 적은 자선을 거절하는 자에게."
  — 《꾸란》 107장 1-7절

가난은 불법이다

우리 집 앞에는 오래된 빨간 베착^{becak}·발로 페달을 밟아 움직이는 인력거이 서 있다. 내가 여가시간에 운전하는 것은 물론 아니고, 순전히 장식용이다. 베착 덕분에 손님들은 우리 집을 쉽게 찾을 수 있다. 나는 15년 전에 해산물이 될 처지였던 그 낡은 베착을 샀다.

정말 해산물이냐고? 그렇다. 자카르타에 현대적이고 국제적인 도시라는 이미지를 덧씌우고 싶었던 자카르타 시 당국은 베착들이 거리를 지저분하게 만든다고 모두 바다에 던져넣었다. 베착 운전사들은 살 길이 막막해졌지만, 이는 어디까지나 '부수적인 손실'^{collateral damage}*일 뿐이다.

베착 운전사들이 종종 무법자처럼 교통규칙을 무시하고 신나게 달

---

* 전투에서 발생하는 민간인 피해를 가리키는 미군 용어. 매들린 올브라이트 전 미국 국무장관은 걸프전 때 수많은 이라크 어린이들의 죽음을 "부수적인 손실"이라 표현했다가 거센 비난을 받았다.

려서 혼잡이 심해진 것은 사실이다. 하지만 가난한 사람들을 위해 끊임없이 싸워왔던 도시빈민연합UPC·Urban Poor Consortium 위원장 와르다 하피즈Wardah Hafidz는 문제는 베착이 아니라 자카르타의 교통혼잡이라고 말한다. 핵심을 찌르는 말이다.

　문제의 근원이 베착이든 교통혼잡이든, 도시미화 작업은 끊임없는 긴장을 불러온다. 정력적인 만큼 유난히 논쟁도 많이 불러일으켰던 전 자카르타 주지사 알리 사디킨Ali Sadikin* 같은 인물이 그런 정책을 추진할 경우에는 말이다. 그럴 때면 공공질서를 수호하려는 공무원들과 부랑아나 매춘부 같은 거리의 사람들이 쫓고 쫓기는 일이 벌어진다.

　걸인과 매춘부, 길거리 악사들과 크로스드레서 등이 베착과 함께 트럭에 던져지는 모습은 안쓰럽다. 당국이 폭력적으로, 최루탄까지 쏘아가면서 그들을 쓰레기 취급할 때도 많다. 하지만 그들은 잘 꺾이지 않으며, 곧 다시 돌아온다. 마치 잡초처럼. 적자생존이 아니라 강자생존이다. 가장 거칠게, 가장 많이 저항하는 자가 살아남는다.

　2007년 자카르타에서는 구걸뿐 아니라 걸인에게 돈을 주는 것조차도 불법으로 규정한 새로운 시 조례가 통과됐다. 라마단 금식월이 시작될 무렵에 통과된 그 조례는, 가난한 이들에게 도움을 베풀라는 라마단과 이둘피트리 정신과 정면으로 부딪친다. 황당하리만치 아둔한 그 조례는 당연히 반대에 맞닥뜨렸다.

　조례에 따르면 구걸꾼들과 길거리 악사들, 그리고 자동차가 신호등 앞에 서기만 하면 어디선가 튀어나와 더러운 천으로 앞 유리를 문질러 오히려 더 더럽게 만들어놓는 유리닦이들을 처벌할 수 있다. 그

* 1966~77년 자카르타 주지사를 지낸 정치인. 해군 장성 출신으로 수하르토 독재정권의 전폭적인 지지를 받아 슬럼을 쓸어내고 인력거를 금지시키는 강압적인 도시미화 정책 등 대대적인 도시 개조 사업을 벌였다. 자카르타를 현대화하고 공무원 사회를 개혁했다는 긍정적인 평가도 있다.

들의 '손님' 대부분은 불쌍한 사람들에게 안타까움과 성가심, 죄책감을 느끼게 마련이다. 우리는 그들의 서비스를 받기도 하고, 그냥 지나쳐 가기도 한다. 더운 날 차가운 물 한 병을 사거나, 교통정체 속에 그들이 파는 먹을거리로 요기를 할 때도 있다.

무엇을 할 것인가? 이슈는 분명하지만 해법은 분명치 않다. 빈민운동가 와르다의 아이디어처럼 그들을 몰아내는 데 쓸 돈으로 보도를 넓혀 오히려 구걸할 자리를 주고 찻길로 내려오지 못하도록 할 수도 있겠지만, 미봉책일 뿐이다. 이 문제는 국가적인 난제인 실업과 엄청난 빈곤, 통제하기 힘든 도시화와 자카르타 집중현상과 연결되어 있다. 수하르토 정권의 '신질서' 체제 때 생겨나 해를 거듭하며 악화되어온 이런 문제들을 해결하려면 긴 시간이 필요하다.

정부는 경제가 나아지고 있다고 주장한다. 그러나 2006년 12월 세계은행이 내놓은 350쪽짜리 보고서에 따르면 인도네시아의 빈곤층 인구는 1억 878만 명이나 된다. 이건 전체 인구의 절반이 미화 2달러가채 못 되는 돈으로 하루를 살아가고 있다는 뜻이다. 그런데도 정부는 사사로이 그들을 돕는 행위를 불법으로 만들겠다고 나섰다.

자카르타는 인도네시아 경제를 휘어잡고 있다. 자카르타 도시 하나가 2005년 인도네시아 국내총생산의 16.9퍼센트를 차지했다. 금융·비즈니스 분야를 자카르타가 독점하고 있기 때문이다. 중앙통계청에 따르면 그해 인도네시아 금융·비즈니스 분야 국내총생산 총액은 146조 3천억 루피아였고, 그중 자카르타의 기여분이 62.1퍼센트에 이르렀다.

분명 인상적인 수치지만 그리 좋아 보이지는 않는다. 수치상의 번영은 그저 숫자일 뿐, 자카르타가 지금처럼 돌아가기 위해 매일매일 필요하지만, 한편에서는 없애버리려고 하는 '바람직하지 않은' 요소들을 없애는 데에는 별다른 도움이 되지 않는다. 그것이 현실이다. 저소득 노동자들이 매일매일 필요로 하는, 그리고 모든 이들이 적어도 가끔은 이용해야 하는 서비스와 상품을 공급하는 비공식부문 고용이 전체 고용의 75퍼센트로 늘었다. 게다가 이들의 활약이 이 도시를 살아 있게 한다.

길거리를 떠도는 부랑아들을 없애겠다는 결정은 스스로 살아 움직이며 도시의 일상을 지탱해주는 비공식 부문을 정부가 얼마나 무시하고 또 적대적으로 여기는지를 선언적으로 보여준다. 당국의 도움 없이도 가난한 이들은 서로 의지하며 살아왔고 또 살아갈 것이다. 그들은 자카르타의 보이지 않는 지하세계에서 우리가 한결같이 좋아하기는 어려운 생존전략을 선택하기도 할 것이다.

시 조례를 제대로 실시한다면 거리의 부랑아들은 어떻게 될까? 도시 빈민의 55퍼센트는 초등교육조차 받지 못한 사람들이다. 실질적인 일자리를 잡을 희망도 별로 없다. 떠나온 고향으로 돌아가라고? 그곳에도 일자리는 없다! 왜 이렇게 됐는지는 정부 관리들에게 물어보라.

그렇다면 이들 빈민층을 현대 기업경제에 통합시킬 방법이 있을까? 미안한 말이지만 '없다'고, 사람들은 말한다. 그렇다면 그들을 '업그레이드' 하는 것은? 가까운 미래에 이뤄질 가능성은 없어 보인다. 교육시스템은 나아지기는커녕 점점 더 나빠지고 있다. 그러니 부랑아들은 계속 거리의 악사가 되거나 훔치거나 구걸하는 수밖에 없는데 그마저도 불법이란다. 늘 그렇듯 '대책 없는 정책'인 셈이다.

거지와 '도시의 쓰레기' 집중단속은, 자카르타의 문제점들을 그저 피상적으로 해결하려는 당국의 케케묵은 태도를 보여준다. 희생자들에게 벌금을 물린다고 해결될 문제는 아무것도 없다. 인도네시아의 오랜 병폐인, 문제를 깔개 밑에 슬쩍 숨겨놓는 행위일 뿐이다. 이런 행정의 결과는 늘 뻔하다. 말도 안 되는 수해 방지 계획이라든가 교통 체증을 오히려 더 심화시킨 버스 정책, 모두가 무시하는 금연 정책처럼 걸인 불법화 정책은 결국 실현가능성 없는 탁상 행정의 또 다른 예일 뿐이다. 가난을 법으로 금지시킬 수는 없다!

깊이읽기: 자카르타 이야기

　　인도네시아 수도인 자카르타는 자바 북서쪽 해안에 자리 잡은 인도네시아 최대 도시이자 세계에서 열두 번째로 큰 도시다. 면적 661평방킬로미터, 인구 8,489,910명(2008년 인구통계와 도시기록청), 1년 내내 기온이 섭씨 25도에서 38도를 오르내리고 월 평균 강수량 350밀리미터에 이르는 고온 다습한 기후다.

　　대통령 관저, 증권거래소, 인도네시아은행, 독립기념관 등이 모여 있는 인도네시아의 경제·문화·정치 중심지 자카르타는 하나의 도시가 아니라 다섯 개의 도시로 구성된 '자카르타 수도특별자치구'이다. 그래서 시장이 아닌 주지사가 행정 수장인데, 현재 주지사는 2007년 8월 선거를 통해 선출된 파우지 보우오Fauzi Bowo다.

　　자카르타에는 인도네시아 열도에서 온 다양한 민족들이 오래전부터 모여 살았고, 18~19세기에는 열도 내 이민족뿐 아니라 말레이계, 중국계와 아랍계 등 남동아시아 여러 민족이 이주해왔다. 오래전부터 다양한 민족, 문화, 언어, 음식, 예술이 섞여 있는 명실상부한 코스모폴리탄 도시였던 셈이다.

●●● 자카르타 전경. 인도네시아 자바 섬 북서쪽 해안에 자리 잡은 자카르타는 동남아시아 최대 항구 도시로 17세기부터 서구의 각축장이었다. 독립 후 인도네시아의 수도로써 정치·경제·사회의 중심지가 된 자카르타는 인도네시아가 겪고 있는 현대화와 민주화의 혼란을 그대로 보여준다. 겉은 코스모폴리탄 도시지만 기반 시설이 갖춰지지 못해 여름마다 홍수를 겪고, 화려한 스카이라인 뒤로는 쓰레기투성이의 개천과 골목에서 힘겹게 살아가는 도시 빈민의 눈물이 얼룩져 있다.

현재의 자카르타는 칠리웅Ciliwung강 어귀에 순다 칼라파(크라파)Sunda Kalapa(Kelapa) 지역이 모태다. 이곳은 이미 1세기에 자바에 자리 잡은 왕국의 수도였다는데, 보고르Bogor 지역에서 발견된 비석에 따르면 오랫동안 힌두교를 신봉하던 왕국의 지배를 받았다. 그러다 불교왕국 스리위자야Sriwijaya에 점령당했는데 1552년 서부 자바 지역의 힌두왕국 파자자란Pajajaran의 세력 아래 놓이게 되었다. 파자자란 왕국은 당시 이곳에 진출해 있던 포르투갈과 상거래 및 요새를 설치하기로 합의했다. 이에 자바 중부에 있던 이슬람왕국 '드막Demak'이 반발하여 파타힐라Fatahillah 장군이 이끄는 군대를 보내 점령했다. 드막 왕국은 이곳을 '강하다', '위대하다' 또는 '승리'를 뜻하는 '자야'와 도시를 뜻하는 산스크리트어 '카르타'를 합쳐 '위대한 승리'라는 의미의 자야카르타Jayakarta라고 명명했고 그것이 자카르타의 어원이다. 자카르타는 드막 왕국의 영역이 된 1527년 6월 22일을 시 건설의 원년으로 삼아 지금도 매년 이 날을 성대하게 기념하고 이 지역을 점령한 파타힐라 장군의 이름을 딴 박물관과 광장 등을 세웠다.

서구 열강이 열대지방의 향신료를 탐내면서 인도네시아는 17세기 초부터 서구의 각축장이 되었는데, 포르투갈, 영국과의 경쟁에서 우세했던 네덜란드가 1619년 반텐 술탄왕국Sultanate of Banten과 싸워 이 지역을 점령했다. 네덜란드는 인도네시아 전역의 향신료 최종 집산지였던 이곳 이름을 바타비아Batavia로 바꾸고 해상무역의 중심지로 삼았다. 자카르타가 제 이름을 찾은 것은 일본의 식민통치를 받기 시작했던 1942년인데, 일본이 태평양전쟁에서 패한 1945년 이후 인도네시아는 연합군이 점령한 자카르타가 아닌 족자카르타를 수도로 정했다.

자카르타가 인도네시아의 수도가 된 것은 네덜란드와 제2차 독립전쟁을 끝내고 독립이 확고해진 1950년이었다. 초대 대통령 수카르노의 구상에 따라 자카르타에는 정부가 주도하는 대규모 건설사업이 벌어졌다. 건물, 도로, 기념 건축물, 호텔과 의사당이 건설되었고 상업이 발달하면서 중국인들을 비롯해 이주민이 늘어나고 도시화가 확대되었다. 인도네시아 현대 역사는 거의 자카르타를 중심 무대로 전개되었다. 1965년 수하르토 소장에게 대통령 자리를 만들어준 두 차례 쿠데타가 일어난 곳도, 수하르토의 30년 독재 권력이 끝난 곳도 자카르타였다.

1966년 정부는 자카르타를 '수도특별자치구'로 정해 도시가 아닌 '주'와 같은 지위를 부여했다. 신질서 체제에서 1960년대 중반부터 1977년까지 자카르타 주지사를 지낸 알리 사디킨은 자카르타 재건설 사업을 벌이며 빈민촌을 철거하고 주민들을 쫓아냈는데, 여기에는 수하르토 가족의 이해가 걸린 건설 사업들도 있었다. 1997, 1998년 아시아 금융위기와 함께 자카르타는 수하르토 퇴진과 민주화를 요구하는 시위의 중심지가 되었다. 1998년 5월 정부의 방치 혹은 기획 속에 4일 동안 이어진 폭동과 폭력으로 자카르타 시민 1천 2백여 명이 사망했고 건물 6천여 채가 파괴되었다.

사회적 변화도 급격히 일어났다. 1960년 120만이었던 인구가 2004년 880만 명으로 급격하게 늘어나면서 환경유지, 위생과 식수 등 기본 서비스가 제 기능을 하지 못하고, 단기간에 이뤄진 도시화로 무엇보다 교통난이 심각하다. 1940년대부터 중요한 단거리 교통수단이었던 인력거 오토릭샤auto rickshaw는 교통난의 주범으로 몰렸는데, 1971년부터 행정당국의 폭력적으로 소탕해 1991년 거의 사라졌다. 그러나 교통법규를 예사로 무시하는 운전자들과 늘어난 오토바이로 교통혼잡, 소음, 공기오염이 나아질 줄 모르자 1992년부터 러시아워에는 주요 도로에 3인 이상 탑승 차량만 들어올 수 있도록 규제했다. 릭샤가 다시 등장한 것은 1998년 금융위기와 함께였다.

겉은 코스모폴리탄 도시로 화려하게 변모했지만 아직도 시민들을 위한 기반시설 정비는 진행 중이다. 정수된 물을 공급받는 시민은 전체 인구의 4분의 1에 미치지 못하고 7백 20만 주민이 깨끗한 물 없이 살고 있다. 자카르타 면적 40퍼센트가 해수면보다 낮은데 배수시설마저 낙후되어 매년 홍수로 도시 전체 면적의 70~75퍼센트가 피해를 입곤 한다. 2007년 시 당국은 공공질서를 확립한다며 걸인, 거리공연 예술가, 행상에게 돈을 주는 행위와 함께 강둑과 도로 노숙도 금지했다. 공공교통수단에서 침을 뱉거나 담배를 피울 수 없으며 허가받지 않은 차창 닦기와 교통정리도 금지

했다. 이 법은 여건상 강제하기 힘들 뿐 아니라 가난한 도시 주민들의 절
망적인 상황을 무시했다고 비판받았다.

투잡, 쓰리잡 그리고
야간 아르바이트

이른 아침 산책길에서 바람결에 너울거리듯 움직이는 희고 붉은 무언가를 봤다. 자세히 보니 길모퉁이에 한 행상이 흰색과 붉은색이 어우러진 인도네시아 국기 상므라푸티와 대나무 깃대를 가득 실은 수레를 밀고 가고 있었다. 그제야 인도네시아 독립기념일 8월 17일이 가까워졌다는 사실을 알아차렸다. 나는 혼자 쿡쿡 웃으면서 '독립기념일 날 국기를 팔아서 먹고 사는 저이가 아마 인도네시아 최고의 민족주의자일 거야'라고 생각했다.

나는 그를 따라 걸으며 깃발을 얼마에 파는지, 깃발 장수는 1년에 한 차례만 하는지, 독립기념일 무렵이 아닐 때엔 무슨 일을 하는지 따위를 물었다. 그는 깃발의 가격은 5만 루피아에서 10만 루피아약 6천~1만 2천 원이고, 연중 한 차례 깃발을 팔고 다른 때는 장난감 행상을 한다고 했다. 묻지 않았지만, 연말연시 축제에 쓰는 시끄러운 종이피리도 팔 게다.

'연 1회 깃발 장수' 아저씨는 '부업 천국' 인도네시아의 축소판이다. 인도네시아에서는 모두가 직업이 두 개 이상이다. 돈 욕심 때문일 수도 있고 기업가 정신이 투철해서일 수도 있다. 하지만 자녀교육비에 생필품 값, 연료 값이 자꾸 치솟으니 가난한 이들은 어쩔 수 없이 여러 가지 일을 해야만 한다.

내가 아는 여자 마사지사 와티도 몇 가지 작은 사업을 성공적으로 해왔다. 아침에는 식료품점을 하는 이웃집 아이를 돌봐주고 낮에는 새 모이와 수제 아이스크림을 파는 작은 매점을 연다. 실직한 남편은 2년째 일자리를 못 찾아 어쩌다 한 번씩 일을 나가는 정도니, 그녀가 이렇게 여러 가지 일을 해서 두 아이를 학교에 보내며 식구들을 건사한다.

나는 케이크집이나 옷가게를 하는 가수와 배우들을 여럿 안다. 매점을 차려 직접 음식을 만들어 파는 이들도 있다. 자금이 좀 있어 레스토랑을 차렸다가 본업보다 부업에서 돈을 더 많이 벌게 된 사람도 있다. 자기 이름을 이용해 상업적인 홍보활동을 해서 돈을 버는 예술가들도 많다. 당장 우리 동네에도 자기 어머니가 만든 비스킷이나 군것질거리를 팔아 돈을 버는 젊은 여배우가 있다. 영화 배역을 하나 맡으면 동료 배우나 친구들에게 과자 판매대를 잠시 '임대'해주기까지 한다. 그녀는 그런 처지를 부끄러워하지 않는다. 주위 친구들도 다 비슷한 상황이라서 서로 충분히 이해하기 때문이다. 그들은 '한 배를 탄 처지'다.

이런저런 연유로 소규모 사업은 인도네시아에서 대단히 인기다. 고장 난 시계부터 넥타이와 기념품, 휴대전화 액세서리와 국수, 칼리만탄보르네오 섬에서 가져온 금 쪼가리에 이르기까지 사람마다 뭔가를 가지고 나와 판다. 손님이 원하는 걸 미처 준비하지 못했을 땐 어디서

구할지도 손바닥 보듯 잘 안다. 유도요노 대통령이나 측근들도 치약, 비누, 군것질거리가 필요하면 대통령궁 앞 노점상을 뒤지면 된다.

솔직히 말하자면 천연자원이 됐든 국가자산이 됐든 아니면 역사적 유물이나 혹은 여자든, 인도네시아는 벌써 몇백 년째 온 나라를 내다 팔고 있다. 왜 그렇게 됐을까? 인도네시아는 자원이 많은 나라라고들 한다. 그런데 가진 것 많은 이 나라는 가진 것 없는 사람들로 꽉 차 있다. 엘리트들이 모든 걸 쥐어짜 가져가는 탓에 가진 것 없는 이들은 가욋일로 부자들에게 서비스 하면서 살아야 한다. 운 좋게 부자가 된 사람이 아니라면, 기를 쓰고 졸음을 참아가며 조금이라도 더 벌 수 있는 일을 겹치기로 해야 한다.

어쨌든 인도네시아에는 밝은 면도 있다. 야간 부업에 지쳤더라도 낮에 나와 또 일하면서 환한 하늘을 올려다보며 살 수 있으니 말이다. 와티 아줌마나 친애하는 '연 1회 깃발 장수 아저씨'는 창의적인 사업가 정신으로 그럭저럭 먹고 산다. 어쩌면 그 아저씨도 나머지 364일은 어느 관공서에서 일하는 공무원일지도 모르겠다.

도둑의 소굴,
갱들의 공화국

　얼마 전 집 수리를 하다가 낭패를 당했다. 집 수리업자가 약속을 지키지 않아서다. 공사 기한을 못 맞춘 데다 무책임하게 연락도 제대로 하지 않았다. 그러면서 공사대금은 턱없이 높게 불러 결국 계약을 깨버렸다. 지친 나는 그냥 내 힘으로 수리를 해보기로 마음먹었다. 그런데 대체 내가 무슨 짓을 저지른 걸까! 직접 계획을 짜고 인부를 새로 고용하고, 자재가게에 가서 시멘트와 모래, 합판, 못, 철근 따위를 사는 일은 쉬웠다. 문제는 그 자재들을 우리 집으로 가져오는 거였다.

　주택단지 입구에서 집까지 오는 길목에 깡패들이 진을 치고 있었다. 그들은 건축자재나 가구를 실은 차들이 지나가면 모두 세운다. 그러고는 원치 않는 짐 부리기 '서비스'를 한답시고 돈을 받는다. 이런 식의 '통행세'를 내지 않는 트럭은 지나갈 수가 없다. 심지어 집 수리에 필요한 자재들마다 따로 통행세를 매긴 '가격표'까지 만들어 갖고 있다. 더 놀라운 것은 그 가격표에 지방 행정기관의 날인까지 찍혀 있다는 사실! 백주대로에서 돈을 강탈하는 자들이 지방정부의 '공인'까지 받고 있다니. 3백만 루피아를 내라는 그들의 당당한 요구에 나는 어이가 없었다. 3백만 루피아라니, 대체 무엇에 대한 대가란 말인가?

그런데도 협상 말고는 도리가 없었다. 돈을 주지 않으면 깡패들이 집 수리 자체를 엉망으로 만들 수도 있어서다. 몇 해 전 내가 주택단지 주민협의회 일을 할 때도 강압적으로 공사자재를 부리는 하역 노동자들에 대해 지방정부 공무원이나 주택단지 경비원들은 모두 "보복을 당할 수 있다"며 겁을 냈다. 물건을 실어온 트럭 운전사에게 도움을 청하니 아내가 자카르타 원주민인 브타위 betawi*라고 했다. 통행세를 받는 깡패들은 대개 브타위여서 운전사 아내와, 우리 집 일을 도와주는 브타위 연줄까지 총동원해 통행세를 1백만 루피아로 깎는 데 성공했다. 이래저래 겪어보니 저들도 순전한 깡패는 아니었다. 비록 나쁜 짓이지만 식구를 먹여 살리기 위해서 아닌가, 최소한 저들은 몰래 숨어 비리를 저지르지는 않는다, 이렇게 생각하니 조금이나마 위안이 됐다.

우리 동네처럼 가난한 사람들과 중산층이 섞여 사는 곳엔 어김없이 이런 깡패들이 있다. 외국 언론이 좋아하는 '판잣집들에 둘러싸인 자카르타 마천루'만큼 극적이진 않지만 여기도 자카르타 빈부격차의 한 단면을 보여준다. 마르크스가 보았다면 계급갈등의 예로 들었을 게다. 이들 동네 건달은 1997년 경제위기 이전에도 있었지만, 경제위기를 거쳐 실업자가 늘고 물가가 치솟으면서 더 많아졌다. 중앙정부조차 어쩌지 못하니 지방정부가 그들을 건드리지 못한다고 놀랄 일도 아니다.

---

* 자카르타 원주민으로 여겨지는 민족. 대표적인 자카르타 빈민층으로 지역 폭력조직에 연루되는 일이 많다.

인도네시아가 '깡패 나라'임을 보여주는 증거는 많다. 내가 겪은 일은 그저 고위층들이 벌이는 짓들이 고스란히 밑으로 내려온 것에 불과하다. 돈 떼어먹기, 무책임, 비효율, 무능력 등 말이다. 급여가 적은 공무원들이 아르바이트 삼아 밤새 다른 일을 하고 정작 업무 시간에 제 할 일을 못하는 것은 먹고 살기 위해서라고 치자. 하지만 고위 공무원은 생계가 아니라 '연줄을 늘리'려고 부업을 한다. 부업과 본업 사이를 오가며, 공무와 사적인 거래 사이에서 줄타기하면서 부정비리 의혹을 교묘하게 피하고 있지만, 분명 이것도 부패다. 월급을 꼬박꼬박 받아가면서 주어진 일은 제대로 하지 않으니까.

이뿐인가. 정부의 묵인 아래 주기적으로 일어나는 폭력사태, 정부가 개입한 성매매와 포르노 산업, 마약 밀매와 도박은 표준 규정이라도 되는 듯 오랜 관행으로 굳어졌다. 그 역사는 수카르노가 1940년대 인도네시아 독립전쟁 자금을 마련하기 위해 싱가포르에서 아편을 팔던 시절로 거슬러 올라간다. 그러니 이처럼 유서 깊은(?) 부패나 협잡을 뿌리 뽑기는 당연히 힘들다.

1945년에 제정한 헌법에서 비롯된 나쁜 관행들도 있다. 뒤에 개정했지만, 국가의 권위주의와 독선을 사실상 공인한 초기 헌법은 국가가 아무런 감시 없이 멋대로 통치할 수 있는 길을 열어놓았다. 헌법의 틀을 짠 인도네시아 초대 법무장관 라덴 수포모Raden Soepomo 박사는 개인 인권을 비롯한 서구 사회주의와 자유민주주의 이념들을 받아들이려 하지 않았다. 국가가 모든 것에 우선하고 모두를 대표하며 개인 위에 존재한다고 규정한 헌법은 60여 년이 지난 1998년, 수하르토 독재 정권이 퇴진하고 나서야 개정됐다. 하지만 수포모 박사가 가졌던 생각은 동네 깡패들 사이에 아직까지도 남아 있다. 그들은 수포모 박사가 누구인지도 잘 모르겠지만.

이들을 상대한 짧은 경험이 나쁘기만 했던 건 아니다. 그 과정을 통해 나는 무엇이 인도네시아를 움직이는지를 알게 됐다. 집 수리를 하면서 만난 기술 노동자들, 즉 성실하게 하루하루를 살아가는 목수, 세공인, 소매상인 같은 이들이야말로 강하고 좋은 사람들이다. 농담을 섞어가며 잡담을 나누면서 내가 마음속으로 그들을 얼마나 좋아하고 존경했는지, 아마 그들은 잘 모를 거다. 하루하루 내 집을 변화시켜가는 그들이 내게는 슈퍼맨처럼 보였다.

낡은 콘크리트를 부수고 새 벽을 세우고 정교한 나무 문틀을 세우는 모습, 등나무 줄기로 가구 짜듯 철근을 손으로 엮는 그들을 보면서 나는 경외심을 느꼈다. 노동자 구하기가 쉽다고 하지만, 정작 그들이 없다면 세상은 어떻게 되겠는가. 기술 노동자들이야말로 진짜 인도네시아고 개혁의 실체다. 정치 지도자와 관리들이 아무리 못났어도, 이들 덕분에 이 나라가 지탱된다.

몇 달 지나 우리 집은 아주 예쁘게 '개조'되었다. 내가 가장 감사해야 할 사람들은 집 수리 계약자도 지방 관리도 통행세를 받은 동네 건달도 아닌 기술 노동자들이다.

수카르노(Sukarno. Soekarno, 1901. 6. 6 ~ 1970. 6. 21)

초대 대통령 1945 ~ 1967년 재임

●●●
인도네시아공화국의 초대 대통령 수카르노. 네덜란드와의
독립투쟁 과정에서 영웅으로 부상한 수카르노는 대통령
을 넘어 국부(國父)로서의 권위를 누렸다. 자본주의로 재
편된 세계 경제체제에 적응하지 못하고 경제위기를 맞아
결국 대통령에서 물러나게 되었다.

　　1901년 6월 6일 네덜란드 식민지였
던 자바 동부에서 태어났다. 식민 치하
의 인도네시아에서 여러 언어를 교육 받은 몇 안되는 엘리트로 독립파 정
당을 세우고 지도자가 되었다. 그는 인도네시아인들을 착취하는 제국주
의와 자본주의 모두에 반대했다. 네덜란드에 맞서 독립투쟁을 벌이다
1929년 식민당국에 체포되어 2년 형을 받았는데, 석방되었을 때는 대중적
영웅이 되어 있었다. 이후에도 몇 차례 더 투옥되었고 1942년 일본이 인
도네시아를 점령했을 때도 감옥에 있었다.

　　그는 서구와 싸우는 일본이 인도네시아를 점령하는 것이 인도네시아
독립에 유리하리라 믿었다. 그래서 일본군의 군수물자 확보와 지원병, 종
군위안부 모집을 돕는 여러 활동을 벌였고 1943년 11월 10일 도쿄에서 일
본 왕으로부터 훈장까지 받았다. 나중에 그는 이 전력을 부끄러워했지만
이와는 상관없이 네덜란드에 대항한 투쟁 경력은 수카르노에게 엄청난

도덕적 권위를 부여해주었다.

일본 항복 이틀 뒤인 1945년 8월 17일 독립투쟁 영웅 수카르노와 핫타 Muhammad Hatta는 인도네시아 독립을 선언하고 중앙인도네시아국민위원 회KNIP는 이 둘을 대통령과 부통령에 임명한다. 인도네시아 헌법은 의회를 권력 중심에 놓고 대통령 권한을 제한했으나 '국부國父' 수카르노의 권력은 압도적이었다. 하지만 신생 공화국 초기는 수카르노의 통치에서 벗어나려는 정치적, 종교적 분파와 지역들이 있어서 충돌과 무력봉기가 빈발했다. 게다가 일본은 떠났지만 네덜란드와의 독립투쟁은 끝나지 않은 상태였다. 지속적인 독립투쟁으로 1949년 12월 27일 마침내 네덜란드로부터 공식적으로 주권을 넘겨받았다.

수카르노 정부는 족자카르타에서 자카르타로 금의환향했지만 혼란과 무질서는 여전했다. 수카르노는 이런 상황은 인도네시아에 맞지 않는 서구식 민주주의 탓이라며 인도네시아의 전통에 맞는 이른바 '계도민주주의guided democracy'를 주창한다. 인도네시아 전통이 무엇인지는 논란거리였지만 대통령 지도 아래, 여러 계층의 이해관계를 대변하는 '직능 집단'을 통해 국민의 의견을 수렴하는 정치체제가 국민들이 의원을 직접 뽑는 체제보다 인도네시아에 더 적합하다는 것이었다.

수카르노는 불안정한 권력기반을 공고히 하기 위해 그와 뜻을 같이 하는 군부와 인도네시아공산당이 주축이 되는 나사콤 체제를 출범하고 외교도 중화인민공화국, 소비에트연방 그리고 2차 대전 후 독립한 국가들에 쏠렸다. 또 1961년에는 이집트의 나세르Gamal Abdel Nasser 대통령, 인도의 네루Pandit Jawaharlal Nehru 수상, 유고슬라비아 티토Jisip Broz Tito 대통령, 가나의 은크루마Kwame Nkrumah 대통령과 함께 비동맹운동Non-Aligned Movement을 결성했다. 그는 서방 강대국들의 '신식민주의와 제국주의'가 다시 등장했다고 비난하며 1957년 246개 네덜란드 기업을 국유화하라고 명령했다.

수카르노의 친공산당 정책은 국내외적으로 적을 만들었다. 미국 CIA는 수카르노 암살을 기도한 반공산주의자와 이슬람운동가의 반군 조직들을 지원했고, 수카르노 정권 내부에서도 크고 작은 충돌이 이어졌다. 수카르노는 언론과 출판을 통제하고 중국계 이주자들을 차별하는 법을 제정하고 반대자들을 추방하는 등 강압적인 정치를 펼쳐 '인도네시아 독립 영웅'이라는 도덕적 정당성은 점차 독재로 변질되어갔다. 이런 수카르노의 태도로 인해 군부에 반수카르노 세력이 생겨나면서 갈등은 더 심해졌다.

이에 수카르노는 1960년 선출 의회를 해산하고 자신이 임명한 인사들로 국민자문회의를 구성했다. 그해 7월, 이 단체는 수카르노를 종신대통령으로 선언했다. 그는 인도네시아의 번영을 이끄는 지도자이자 서구 열강에 대담하게 맞서는 인물로 자신을 포장했지만 인도네시아의 경제상황은 계속 악화되었다. 1960년대 돈이 궁해진 정부는 필수적인 정부보조금 지급을 중지했고 인플레이션도 점점 심해져 1958년의 소비자 물가지수를 100으로 한다면, 1965년에 1만 8천, 1967년에는 60만에 이르는 격심한 인플레이션이 진행되었다. 처절한 가난과 배고픔이 전국에 퍼지고 수카르노에 대한 불신과 불만도 점점 커졌다.

수카르노의 권력은 군부와 인도네시아공산당 간의 균형과 견제를 바탕으로 했는데 이즈음에는 모든 부문에서 인도네시아공산당이 가진 영향력이 군을 압도하게 되었다. 이에 따라 우파 군인들은 수카르노에 더욱 적대적이 되어갔다.

1965년 9월 30일, 수카르노 정부에 대한 쿠데타를 막는다며 최고위급 장성들이 도모한 친위쿠데타가 일어났다. 다음 날, 수하르토 소장의 역쿠데타로 이 쿠데타는 진압되고 최고위급 장성 여섯 명이 살해되었다(이 장성들이 만든 조직을 G30S로 일컬었다 해서 이것을 'G30S 사건'이라고 한다). 이 사건 이후 수카르노 대통령은 가택연금 당하고, 역쿠데타를 지휘했던 수하르토 장군은 수카르노 대통령을 '타락하고 야만적인' 인도네시아공산당과 결탁한 인물로 몰았다. 1967년 수하르토는 '대통령의 권위와 정부의 안정을 지키기 위해 모든 판단을 수하르토 소장에게 위임한다'고 씌어 있다는, 진위는 물론 존재조차 확인되지 않은 '3월 11일 사령장^{Supersemar}'을 수카르노 대통령에게 받았다며 국가 권력을 실질적으로 장악했다.

수하르토 정부는 수카르노에 대한 교육과 그를 기억하는 모든 행위를 금지하는 한편 수카르노 대통령의 카리스마를 그들의 취약한 집권정당성을 보완하는 데 이용했다. 한 나라의 독립 영웅으로 대통령에까지 올랐던 수카르노는 그렇게 인도네시아 역사 전면에서 사라졌고, 1970년 6월 21일, 악화되는 병을 치료하지 못한 채 사망해 동부 자바 블리타르^{Blitar}에 묻혔다.

수하르토(Suharto. Soeharto, 1921. 6. 8 ~ 2008. 1. 26)
2대 대통령 1967 ~ 1998년 재임

● ● ●
쿠데타로 수카르노 대통령을 밀어내고 정권을 장악한 후 32년간 군림한 수하르토 대통령. 서구의 원조와 투자를 적극적으로 받아 경제적으로 고도성장을 이뤘지만 인권유린과 부정축재, 부정부패로 인도네시아 민주화에 깊은 그늘을 드리웠다.

수하르토는 1921년 네덜란드 식민지였던 인도네시아 자바 섬에서 태어나 2차 대전 중이던 1940년 네덜란드군이 운영하는 군사학교에 입학했다. 네덜란드가 일본에 패하자 일본 점령군 경찰이 되었고, 1945년 일본이 패망하자 일본군 잔당 소탕작전에 적극 가담했다가 네덜란드군이 돌아오자 '인도네시아 독립군'이 된다. 4년 동안 이어진 독립투쟁 기간 동안 자바 데포네고로

Diponegoro 지역 참모장을 맡았던 수하르토는 인도네시아공산당이 이끄는 시민조직과 연계해 싸웠다.

1949년 12월 네덜란드로부터 주권을 되찾았지만 인도네시아는 좌우파로 분열된 상태였다. 수하르토는 우파 군부의 비호 아래 승승장구했는데, 이때 친공산주의 성향의 수카르노에 반대하는 지역 사령관부터 소규모 부대원까지 아우르는 비밀 네트워크를 꾸렸다. 1965년 9월 30일, 당시 군부의 주요 장성이었던 일곱 명 가운데 여섯 명이 살해되는 G30S 사건이 발생했다. 유일하게 살아남은 수하르토는 친위쿠데타 발생 20시간 만에 역쿠데타에 성공한다. 군부를 장악한 수하르토는 대통령 수카르노를 격리시킨 채 국가 권력을 실질적으로 장악한다.

9월 30일 G30S 사건이 일어난 직후부터 수하르토 측 군부는, 친위쿠데타가 공산주의자들의 소행이라고 국내외적으로 선전했다. 인도네시아공산당은 쿠데타 연루를 강하게 부정했으나 소용없었다. 사건이 있은 지 두 달 후인 11월부터 군대와 자경단은 '반란을 일으킨 공산주의자'를 잡아야 한다며 이른바 '빨갱이 숙청'을 시작했는데, 최대 2백만 명이 투옥되고 1백만 명이 사망했을 것으로 추정된다. 이 과정에서 수하르토는 노동운동가와 시민운동가, 중국계 인도네시아인까지 살해했으며 수많은 반인권 범죄를 저질렀다. 1969년에서 1979년 사이 악명 높은 부루 섬 수용소에 세계적 문호 프라모디아Pramoedya Ananta Toer를 비롯한 정치범을 투옥해 강제 노역시킨 사실은 특히 유명하다.

1년 넘게 이어진 피의 숙청은 32년 철권 독재의 시작이었다. 1967년 우파 군부가 장악한 임시의회는 수카르노의 모든 권력을 박탈하고 수하르토를 대통령 권한 대행으로 임명한다. 쿠데타 과정에서 살해당한 고위 핵심 장성 일곱 명 가운데 유일하게 살아남은 연유가 여전히 의혹으로 남았지만 그해 3월 21일, 수하르토는 5년 임기 대통령에 공식 취임했다. 대통령이 된 수하르토는 다양성 속의 통일을 지향한 수카르노의 계도민주주의 대신 '신질서' 체제를 내세웠는데, 이는 군부 주도의 강력한 중앙집권 정책이었다. 정당들을 세 개로 통폐합했고 의원 임명권도 대통령 권한으로 두었다. 또한 자신이 속한 골카르당과 군부 내의 분파적 경쟁을 통해 2인자 등장을 막고 모든 공무원에게 골카르당원이 되도록 강요했다. 지방도 강력하게 통제했다. 1969년 이리안자야를 편법 합병했고 1975년 동티모르를 강제 합병했으며 아체, 말루쿠의 독립운동을 무력 저지했다. 1979년부터 자바의 인구과밀을 해소하고 지방 분리 독립운동을 억제하려고 이주 정책을 시행했는데 전성기였던 1984년, 불과 5년 사이에 53만 5천 4백여 가구가 이주했다.

수하르토는 냉전시대에 서방과 이해를 함께한 덕에 많은 원조와 투자를 받아 적극적으로 유전 개발에 나섰다. 1970년대 인도네시아는 석유수출국기구 가운데 다섯 번째 산유국이었다. 1970년대 유가 상승 등에 힙입어 수하르토의 '실용주의' 경제개발은 상당한 성과를 거두었다. 수하르토 집권기에 인도네시아는 연평균 국내총생산 성장률이 매해 7퍼센트에 이르렀고 빈곤선 이하 인구는 전체 인구 60퍼센트에서 11퍼센트로 줄었으며 국민건강, 교육 수준도 많이 향상되었다. 하지만 불법, 부당한 이권 개입으로 수하르토 가족과 측근은 막대한 부를 축적했고, 친족과 가족들을 동원한 정실정치를 일삼았다. 자연환경 또한 심각하게 파괴했고 수많은 정치적 반대자들을 살해, 수감, 억압했으며 중국계 등 소수민족을 탄압했다. 1975년에는 동티모르를 침략해 24년 동안 강제 점령했는데, 이 기간에 사망한 동티모르인이 10만 3천여 명에 달했다.

1990년대 동서냉전이 끝나자 서구는 수하르토의 인권 침해에 주목하기 시작했다. 1991년 11월 12일 동티모르 시민에게 인도네시아군이 무차별 발포해 271명이 사망한 산타크루즈 공동묘지 학살 사건은, 수하르토 정권의 인권유린에 대해 미국과 유엔이 적극적으로 대응하는 계기가 되었다. 또한 서구는 1990년대 초, 수하르토 정권이 정치적 자유와 민주화를 요구하는 시민, 학생, 무슬림 지식인들을 탄압한 것도 인권 침해의 사례로 주목했다. 그러나 다른 한편으로 미국 국방장관 윌리엄 코헨William Cohen이 수하르토의 사위이자 전략예비사령관인 프라보오Prabowo Subianto 중장과 위란토Wiranto 국방장관 겸 최고사령관을 만났고 CIA국장도 자카르타를 방문하는 등 수하르토 정권과의 우호관계를 유지했다.

1997년에서 1998년까지 이어진 아시아 외환위기로 인도네시아는 가장 큰 타격을 입었다. 물가와 실업률이 치솟고 루피아화 가치는 곤두박질쳤다. 극심한 가뭄과 인도네시아 역사상 최악의 산불까지 일어나자 1998년 1월 인도네시아에는 흉흉한 소문들이 나돌며 공황상태에 빠져들었다. 사람들은 생필품을 사두려 가게로 몰려들었고 쌀을 비롯한 식료품과 공공요금은 걷잡을 수 없이 뛰었다. 만연한 부패가 상황을 더욱 악화시키는 가운데 1998년 3월 11일 국민협의회는 위기에는 '그의 지도력이 필요하다'면서 수하르토 대통령직 일곱 번째 연임을 확정했다. 분노한 국민들은 생활고 해결과 수하르토 퇴진, 민주주의 회복을 외치는 평화적 시위를 전국적으로 벌였다. 하지만 수하르토 정권은 '1998 혁명'으로 불리는 이 시위를 무력 진압했다.

5월 12일 개혁을 요구하는 트리삭티대학 시위대와 경찰이 대치하고 있던 상황에서 오후 5시 무렵, 대학이 내려다 보이는 고가도로 위에 군인으로 보이는 일군의 제복이 오토바이를 타고 나타났다. 이들은 학생 시위대에 발포하기 시작했고, 이 발포로 학생 네 명이 사망했다. 그러나 언론은 트리삭티 부근에서 시위가 아닌 폭동이 일어났다고 보도했다. 이틀 후인 14일 군경은 전혀 눈에 띄지 않는 가운데 정체불명의 폭도들이 자카르타 일대에서 파괴, 약탈, 방화, 강간을 자행했다. 이틀 동안 1천 2백여 명이 살해되었는데, 주로 중국계였다. 인권 단체들은 현장에 폭동을 막으려는 군인들이 없었다는 점을 들어 정부가 사주했거나 허가한 폭동이라고 주장하고 있다.

학생과 무고한 시민들이 살해당한 사건은 성난 국민들의 정서에 기름을 부은 격이었다. 민족각성일 National Awakening Day*인 5월 20일 이슬람조직 무하마디야 Muhamadya 의장 아미엔 라이스 Amien Raiss는 민주화 시위에 동참할 것을 거국적으로 촉구했고, 이에 따라 자카르타 독립기념탑에 백만 시민이 모였다. 원래 전국 연합 시위를 할 계획이었으나 수하르토 정권은 자카르타 교통을 완전히 차단했다.

수만 명의 학생들은 국회의사당으로 집결했다. 이들을 막아야 했던 최고사령관 위란토는 군이 더 이상 수하르토를 지지하지 않는다며 학생들이 의회를 점거하도록 두었다. 마침내 5월 21일 수하르토는 대통령직을 사임하고 부통령이었던 하비비에게 대통령직을 이양했다. 군부도 온건파였던 위란토가 실권을 장악하고 강경파인 수하르토 사위 프라보오는 지방 군사학교로 좌천되며 권력의 지형이 바뀌었다.

수하르토 정권이 무너진 데는 장기적인 철권통치뿐만 아니라 부정부패도 큰 역할을 했다. 1999년 미국 시사주간지 〈타임 Time〉은 수하르토 일가가 현금, 주식, 부동산으로 보유한 자산이 약 150억 달러라고 보도했고, 2004년 국제 투명성기구는 그들이 집권기에 착복한 금액을 150~350억 달러로 추정하며 수하르토를 세계 최악의 부패 지도자로 꼽았다. 실제로 수하르토는 3남 3녀 자녀 모두를 인도네시아 재벌로 만들었고, 자신 역시 자

---

* 인도네시아어로 '하리 크방키탄 나쇼날(Hari Kebangkitan National)', 네덜란드 식민통치하의 인도네시아가 독립운동과 민족주의 운동을 처음 시작한 날이다. 네덜란드 치하였던 1908년 5월 20일 인도네시아 의사들은 지식인 모임 우모토(Budi Umoto)를 결성해 처음에는 교육기회 확대 등 온건한 요구를 하다가 나중에는 의회 설립 등 정치적 요구를 했다. 인도네시아에서는 독립기념일에 버금가는 국가기념일이다.

선재단을 통해 엄청난 규모의 재산을 은닉했다. 주요 기업 거래마다 수수료 10퍼센트를 받은 것으로 알려진 수하르토 부인 티엔 수하르토Tien Suharto는 "마담 10퍼센트"로 불렸다. 대통령직에서는 쫓겨났지만 이들은 아직도 항공사, 은행, 방송국, 택시회사 등을 소유한 채 인도네시아의 경제권을 쥐고 있다.

2000년 인도네시아 검찰은 각종 부정부패 혐의로 그를 기소했지만, 2006년 5월 병세 악화를 이유로 불기소처분을 내렸다. 2008년에는 자선단체기금 14억 달러를 횡령한 혐의로 반환 민사소송을 당했으나 '법정 밖 화해'로 끝냈다. 결국 수하르토 일가의 부정축재 재산은 한 푼도 국고로 환수되지 않았다. 1999년 취임한 인도네시아 대통령 와히드는 "어떤 범죄를 저질렀든 전임 대통령을 용서하겠다"고 말했고 2005년 인도네시아 최고법원은 법무장관에게 전 대통령 건강관리 의무가 있다고 판결했다. 현 대통령 유도요노와 정치지도자들은 입원한 수하르토를 문안까지 했는데, 그의 지병이 악화되자 용서론까지 들고 나왔다. 이는 그의 추종 세력이 정치·경제적으로 아직도 인도네시아의 권력을 쥐고 있기 때문이다.

2008년 1월 자카르타 병원에서 사망한 그의 시신은 특전단의 호위를 받으며 자택으로 옮겨졌고, 수많은 전·현직 정치권 고위 인사들이 조문했다. 현직 대통령 유도요노는 발리에서 열린 유엔부패척결회의 개회사까지 취소하고 왔으며 쓰나미 때보다 더 긴 7일간을 국가 애도기간으로 선포했다. 수하르토는 하루 만에 매장하는 이슬람 전통에 따라 다음 날 아침 일찍 군대의 사열 속에 자바 중부에 있는 고풍스러운 가족 묘지로 운구되어 묻혔다. 유언대로 1996년 죽은 아내 곁이었다. 반대자에 대해서 가차 없는 살인과 처형을 일삼은 독재자의 말로로는 편안한 노후와 품위 있는 임종이었다고 한다.

바하루딘 유숩 하비비(Bacharuddin Jusuf Habibi, 1936. 6. 25 ~)

3대 대통령 1998. 5. 21 ~ 1999. 10. 20, 7대 부통령 1998. 3. 14 ~ 1998. 5. 21 재임

●●●

비군부 출신으로 수하르토 마지막 집권기에 부통령을 맡아 수하르
토 축출 뒤 대통령직을 승계한 하비비 대통령. 수하르토 친인척으
로 구성된 전임 각료를 배제한 새로운 정부를 꾸리고, 외채 상환을
연장하는 등 경제위기를 수습했다. 그러나 수하르토의 유산을 청
산하는 데 소극적이었다는 점과 동티모르 사태를 방치했다는 점은
실책으로 남았다.

　　　네덜란드 식민지 시절 남부 술라웨시에
서 태어났다. 열네 살이던 1950년 분리주의
반군 진압을 위해 마카사르에 주둔하고 있던 수하르토 중령과 친분을 쌓
아서 하비비 부친 임종 자리에 수하르토도 함께했다고 한다. 1955년부터
10년 동안 독일 라이니시베스트펠라시 공과대학에서 항공우주공학을 공
부해 박사 학위를 받고 한동안 독일에서 일했다. 1974년 수하르토의 설득
으로 귀국한 그는 대통령 수하르토의 기술자문직을 맡았고 1978년부터
1998년까지 과학기술연구부 장관을 지냈다. 재임기간 동안 항공기술을
비롯한 인도네시아의 과학기술 발전에 강한 의욕을 보였다.

　　　1998년 인도네시아가 심각한 경제위기를 맞자 수하르토 퇴진을 요구
하는 시위가 전국적으로 벌어졌다. 그러나 수하르토는, 일곱 번째 대통령
직 연임을 시도하며 하비비를 부통령으로 삼았다. 수하르토 퇴진 시위는
점차 확산되어갔고 정부는 유혈 진압으로 맞대응했다. 혼란이 이어지자
내각과 군부는 수하르토에 대한 지지와 보호를 포기했고 지지기반을 잃
은 수하르토는 1998년 5월 21일 퇴진했다. 부통령이었던 하비비는 수하
르토의 뒤를 이어 대통령직에 올랐는데, 강경 개혁파는 이를 수하르토 정
권의 연장으로, 온건파는 과도정부로 받아들였다.

　　　수하르토의 총애를 받았지만 군부 출신이 아니었던 하비비는 자신은

차기 민주정부를 구성하기 위한 다리 역할을 하겠노라고 스스로 선을 그은 덕분에 더 이상 정통성 시비에 휘말리지 않게 되었다. 내각을 구성하면서 수하르토의 일가친척 전임 각료들을 배제했고 군부와 차기 대권 후보들 사이에서도 균형을 지키며 신뢰를 얻었다. 경제위기에도 잘 대처했다. 취임 10여 일 만에 인도네시아 민간 외채 상환 기간을 대부분 연장하고 미국의 금융 지원도 받았다.

1998년 국민협의회가 수하르토 부패 조사를 천명하자 자신의 개혁의지를 드러내고 싶었던 하비비는 저명한 법률가 아드난 부용 나수티온Adnan Buyung Nasution에게 조사 책임을 맡겼다. 그러나 나수티온이 요구한 조사권이 부담스러웠던지 결국 '충성파' 법무장관 안디 무하마드 갈립Andi Muhammad Ghalib을 책임자로 앉혔다. 1998년 12월 9일 수하르토를 소환, 재직시 횡령, 부정축재, 족벌정치 등의 혐의를 조사했으나 3시간 만에 조사를 끝내고 수하르토가 부정행위로 부를 얻지 않았다고 공식 발표했다.

하비비 정부는 1998년 폭동에서 공격 대상이 되었던 중국계들이 가진 영향력과 경제력을 고려해 1999년 5월 이주민 차별을 금지하는 대통령령을 공포했다. 그리고, 국제사회의 압력으로 동티모르의 자치권과 인권문제에 대한 개혁안을 추진했다. 이에 따라 1999년 8월 30일 동티모르가 인도네시아의 특별자치주로 남을지 독립할지를 묻는 국민투표를 실시했다. 동티모르 시민들이 독립을 선택하자 투표 결과에 반발한 민병대가 동티모르를 불바다로 만들었고 약 1천여 주민을 살해했다. 하지만 하비비는 이 모든 사태를 방관했다.

1999년 5월 하비비의 골카르당은 차기 민주정부의 대통령 후보로 하비비를 내세웠다. 그러나 골카르당 안에서도 그의 대통력직 수행 결과에 부정적 의견이 많아 하비비는 대통령 후보를 사퇴했다. 퇴임 후 그는 인도네시아보다 독일에서 더 많은 시간을 보내고 있다.

압둘라만 와히드(Abdurrahman Wahid, 1940. 9. 7(8. 4) ~)

4대 대통령 1999. 10. 20 ~ 2001. 7. 23 재임

●●●

와히드 대통령은 인도네시아 최대 무슬림단체 나들라툴 울라마의 의장으로 1999년 인도네시아 최초의 자유 총선거에서 대통령으로 당선되었다. 정당 의석 득표수는 메가와티가 훨씬 높았지만 국민협의회의 정치 흥정의 결과로 대통령에 올랐다. 하지만 곧 부패 사건에 연루되어 탄핵, 낙마하였다.

3천만 명의 회원을 가진 인도네시아 최대 무슬림단체 나들라툴 울라마Nahdlatul Ulama* 의장을 오랫동안 지낸 종교 지도자.

와히드는 1940년 네덜란드 식민지 자바 동부에서 태어났는데, 할아버지는 인도네시아 최고 이슬람 지도자로 나들라툴 울라마 설립자이자 초대 의장이었고, 민족주의 운동에 가담했던 아버지는 초대 종교부 장관을 지냈다. 고등학교를 마치고 이슬람 기숙학교 프산트렌에 진학, 졸업 후 고향의 이슬람학교 선생과 잡지 기자를 겸하던 와히드는 20대를 이집트와 이라크에서 공부하면서 보낸다. 1971년 인도네시아로 돌아와 시사지 〈템포Tempo〉와 〈콤파스Kompas〉에 쓴 정치비판 칼럼으로 이름을 얻었고 이슬람학교와 대학에서 이슬람 신앙과 실천에 대해 강의했다. 할아버지 제안을 받아들여 나들라툴 울라마에서 일하면서 1982년 총선을 통해 정치활동을 본격화했다.

정체된 나들라툴 울라마를 개혁해 명성을 얻은 와히드는 1984년에 의

---

* NU. 나들라툴 울라마는 '이슬람 학자의 각성'이라는 뜻으로 인도네시아의 보수적인 이슬람 순니파 단체다. 1926년 1월 31일 창립되었는데, 초대 회장은 울레마 하심 아시아리(Ulema Hasyim Asya'ri) 다. 이 단체는 1965년 수하르토 정권기에 공산주의자와 인도네시아 중국계 대량 학살에 깊이 연루되었으나 그 후 수하르토 집권 반대로 돌아섰다.

장으로 선출된다. 이후 와히드의 정치적 태도는 친수하르토적이기도 반수하르토적이기도 했지만 권력기반을 공고히 하기 위해 나들라툴 울라마의 지원이 필요했던 수하르토는 와히드를 국민협의회 의원으로 임명했다. 또한 수하르토 대통령은 이슬람 세력의 지원을 얻고자 당시 과학기술부 장관 하비비를 총재로 1990년 인도네시아지식인무슬림연합ICMI·Union of Indonesian Intellectual Muslims을 결성한다. 이 조직은 1991년 말에는 인도네시아 27개 주에 지방조직을 갖춘 대조직으로 확장했는데, 정부고관, 퇴역군인, 학자 등을 영입하여 정부의 이슬람 정책에 불만을 품고 있던 원로이슬람 지도자들을 끌어들여 우대했다. 1994년 와히드가 나들라툴 울라마 의장으로 세 번째 연임하자 수하르토 지지자들은 이 절차가 부당하다고 비난한다. 이 시기 종교적 지도자보다 정치가로써 행보가 더 두드러졌던 와히드는 수하르토에게 정치적 탄압을 받아온 수카르노의 딸 메가와티와 가까워진다.

1998년 수하르토 퇴진과 함께 정당 규제가 풀리자 이슬람 세력은 그들의 정치적 이익을 대변할 정당 결성을 요구했다. 한 가지 종교에 치우친 정당이 될 것이라는 우려와 나들라툴 울라마가 정치에 휩쓸리지 않도록 하겠다고 한 약속 때문에 갈등하던 와히드는 국민각성당PKB을 결성하고 1999년 2월 7일 대통령 후보로 나섰다. 1999년 6월 7일, 48개 정당이 후보를 낸 인도네시아 최초의 자유 총선거에서 메가와티의 민주투쟁당PDI-P이 33퍼센트를 득표해 가장 많은 의석을 차지했지만 10월 20일 국민협의회는 총 7백 개 의석 가운데 단 57석을 차지한 국민각성당의 와히드를 대통령으로 선출했다. 국민협의회 의원들이 간접선거로 대통령과 부통령을 뽑은 탓에 정치적 흥정에 따른 합종연횡이 작용한 때문이었다.

의회 소수정당 대표로 대통령이 된 와히드에게는 대중적 지지가 필요했다. 그는 대중의 반군부, 반부패 정서를 읽고 군부의 정치 권한을 줄이고 정부와 정치권의 부정부패를 척결하겠다며 '개혁'을 들고 나섰다. 하지만 와히드 대통령이 연루된 블루게이트^{Blugate}*와 브루나이게이트^{Bruneigate}**가 잇따라 터지자 와히드 정권의 개혁의지에 기대를 걸었던 국민들은 실망했고 곳곳에서 시위를 벌였다.

7월 21일 와히드 대통령은 국민협의회가 요구한 부정부패 사건에 대한 증언을 거부한 채 23일 비상사태를 선포하고 국민협의회 해산을 명령했다. 이에 국민협의회는 대통령 탄핵안을 가결하고 부통령 메가와티를 새 대통령으로 선출했다.

소수정당 대표라는 한계와 군부 등 기존 권력과의 불화, 경제안정과 개혁 실패에 측근과 각료의 부정까지 겹쳐 대통령 임기를 채 2년도 채우지 못하고 밀려난 것이다.

2004년 대통령 선거에 국민각성당 후보로 다시 나서려 했으나 법이 새로 정한 후보자 건강 검진을 통과하지 못해 등록이 거부되었고 2009년 대통령 선거에 나가겠다고 발표했다. 지금은 비영리 단체 자문역과 칼럼니스트로 활동하고 있다.

메가와티 수카르노푸트리(Megawati Soekarnopurti, 1947. 1. 23 ~)
5대 대통령 2001. 7. 23 ~ 2004. 10. 20, 8대 부통령 1999. 10. 26 ~ 2001. 7. 23 재임

인도네시아 초대 대통령 수카르노의 딸로 '수카르노푸르티'는 '수카르노의 딸'이라는 뜻으로 성이 아니라 애칭 같은 것이다. 수카르노, 수하르토처럼 자바인들은 성이 없는 경우가 많다. 인도네시아 독립 후인 1947년

---

* 국가식량조달청 자금 4백만 달러를 와히드 안마사가 가지고 도망간 사건. 돈은 돌아왔지만 반대파들은 와히드 연루를 물고 늘어졌다.

** 브루나이 국왕이 아체를 돕고자 기부한 2백만 달러가 와히드의 통장에 들어간 사건. 와히드는 끝내 해명하지 못했다.

메가와티는 건국의 아버지 수카르노의 딸이라는 후광과 깨끗한 지도자를 바라는 국민들의 소망에 힘입어 높은 인기를 얻었다. 인도네시아 최초의 자유 총선거에서 더 많은 득표를 하고도 와히드 대통령을 보좌하는 부통령으로 선출되었다가 와히드가 쫓겨난 후 대통령에 올랐다. 2004년 직선제 대통령 선거에 출마했으나 유도요노에게 패했다.

초대 대통령 수카르노의 둘째이자 첫딸로 태어나 대통령궁에서 어린 시절을 보냈다. 인도네시아 반둥의 파자자란대학에 입학했으나 1967년 아버지가 대통령직에서 쫓겨나면서 중퇴했고, 1970년 수카르노 사망 후 인도네시아대학에서 심리학 공부를 시작했으나 민족학생운동에 연루되어 2년 만에 그만두었다. 1970년에 첫 남편이 비행기 사고로 사망한 후, 1972년 이집트인 외교관과 결혼했다가 이혼하고 1973년 현재 남편 타우픽 키에마스Taufiq Kiemas와 결혼해 자녀 셋을 두었다.

평범한 주부로 살던 메가와티를 정계로 불러들인 것은 수하르토였다. 1987년 총선에서 수카르노에 대한 국민들의 향수를 이용하고자 1986년 수카르노를 국가 영웅으로 추대하는 행사를 벌였는데, 여기에 메가와티를 초대한 것이다. 다음 해인 1987년 메가와티는 당시 수하르토의 정당이던 민주투쟁당PDI에 가입해 대중적 인기를 얻었다. 수카르노의 딸이라는 권위는 연설 능력이 부족하다는 정치가로서 치명적 결점을 거뜬히 뛰어넘었고 메가와티는 1987년 하원격인 국민대표회의와 상원격인 국민협의회 의원이 되었다.

1993년에는 민주투쟁당 대표 선거에서 메가와티가 대표로 선출되자 수하르토는 위기감을 느꼈다. 당 대표로 다른 후보를 밀었던 수하르토는 메가와티 대표 당선을 인정할 수 없다며 1996년 당 대표 선거를 다시 열어 전 민주투쟁당 대표 수리야디Suryadi를 대표로 세웠다. 메가와티는 이 선거 결과를 받아들이지 않았고 민주투쟁당은 친메가와티파와 반메가와티파로 갈라졌다. 수하르토의 탄압이 거듭될수록 메가와티에 대한 국민들의 호감과 지지는 점점 높아졌다. 1996년 6월 27일 정부 지원을 업은 수리야디는 자카르타에 있던 메가와티의 민주투쟁당 본부를 습격했는데, 이 사건으로 메가와티 측은 큰 피해를 입었지만 정치적 정당성과 동정심까지 얻게 되었다.

1998년 5월 수하르토 퇴임은 메가와티에게 정치적 기회였다. 10월 이제 수하르토의 민주투쟁당 'PDI'과 구별해 'PDI-P'로 불리는 친메가와티 민주투쟁당은 전당대회를 열어 메가와티를 당 대표로 선출하고 대통령 후보로 지명했다. 1999년 총선 결과 민주투쟁당은 33퍼센트로 최다득표 정당이 되었지만 국민협의회는 와히드를 대통령으로, 메가와티를 부통령으로 뽑았다. 대통령 와히드는 다수당 대표로 국민대표회의에서 상당한 영향력을 가진 메가와티 부통령에게 암본 분쟁을 맡겼으나 결과는 신통치 않았다. 대통령은 되지 못했지만 2000년 4월 열린 민주투쟁당 전당대회는 메가와티를 다시 당 대표로 뽑고 메가와티의 잠재적 경쟁자들의 부상을 잠재웠다.

메가와티와 와히드 대통령의 관계는 한 배를 타고 있었지만 경쟁자라는 점에서 이중적이었다. 그래서 2000년 후반, 와히드 대통령이 군부와 갈등을 빚고 대중적 인기가 하락하자 메가와티는 와히드 대통령과 거리를 두기 시작했다. 그리고 2001년 7월 23일 국민협의회가 와히드 대통령을 탄핵하고 부통령이었던 메가와티를 대통령직에 지명하자 이를 받아들여 인도네시아 5대 대통령에 올랐다. 정치적 능력이나 민주화 의지에 대한 의혹이 끊이지 않았지만 '수카르노의 딸'이라는 대중적 호감과 부패하지 않은 정치가라는 점이 메가와티를 대통령으로 만든 셈이다.

2004년 대통령 선거에 출마했으나 수실로 밤방 유도요노 현 대통령에게 패했다. 2007년 9월, 2009년 대선 출마 의사를 밝혔고 민주투쟁당은 그 녀를 대통령 후보로 지명했다.

1998년부터 벌어진 대규모 민주화 시위 때 한 번도 적극적으로 입장을 표명하지 않았고, 정치인으로서 대중 연설을 극도로 꺼리며 인도네시아 의 앞날에 대한 뚜렷한 정책과 비전을 제시한 적이 없다는 평가가 있다.

수실로 밤방 유도요노(Susilo Bambang Yudhoyono, SBY, 1949. 9. 9 ~)
6대 대통령 2004. 10. 20 ~ 2009년 현재

●●●

하비비와 와히드 내각에서 각각 에너지부 장관, 정치안보조정 장관 을 맡았던 유도요노는 메가와티 내각에서도 각료로 유임되었다. 하 지만 메가와티 정부의 정책결정 과정에서 줄곧 소외되어왔던 그는 2001년 민주당을 창당하고 2004년 최초의 직선 대통령 후보로 나 서 당선된다. 지지기반이 부실했던 유도요노는 거국 내각을 구성해 인도네시아 통합을 꾀하며 차기 대통령까지 노리고 있다.

동부 자카르타 중하층 가정에서 태어난 그는 어릴 때부터 군인이 되고 싶어 했다. 학 업뿐 아니라 글쓰기, 운동, 음악에도 특출했는데, 소원대로 1973년 인도네 시아군사학교Akabri, Academy of Indonesian Armed Forces를 최우수 학생으로 대 통령상을 받으면서 졸업했다. 그 후 전략예비사령부에 들어가 소대장이 되어 군인들에게 상식과 영어를 가르치기도 했는데, 유창한 영어 실력 덕 에 1975년 미국에서 초계비행 과정과 유격 과정을 마칠 수 있었다.

1976년 인도네시아로 돌아와 무장 독립투쟁이 벌어진 동티모르에 파 견되었다. 수많은 동티모르 시민이 학살당했던 이 시기에 전쟁범죄를 저 지르지 않았는지 의심을 받았지만 그에 대한 고발이나 기소는 없었다. 1982년에서 1985년 사이 미국, 파나마, 벨기에, 서독, 말레이시아에서 다 양한 훈련과정을 거친 유도요노는 1986년부터 1988년까지 발리·소순다 열도 지휘관으로 복무했다. 1991년에는 미국 웹스터대학에서 경영학 석사 학위를 받았다.

1997년 수마트라 지역사령관이었던 유도요노는 국민협의회 내 군부 대표로 임명되고 1998년 수하르토의 7대 대통령직 연임을 결정한 국민협의회 선거에 참가했다. 그것이 정치활동의 시작이었다. 수하르토 퇴진 뒤 그는 군대와 국가의 개혁 방향을 제안했는데 이것이 그의 대중적 인기를 높이는 역할을 했다. 그 후 중장으로 예편하고 하비비 내각 에너지부 장관이 된 유도요노의 인기는 더 올라갔다. 군부, 정치권, 국민 정서 세 가지 모두를 장악하지 못한 와히드 대통령의 인기가 떨어질수록 '차기 대통령 유도요노'의 가능성은 높아져갔다. 2000년 8월 개각에서 정치안보조정 장관이 된 유도요노의 임무는 군대의 정치개입을 중지시키는 것과 수하르토가 부당하게 축적한 부를 국고로 환수하는 것이었으나 수하르토 가족과 협상을 타결짓지 못했다.

2001년, 탄핵위기를 맞은 와히드 대통령이 국가비상사태를 선포해줄 것을 요구했으나 유도요노는 거부했다. 이 때문에 해임당했지만 한쪽 눈이 거의 보이지 않고 늘 '건강이상설'에 시달리던 와히드 정부에서 유도요노의 위치는 독보적이었다. 2001년 6월 와히드 대통령이 탄핵으로 물러나고 부통령이었던 메가와티가 대통령이 되자 유도요노는 부통령에 출마했지만 연합개발당의 함자 하즈Hamzah Haz에게 패했다. 메가와티 정부는 그를 정치안보조정 장관에 유임시켰는데, 2003년 5월 19일, 무장 독립투쟁을 벌이는 아체에 계엄령을 선포하고 인도네시아 역사상 최대 군사작전을 벌인 것은 그의 제안이었다.

2001년 9월 9일, 2004년 대통령을 노린 유도요노는 민주당을 창당한다. 2004년 3월 1일 유도요노 비서관 수디 실라라이Sudi Silalahi는 유도요노가 지난 6개월 동안 정부의 정치안보 부문 의사결정 과정에서 배제되어왔다고 언론에 공식 발표하며 이에 대한 해명을 대통령 메가와티에게 요구했다. 하지만 대통령은 대답을 회피한 채 3월 11일 내각회의에 참석하라고만 말한다. '대통령에게 버림받은 불쌍한' 유도요노라는 이미지 덕에 그에게 호감을 갖고 있던 사람들 사이에서 동정표 인기가 치솟았다. 내각회의가 있던 날 유도요노는 회의에 참석하는 대신 기자회견을 열어 정치안보조정 장관직 사임을 발표하고 대통령 후보 지명 준비를 마쳤다고 밝혔다. 2004년 총선에서 유도요노가 이끄는 민주당이 차지한 의석수는 7.5퍼센트에 그쳤지만 대통령 후보 등록 조건으로는 충분했다.

2004년 9월 20일, 인도네시아 최초로 시행된 대통령 직접선거 결선 투표에서 유도요노는 60.87퍼센트의 지지를 얻어 메가와티를 제치고 여섯 번째 인도네시아 대통령에 당선되었다. 유도요노는 여러 정당 정치인들과 전문가들을 포함하는 거국 내각을 구성했고 공약한 대로 서른여섯 명 각료 가운데 네 명을 여성으로 임명했다. 2005년 7월에는 소외계층 학생들을 지원하는 프로그램을 운영하는 등 국민 친화적인 정책을 펴기 시작했는데, 수십 년 집권정당이었던 골카르당과 대중적 지지기반이 든든한 민주투쟁당이 장악한 국민협의회에서 유도요노와 민주당이 가진 영향력은 약한 편이다. 2005년 5월 입원한 수하르토를 문안하고 공개적으로 수하르토에 대한 국민적 용서를 제안했다. 2005년 5월 민주당 첫 번째 전당대회에서 당 대표로 선출되었다.

운전사 토모와
인도네시아식 친절

　1년 전쯤 운전기사를 구하다가 토모를 만났다. '면접'을 보는 날 토모는 바스락 소리가 나도록 다린 흰 줄무늬 셔츠에 흠잡을 곳 없이 날을 세운 바지, 번쩍번쩍 광이 나는 신발을 신고 왔다. 정작 나는 집에서 늘 그렇듯 티셔츠에 반바지 차림이었으니 토모와 극적인 대조가 됐다. 쉰셋의 그는 인도네시아 최대 맥주회사 비르빈탕Bir Bintang 같은 대기업에서 일한 경력이 있었다. 솔직히 말하면 그를 채용하는 게 좀 부담스러웠다. 나는 수입이 그저 그런 프리랜서 저술가여서 토모가 전에 받았던 대우에 맞추기 힘든 처지였다. 그래서 우선 운전을 해주는 날만 돈을 주는 일당 계약을 맺었다. 그의 옷차림은 점점 캐주얼해졌지만 직업정신은 변함없이 투철했다. 얼마 있다가 나는 그가 좋은 운전사라고 믿고 정식으로 고용했다.

　인도네시아에서는 좋든 싫든 내 집 지붕 밑에 사는 사람들과는 '고용주와 고용인'을 넘어 가족처럼 얽히는 경우가 많다. 한 집에 살지는 않았지만 나는 토모를 우리 집 식구로 여겼고, 그도 예전 상사와 달리 내가 친구처럼 존중해주는 걸 알고 좋아했다. 그는 때로 우리 집 일을 봐주는 다른 사람들과 내 사이에서 중재자 역할을 맡았다. 나이도 들 만큼 들었고 경험도 많았기 때문에 내 입장을 이해하면서 상황을 매 끄럽게 이끌었다. 나도 토모네 소소한 가정생활까지 신경 쓰며 해결 책을 찾아주었다. 새 틀니 맞추기, 딸의 오토바이 값 흥정, 열한 살 아들의 포경수술까지. 모두 기본적으로 '돈이 드는' 일이었고, 나는 기꺼이 도왔다.

하여튼 이렇게 살아가면서 나는 토모를 통해 인도네시아의 모순을 보곤 했다. 첫째는 '식구 같은 친근한 태도'와 '공적인 관계' 사이의 균형 문제였다. 그의 프로 정신을 대변하던 말끔한 옷차림이 지저분해지고 반짝이던 구두가 낡은 가죽 슬리퍼로 바뀌어서가 아니다. 고용주와 고용인의 계약은 미뤄두고 개인 사정을 먼저 고려해달라는 태도를 보인 탓이다. 얼마전 토모에게 "저녁 나들이를 할 일이 있으니 5시까지 집으로 와달라"고 말했다가 계획이 바뀌어서 "저녁이 아닌 아침에 오라"고 휴대전화 문자메시지를 보냈다. 토모는 제시간에 왔지만, 내가 차에 타자마자 불평을 늘어놨다.

"뭐예요, 사모님, 갑자기 계획을 바꾸면 어떡해요. 전에 모셨던 한국인 상사가 나에게 줄 게 있다고 오늘 오라고 했단 말이에요. 그 양반은 오늘 저녁 자기네 나라로 돌아가니까 이제 만날 시간이 없다고요."

나는 맞받았다.

"언제부터 고용주가 고용인의 스케줄에 맞춰야 하는 걸로 변했죠? 거기다가 나는 당신한테 약속이 있었는지도 지금 처음 들었어요."

"에이, 사모님, 내가 뭐 자주 그러는 것도 아니고, 그리고 우린 가족이나 마찬가지잖아요. 그렇지 않나요?"

'알았어요, 토모 씨, 우린 가족 같은 사이니까 그럼 이번 달에는 당신 월급 좀 반으로 줄입시다'라고 목까지 치밀어 오르는 말을 간신히 참았다. 토모의 태도는 인도네시아 사람들의 전형적인 행태 두 가지를 그대로 보여줬다.

하나는 조금만 잘해주면 더 많은 것을 내놓으라는 태도와 상대방의 호의를 교묘하게 이용하고 뜯어내려 드는 관행이다. 이런 사고방식은 우리 사회를 망치는 부패와 측근 챙기기의 밑바닥에 깔려 있다.

국가에서 일하라고 돈을 주는 사람들 모두가 자신들은 원하는 걸 챙길 자격이 있다고 생각하고, 또 그렇게 해도 아무런 처벌을 받지 않는다. 특히 공무원들은 제 몫 챙기기를 당연한 권리로 여기면서 대놓고 뇌물을, 그들 식으로 말하면 '보너스'를 요구하기도 한다. 토모와 수뢰 공무원 중 누가 먼저고 누가 나중일까?

또 하나는 관습을 핑계로 무책임한 행동을 정당화하는 태도다. 그는 최근에 아내에게 알리지도 않고 두 번째 부인을 얻었다. 그의 말로는 "애인도 나도 내 아내에게 상처를 주길 원치 않기 때문"이라니 참으로 훌륭하고 위험한 태도다! 아내가 알고 모르고를 떠나서 혼인 관련 법률은 무슬림이 새 아내를 얻으려면 종교 법정의 허가를 얻도록, 또 첫 번째 아내의 동의를 반드시 얻도록 정해놓았다. 아내를 여럿 얻는 남성들은 그래서 대부분 법망을 피해 자기와 친한 이슬람 학자를 불러 '비공식 결혼'을 한다. 이런 불법 중혼은 징역형을 받을 수 있는 분명한 범죄인데도 말이다.

인도네시아에서 벌어지는 모든 중혼은 거의 불법이다. 정부는 법원에서 정식 혼인신고를 한 사람들만 세어 "중혼은 매우 드물다"고 주장하지만, 인도네시아 전역에서 날마다 일어나고 있는 현실을 무시한 결과다. 중혼은 대략 세 가지 형태다. 첫 번째 방식은, 남편이 첫 아내와 사실상 헤어져 두 번째 아내와 함께 사는 경우다. 첫 부인은 남편 집에 그대로 머물지만 실제로는 소박맞은 처지다. 그러나 법적 지위는 여전하고, 운이 좋으면 경제적 권리도 누릴 수 있다. 두 번째 는 본질적으론 '바람 피우기'지만 토모처럼 겉으로만 이슬람 계율을 교묘하게 끌어들여 마치 합법적인 일부다처인 양 구는 것이다. 세 번 째는 성매매나 다름없는데 여성이 남성에게 섹스 대가로 돈을 받는 '계약'을 하는 방법으로 대개 오래가지 않는다. 이런 결혼들 탓에 첫 부인은 정서적 고통을 받고, 두 번째 세 번째 부인들은 법적 권리를 누리지 못한다. 남편이 죽거나 이혼을 할 때엔 합법적 결혼이 아니었 다는 이유로 아무 권리도 행사할 수 없는 까닭이다.

인도네시아에서는 결혼도 쉽고 이혼도 쉽다는 건 다 아는 사실이 다. 시골에선 수확 철에는 결혼이 많아지고, 가뭄이 오면 이혼이 늘어 나는 식으로 계절에 따라서 벌어지기도 한다. 다 자란 성인들이야 서 로 합의해 헤어진다 해도, 그들이 낳은 어린아이들은 어떻게 될까? 그 아이들의 앞날은 대부분 암울하고 절망적이다. 특히 1997년 경제위기 뒤로는 혼인신고를 하지 않은 중혼 부부의 이혼이 크게 늘었다. 그들 사이에 아이들은 과연 몇 명이나 될 거며, 그 아이들의 삶은 어떨까.

그래서 어른들은, 특히 아이를 둔 남자들은 발정 난 짐승처럼 섹스 할 기회를 찾아다니기 전에 해야 할 일과 해선 안 될 일을 생각해봐야 한다. 특히 자식들에게 어떤 영향이 미칠지 말이다.

국가 차원에서도 마찬가지다. 우리는 수하르토 정권 시절 흥청망 청 돈을 써댔던 국가 지도자들과 기업가들이 진 빚을 갚느라 지금까 지도 막대한 돈을 쓰고 있다. 그사이 교육시스템은 내팽개쳐졌다. 인 도네시아는 동남아국가연합ASEAN 회원국들 중 국내총생산에서 교육 예산이 차지하는 비중이 가장 작은 나라다. 그러니 앞날이 어떻게 되겠는가!

    다 자란 토모의 딸은 자주 우리 집에 전화를 걸어서 아빠가 정말로 지금 근무를 하고 있는지 물어보곤 했다. 이미 이상한 낌새를 챘던 것이다. 가족들이 토모가 하는 짓을 알게 된대도 무슨 뾰족한 수가 있겠는가. 돈만 많이 들고 얻을 건 별로 없는 법의 손을 빌려봐야 뾰족한 수가 없다는 걸 알고들 있을 테니까. 토모는 늘 하던 대로 웃음을 날리며(혹은 강압으로), 불쌍한 첫 아내에게 '다른 남자들도 그렇게 한다'고 하겠지. 이런 무책임은 국가가 먼저일까, 아니면 토모가 먼저일까.

권력을 물려받은
여성들

영국 여왕 엘리자베스 1세의 일대기를 그린 영화 〈골든 에이지 Elizabeth: Golden Age〉를 봤다. 헨리 8세의 딸 엘리자베스가 영국에 영광을 안겨줄 수 있었던 것은 주도면밀함에 행운이 겹친 덕분이었지만, 강철 같은 성격이 가장 큰 역할을 했다. 애인을 여럿 두었으나 의회의 청원을 수차례 물리치며 결혼을 거부한 엘리자베스는 '버진 퀸 Virgin Queen' 즉 '처녀 여왕'으로 불린다. 여왕은 "나는 영국과 결혼한 몸", "결혼한 여왕이 되느니 결혼 안 한 거지로 남는 편이 낫다"는 유명한 말을 남겼다.

그녀는 왜 그렇게 결혼을 혐오했을까? 아마도 남편 탓에 통치력이 약해진 여왕들, 특히 외국 남성과의 결혼이 외세 개입을 부른 전례를 많이 봤기 때문이리라. 엘리자베스는 "아무도 나를 통치할 수 없다. 내 나라에는 오직 한 명의 여주인이 있을 뿐, 남자주인은 없다"고 공언했다. 실제로 그녀의 국가 통치에 남자의 도움 따위는 필요하지 않았다. 강한 통치자였던 엘리자베스를 몰아내려는 음모가 판쳤다는 사실은 놀랍지 않다. 음모꾼들 중엔 한때 그녀와 동맹을 맺었던 자나 연인들도 있었다. 암살 기도도 여러 차례다. 엘리자베스와 동시대를 살았던 작가 윌리엄 셰익스피어는 "왕관을 쓴 거짓말쟁이"라고 그녀를 비난했다지만, 권력을 쥔 여성에게 그런 비난은 늘 따라붙는다.

2007년 12월 암살당한 파키스탄의 전 총리 베나지르 부토Benazir Bhutto, 버마 민주화 투쟁의 상징 아웅산수찌Aung San Suu Kyi와 필리핀 대통령 글로리아 마카파갈 아로요Gloria Macapagal Arroyo 그리고 인도네시아 전 대통령 메가와티 수카르노푸트리. 우리 시대 아시아를 이끄는 여성 지도자들은 모두 종교권력과 불화했고 성 차별이 만연한 격동의 시대를 살았다. 특히 메가와티와 베나지르는 여성을 지도자로 인정하지 않는 종교적 극단주의를 헤쳐가야 했다.

그들과 엘리자베스 여왕은 모두 아버지로부터 권력기반을 물려받았다는 공통점이 있다. 어떤 이들은 이 점을 들어 여성 지도자들을 깎아내린다. 하지만 아버지의 유산을 받았다 해서 그들이 수월하게 살았다 말할 수 있을까? 아버지의 유산은 영광이기보다 족쇄였다. 아버지의 그림자에서 벗어날 수 없었고 아버지와 비교되는 것에 끝없이 맞서야 했고, 여성이어서 스스로를 더욱 단련해야 했다(나라를 잘 다스리는 일에 페니스가 어떤 도움이 되는지는 알 수 없지만).

게다가 그들이 물려받은 특권과 권력에는 항상 암살과 같은 위험이 따라붙었다. 아웅산수찌는 지금도 위협 속에 살고 있고 메가와티와 아로요도 이슬람극단주의자들로부터 살해 위협을 받아왔다. 메가와티 대통령을 대통령궁에서 암살하려던 제마아이슬라미야의 음모가 발각되기도 했다.

여성 지도자들의 삶은 대개 비슷하다. 타인을 지배하기는 누구에게나 힘들겠지만 여성이 남성 중심적인, 심지어 여성에게 적대적인 사회를 다스리기는 특히나 어렵다. 그래서 여성 지도자들은 초인超人이 되어야만 하는가 보다. 암살당한 베나지르도 예외가 아니었다. 아버지 줄피카르 알리 부토 전 총리 후광에 힘입어 총리 자리에 앉았지만 엘리자베스가 자기 힘으로 위대해졌듯, 베나지르도 스스로 뛰어난 역량을 지녔다. 베나지르는 미국 하버드대학과 영국 옥스퍼드대학에서 정치학과 철학, 경제학을 공부했고 1976년 아시아계 여성으로는 최초로 옥스퍼드대학 학생회장에 선출됐다. 명민하고 아름다웠던 그녀는 무능한 관리들로 가득 찬 나라를 현대적이고 새로운 국가로 변화시키고 싶어 했다.

사람들은 쉽게 헐뜯지만 메가와티도 여러 가지 면에서 뛰어난 인물이다. 2004년 미국 경제전문지 〈포브스Forbes〉는 그를 '세계에서 가장 영향력 있는 여성' 8위에 올렸다. 메가와티가 리더십이 없다고 비판하는 사람들에게 전임자 압둘라만 와히드 대통령 시절 마이너스로 내려앉았던 경제성장률을 다시 올려놓은 사람이 누구였는지 묻고 싶다. 이 나라가 국제통화기금 구제금융에서 벗어나고 안정을 되찾은 때는 메가와티 재임기였다.

침묵하는 메가와티는 가끔 바보처럼 보인다. 대통령 재임 시기에 중요한 정치 사안에도 입을 다물어 우리를 짜증나게 만들기도 했다. 하지만 지금 보이는 것만으로 단정할 수 없는 일들도 많다. 인도네시아 초대 대통령이었던 아버지 수카르노가 1965년 쿠데타로 권좌에서 밀려나면서 들이닥친 운명을 지켜보면서 그녀는 '침묵의 힘'을 깨달은 것은 아닐까. 엘리자베스 여왕의 좌우명 역시 '보지만 말은 하지 않는다'였다. 지켜보기는 안타깝고 답답했지만 실제로 침묵은 메가와티를 정치적 위기에서 여러 차례 구해주었다.

메가와티의 아버지 수카르노를 몰아낸 독재자 수하르토의 '과묵함'도 유명했다. 그런데 그에게 '멍청하다'고 하는 사람은 없다. 재미있지 않은가? 메가와티의 침묵은 문제지만, 수하르토의 침묵은 문제가 되지 않는다. 여기에도 성별에 따른 편견이 자리 잡고 있다. 남자가 나서서 싸우면 '결단력 있다' 하고, 여자들이 나서면 '공격적이다'라고 한다. 입을 다문 남자는 '사려 깊은' 사람이고, 말을 아끼는 여자는 '아둔한' 사람이 된다. 유도요노 대통령은 메가와티 정부 각료를 지냈고 그가 이끄는 정부는 사실상 메가와티 정부의 연장선에 있다. 그런데도 유도요노 대통령이 메가와티 정부에게 쏟아지던 비난을 피해갈 수 있는 것은 그가 남자인 덕이 크다.

엘리자베스 시절의 영국처럼 지금의 인도네시아와 파키스탄도 통치하기 쉬운 나라가 아니다. 누가 국가 지도자가 되든지 엄청난 도전과 난제들에 부딪힐 수밖에 없을 것이다. 인도네시아와 파키스탄이 안고 있는 문제들은 한 차례 대통령 임기로는 어림없고, 한 세대를 거쳐도 풀기 힘든 것들이다. 남성 지도자들이 해결할 수 있는 만큼, 딱 그만큼만 여성 지도자들도 해결할 수 있다는 사실을 사람들이 제발 잊지 말았으면 좋겠다. 또 여성 지도자들은 남성 지도자들 못잖게 국가에 헌신한다는 이유만으로 생명의 위협을 받곤 한다는 사실도 함께 기억해주었으면 좋겠다. 베나지르가 암살당한 뒤 파키스탄은 나아지기는커녕 더 혼란스러워졌다. 어쨌든 그녀는 순교자가 됐고 그녀의 암살을 계기 삼아 추종자들이 집결하고 있다. 이로써 베나지르의 이름은 희망의 상징으로 남게 됐다.

잘잘못을 떠나 베나지르는 조국을 위해 죽을 각오까지 하고 있던 사람이었다. "내 백성들의 안전을 위해서라면 내 피를 아끼지 않을 것"이라 말했다는 엘리자베스처럼. 엘리자베스는 이런 말도 했다.

"그 어떤 폭력도 나에게 아무것도 강요할 수 없다." 베나지르의 나라 사람들이 이 말을 들었어야 하는데.

깊이읽기: 제마아이슬라미야(JI. Jemaah Islamiyah)

'회교도 모임'을 뜻하는 제마아이슬라미야는 인도네시아, 말레이시아, 남부 필리핀, 싱가포르, 브루나이 등지에 이슬람 국가를 건설하겠다는 목적으로 활동하는 남동아시아 이슬람 무장조직이다. 유엔은 2002년 10월 25일에, 미국은 2002년 발리 폭탄 테러 사건 이후에 제마아이슬라미야를 '지켜보아야 할 테러조직' 명단에 올렸고 인도네시아 법원은 2008년 4월 불법조직이라고 발표했다.

미국 등 서구 정보기관들에 따르면 아부 바카르 바시르와 압둘라 순카르Abdullah Sungkar가 공식적으로 제마아이슬라미야를 만든 시기는 1993년 1월 1일로 수하르토 정부의 기소를 피해 말레이시아로 도망가 있던 때였다. 그들은 인도네시아와 남동아시아에서 '테러와의 전쟁'을 주도하는 미국과 서구가 가진 지배력에 주목하고 이들을 공격 대상으로 삼았다.

1990년대 제마아이슬라미야의 활동은 알카에다 등 무장조직들의 자금과 병참 지원 정도로 소극적이었는데 1998년 수하르토가 퇴진하자 인도네시아로 돌아온 바시르는 무장투쟁을 선언했다. 자바 중앙정부에서 지리적으로 멀리 떨어진 분리·독립투쟁 지역에서 중앙군의 통제력이 약화된 것도 제마아이슬라미야에게는 기회였다.

그들이 세상에 알려진 계기는 2002년 10월 12일 발리 폭탄 테러 사건이었다. 배낭과 주차 차량을 이용한 두 번의 연이은 폭탄 테러로 202명이 사망한 발리 사건 이후 일어난 2004년 자카르타 쿠닝안Kuningan의 매리어트호텔 폭발 사건, 2004년 자카르타 주재 오스트레일리아 대사관 폭발 사건, 2005년 발리 테러리스트 폭발 사건과 남부 필리핀에서 일어난 십여 차례 폭발 사건들은 모두 제마아이슬라미야 소행으로 추정된다. 이 가운데 법원이 제마아이슬라미야 행위라고 판결한 것은 2002년 발리 폭발 사건 뿐이다.

발리 폭탄 테러 사건 뒤 인도네시아 당국은 이 조직을 겨냥한 대대적인 검거 작전을 벌여 4백 여 조직원을 검거하고 고위 지도자를 포함한 250명 이상을 기소했다. 그 결과 제마아이슬라미야의 중앙 명령 관리 체계가 타격을 입어 지부 조직들이 독자적으로 움직이고 있다. 인도네시아 정보 당국은 2007년 4월 이 조직이 자신들에게 적대적인 최고위급 인사와 테러 관련 사건을 다루는 경찰 간부, 검사, 법관을 겨냥한 암살팀을 꾸렸다고 밝혔다.

2008년 4월 남부 자카르타 지방법원은 조직의 전 지도자 자르카시Zarkasih와 무장조직 사령관 아부 두이아나Abu Dujana에게 15년 형을 선고하면서 제마아이슬라미야가 불법조직이라고 밝혔다. 하지만 정신적 지도자로 알려진 바시르는 시종일관 제마아이슬라미야의 존재 자체를 부정하고 있다.

아부 바카르 바시르(Abu Bakar Ba'asyir, 1938. 8. 17 ~)

바시르는 식민지 인도네시아 자바 동부 좀방Jombang에서 태어나 자바에서 대학을 졸업한 후 인도네시아 이슬람 청년조직에서 주도적으로 활동했다. 1972년 친구들과 자바에 예배와 종교적 토론을 하는 기숙학교 알무크민Al-Mukmin을 세우는데 이 학교는 이슬람 고등교육기관 마드라사

Madrasah를 거쳐 이슬람 기숙학교 프산트렌으로 발전했다.

수하르토 집권기에 국가 통치이념으로 내세웠던 판차실라를 부정하고 샤리아 시행을 주장하며, 자신의 학교에서 인도네시아 국기에 대한 경례 시행을 거부했다는 등의 이유로 1978년과 1982년 재판 없이 구금된다. 풀려난 뒤 1985년 세계적인 불교 유적 보로부두르 폭발 사건 연루 혐의를 받았으나 말레이시아로 도주했다. 미국은 바시르가 도주 기간에 제마아이슬라미야를 세웠다고 주장한다. 수하르토 퇴진 후인 1999년 인도네시아로 돌아와 샤리아 시행을 다시 외치고 있다.

바시르는 제마아이슬라미야의 이념적 대부라고 알려졌지만 공식적으로 인정할 만한 증거는 없다. 그는 제마아이슬라미야라는 조직의 존재 자체를 부정하며 2002년 발리 폭탄 테러 배후는 CIA와 이스라엘이라고 주장한다. 2003년 4월 4일 반역(메가와티 암살 모의), 입국관리 업무방해 등의 혐의로 기소되었는데 입국관리 업무방해 혐의만 인정되어 3년 금고형을 선고받았으나 모범적 수형생활로 20개월 만에 풀려났다.

바시르는 2004년 10월 15일 다시 체포되는데 열네 명이 살해당한 9월 5일 자카르타 매리어트호텔 폭발 사건과 2002년 발리 폭탄 테러 연루 혐의였다. 2005년 3월 3일, 발리 폭탄 테러 혐의만 인정되어 30개월 금고형을 선고받았다. 하지만 2005년 인도네시아 독립기념일 특사로 감형 받은 바시르는 2006년 6월 14일 검은 재킷을 맞추어 입은 40명 경호원의 호위를 받으며 지지자들의 환호 속에 출소했다.

2006년 9월 그는 2002년 발리 사건은 자신들이 설치한 강도 낮은 폭탄을 미국 CIA가 '소형 핵 무기'로 바꿔 사고가 커졌다고 주장했다. 발리 사건과 연관 지을 만한 그의 발언들("지하드를 위한 순교보다 고귀한 삶은 없다"(2005), "발리 관광객들은 벌레, 뱀. 구더기", "발리는 오스트레일리아가 만든 부도덕의 온상"(2008))과 폭파범들의 공개적 범행 인정 그리고 공공연한 중거들에 반하는 발언이었다. 쉽게 풀려난 바시르와 달리 폭파범들은 2008년 11월 9일 사형되었다.

그는 오사마 빈 라덴과 사담 후세인에게 공감을 드러냈지만 그들이 벌인 "전면전에는 동의하지 않는다"고 했고, 9·11은 미국과 이스라엘이 아프가니스탄과 이라크의 무슬림을 공격할 구실을 만들고자 저지른 위장 공격이라고 주장했다. 서방 언론은 바시르를 살상을 부추기는 극단적 이슬람근본주의자로 그리는 반면 바시르는 미국과 이스라엘을 테러리스트로 보는 셈이다.

팔지 못할 것은 없다

　서자바 수카부미Sukabumi 지역 한 마을에서 고무 플랜테이션 농장들을 돌며 젠더(섹스)가 생산에 미치는 영향을 조사한 적이 있다. 그때 나는 젊은 이혼녀를 가리키는 독특한 표현을 발견했다. 주로 어린 나이에 결혼했다 이혼한, 대부분 아직 10대인 소녀들을 가리키는 '낭카 부숙' 즉, '썩은 빵나무 열매'라는 말이다. 달착지근하고 시큼한 냄새를 풍기는 썩은 빵나무 열매에는 파리가 잘 꾄다. 그러니 이 말은 한번 결혼해 '금단의 열매'를 맛본 경험이 있는 이혼녀가 처녀보다 더 매력적이라는 뜻을 담고 있다. 여기서 '매력'은 물론 '성적 매력'을 말한다.

　과부와 이혼녀를 매춘업에 종사하게 해 관광수입을 늘리자고 제안한 친애하는 유숩 칼라 부통령은 어쩌면 수카부미의 치탄도Citandoh 마을 출신인지 모르겠다. '낭카 부숙'에 조예가 깊고 농익은 과부, 이혼녀의 매력을 그렇게 잘 아는 걸 보면 말이다. 칼라가 인도네시아의 암울한 미래를 걱정해서 고민 끝에 내놓은 제안인 것만은 틀림없다. 들척지근한 썩은 빵나무와 더 달콤한 냄새를 풍기는 돈, 이 둘을 결합해 우리 경제에 활력을 주려 했다니, 머리 한번 잘 썼다.

논리는 단순하다. '오랜 위기에서 경제를 살려내려면 우리가 가진 모든 자원을 개발해 투자자들을 끌어들여야 한다. 그런데 인도네시아의 광산업은 엉망진창이고, 비즈니스는 테러리즘 탓에 움츠러들었다. 그러니 값을 쳐주는 손님들이 있을 때 우리네 여성들이라도 내다 팔아야 하지 않느냐'는 것이다. 칼라는 특히 돈이 필요한 매력적인 이혼녀들에게 중동의 석유 부자들이 쉽게 접근할 수 있도록 함으로써 (섹스) 관광산업을 활성화하자고 제안했다. 그러면서 그는 자카르타 변두리 푼착Puncak 리조트를 그런 관광산업 중심지로 만들자고 나섰다.

맞다, 이것은 모두 상호 필요가 만든 수요와 공급 문제다. 인도네시아는 수입이 필요하고 중동 남자들도 음…… 원하는 게 있다. 칼라가 벌써 사려 깊게 지적했듯이 젊은 이혼녀도 얻는 게 많다. 현대적인 집에 살 수 있고 잠깐 맺은 관계에서 태어난 중동 피가 섞인 잘생긴 새 세대가 자라나 TV 스타가 되면 점점 더 많은 돈을 벌어들일지도 모르고. 멋진 아이들, 멋진 엄마들, 멋진 인도네시아! 섹스 관광이 붐을 이루고 삼류 드라마와 가십이 넘쳐나는 나라! 왜 다들 더 일찍 이 생각을 못 했을까! 칼라 부통령이 부디 그 원대한 구상을 실현시키길 바라면서, 제안하고 싶은 광고가 생겼다.

"국가경제를 살리고 국제 친선을 도모하기 위해 결혼생활이 완전히 끝장난, 숙련된 이혼녀를 찾습니다. 아랍어 기초 회화 가능한 사람, 성욕 충만한 10대 특히 환영! 매력을 타고난 가족 단위 신청자 우대, 매트리스와 타월은 무료 제공."

칼라의 이 발언이 알려지자 많은 여성운동가가 들고 일어나 사과를 요구했다. 그러나 내가 보기에 칼라는 우리 사회의 상식에서 벗어난 인물이 아니다. 오히려 그 반대다. 그는 자랑스러운 인도네시아의 역사적 전통을 따르려 했을 뿐이다. 인도네시아 남자들은 대대로 집안 여자들을 팔아넘기는 데 능했다. 술탄과 남아시아의 과거 부족장들은 이슬람왕국 후궁들을 네덜란드 식민통치자들의 첩실로 넘겼고, 일본 점령기간에도 숱한 여성이 군 위안부로 치욕과 고통을 겪어야 했다.

이런 관행은 오늘날까지 남아 있다. 1990년대 이후 돈을 벌려고 해외에 나가는 여성들이 계속 느는 인도네시아는 세계적인 인력수출국이다. 외국으로 나가지는 않았지만 가족과 떨어져 살며 일하는 '국내 이주노동자'도 많다. 인신매매에 기댄 섹스 산업도 갈수록 확장세다. 꽤 많은 여성이 아이 키울 돈을 벌고자 성노예가 되어 이 나라 경제를 지탱한다. 아내가 돈 벌러 나가 있는 동안 새 아내를 얻는 남성들도 있다는데, 산다는 게 다 그러니 어쩌리. 칼라 같은 현명한 남정네들이 말했듯 남자라는 족속을 오래 홀로 남겨두려면 그런 위험쯤은 감수해야 하는 법이다.

소녀들이여, 너무 슬퍼 말라. 사실 우리 정부는 너무 너무 바쁘단다. 부패 조사를 어떻게든 미루려고 애쓰느라, 비리를 저질러 잡혀간 독재자 수하르토의 아들 토미 수하르토Tommy Suharto*를 한시 바삐 풀어줄 방법을 찾느라 몹시도 바쁘단다. 그러니 모든 일에 정성을 기울이라고 말한들 누가 귀를 기울이겠니. 개인적인 소회를 말하자면, 칼라 같은 인물을 부통령으로 둔 것도 일종의 행운이란 생각이 든다. 멋

---

* 1962 ~ . 자신을 독직 수뢰로 유죄 판결한 판사 암살을 청부한 죄로 2002년 15년 금고형을 받은 뒤 10년으로 감형되었다. 2006년 10월 30일 수감 4년 만에 조건부 석방되었다.

진 콧수염을 기른 그는, 인도네시아의 남성 지도자들의 행태를 되새기게 해주는 인물, 우리의 역사를 한몸에 구현하고 있는 인물이니.

　그저 걱정이 있다면 저 멍청한 짓거리가 계속돼 푼착과 수카부미의 여러 곳 '썩은 빵나무 열매'들이 여성운동가 대열에 동참하는 사태가 빚어질까 하는 것이다. 여성운동가들이 늘 읊조리는 '여성에 대한 부당한 대우'에 이혼녀들마저 눈을 뜨게 되면 '발정난 아랍 관광객을 위한 서비스' 따위는 물 건너갈 게다. 그거야말로 칼라에겐 통탄할 일일 텐데.

포르노금지법안이
노리는 것*

인도네시아의 '개혁'은 국가의 통제와 폭력, 사회적 억압으로 지탱했던 수하르토 신질서 체제가 만든 사슬을 푸는 작업이다. 신질서 체제를 해체하는 핵심은 중앙집권화된 권력을 풀어 여러 지역 단위에 자치를 허용하는 일이다. 2005년 말부터 잇달아 실시한 지방자치 선거들은 수십 년 동안 이 나라가 겪었던 변화 가운데 가장 극적이었다. 선거를 모두 219차례 치렀고, 이 가운데 40퍼센트가량의 선거에서 지방자치 단체장이 바뀌었다. 이러한 지방자치 선거를 통해 '새로운 엘리트'가 떠오르면서, 1998년 수하르토 축출 뒤 시작된 사회변혁이 더 널리, 더 적극적으로 이루어졌다.

하지만 사실 '새로운 엘리트'에 '낡은 엘리트'도 끼어 있다. 30년

---

* 이 칼럼은 저자와 남편 팀 린지가 함께 썼음. 본문에 나오는 '엘리트'는 지적, 문화적 엘리트 뿐 아니라 경제적, 정치적 특권층까지 포함한 의미로 쓰였다.

전 신질서 체제가 시작될 때 수하르토 쪽에 붙었던 많은 엘리트가 '개혁세력'이라는 가면을 쓰고 돌아온 것이다. 그들은 대개 남성이며, 관습법이나 종교 같은 전통적인 장치에 기대어 권위를 누린다. 쉽게 말하면 새로 뽑힌 지방 지도자들 역시 그전의 지배층처럼 보수적이고 억압적인 가치관을 빌려 정통성을 주장한다. 그들이 내세운 보수적 가치관은 대개 전통으로 내려온 '지역의 종교적 정체성'과 이어져 있다. 과거에 자카르타 중앙정부에서 파견한 지방 관리들이 민족주의와 국가 현대화를 내세웠던 것과 다른 점이다. 하지만 개혁세력 역시 보수적이다.

그래서 겉보기엔 새롭지만 실제로는 구태의연한데, 이 '낡은 새 엘리트들'은 자기가 맡은 행정구역을 넘어서 전국에 영향을 미친다. 그들은 수하르토 정권 시절 공작정치를 펴던 이들과는 다르다고 강조하면서, 지역 여론을 주도하는 이슬람집단 같은 보수파의 환심을 사려고 보수 이슬람 입맛에 맞는 사회적 의제를 내걸기도 한다. 그래서 관습법이나 샤리아에서 끌어온 보수적 도덕 규범을 주州나 군, 구 등 지역 차원의 규범으로 만들고 있다. 이런 현상은 아체에서 두드러지는데 이 생활규범들은 여성을 눈에 띄게 차별한다. 특히 자카르타 외곽 탕그랑과 치안주르Cianjur, 파당Padang, 남술라웨시처럼 종교적, 사회적 다양성이 강한 지역에서 새로 적용한 이슬람 규범이 더 심한 분열을 일으키고 있다.

1945년 독립 후 인도네시아 헌법은 샤리아를 비롯한 종교규범을 배제해왔지만 최근 도입한 몇몇 사회규범의 뿌리가 이슬람 보수주의에 있음은 분명하다. 2002년 극단적 이슬람주의자 아부 바카르 바시르를 비롯한 이슬람 강경파는 인도네시아 국민협의회에서 모든 무슬림이 샤리아를 따르도록 강제하는 '자카르타 헌장'을 헌법에 집어넣으려다 실패했다. 국가 차원의 샤리아 운동이 실패하자, 지역을 기반 삼아 곳곳에서 따로 움직이며 꽤 성과를 거둔 이슬람 보수주의 운동 이 서로 연계하고 있다.

엄청난 논란을 불러일으킨 포르노금지법안[RUUAP]은 이슬람 보수주 의 영향력이 전국에 미치기 시작했음을 보여주었다. 오늘날 일상적인 행동양식을 전통·종교 문화규범에 어긋난다는 이유로 금지한다는 면에서 포르노금지법안은 자카르타 일대에 퍼져 있는 지역 이슬람 규 율 프르다의 전국 확장판이라 할 수 있다.

만일 이슬람 보수파들의 포르노금지법안이 그대로 통과됐다면 예 술작품에서 '표현의 자유'를 심각하게 억압했을 것이다. 게다가 이미 음란물을 규제하는 법안은 있다. 문제는 법이 없는 게 아니라, 이 법 이 포르노 제작자들이 아닌 젊고 실험적인 예술가들을 잡아들이는 데 악용되고 있다는 사실이다. 특히, 내용을 들여다보면 이 법은 여성이 공개된 공간에서 활동하고 섹슈얼리티를 드러내는 행위를 금지한다.

이들은 '부부 침실' 밖에서 여성이 섹슈얼리티를 드러내는 행동은 포르노라는 인식을 바탕에 깔고 있어서 여성들이 집 밖에 나와 돌아 다니는 것 자체를 음란한 행위, 범죄로 본다. 집 밖에서 키스나 손을 잡는 것 같은 애정표현, 가슴, 허벅지, 배꼽, 심지어 머리카락과 어깨, 다리 등 '민감한 부위'를 노출하는 행위도 모두 규제 대상이 된다. 예 술작품에서 여성들이 섹슈얼리티를 비롯해 자유로운 표현을 담을 수 없는 것은 말할 필요도 없다. 실제로 대도시인 탕그랑[Tangerang]*에서조 차 여성들이 립스틱을 발랐다는 이유로 경찰에 체포되고, 자카르타

---

* 자카르타 서쪽에 있는 대도시로 반뜽(Banteng) 주의 주도이다. 자카르타에서 탕그랑까지 이어지는 대도시들을 '자보데타벡 광역도시권'이라 부른다.

시내에서는 미국 남성잡지 〈플레이보이〉 사무소가 이슬람 세력의 습격을 받았다*. 세상에, 21세기에 말이다.

여기에 역설이 있다. 수하르토 이후 개혁은 지난날 침묵을 강요당했던 수백만 인도네시아인에게 제 목소리를 찾아주기 위해 시작됐다. 그러나 이제 개혁은 국민의 절반인 여성들을 억눌러 독재정권조차 허용했던 한 줌 권리마저 빼앗는 정치행위로 변질되고 있다. 이런 탓에 지역에 정치적 민주주의를 확산시키려던 탈중앙집권화는 오히려 여성이나 비무슬림에게는 일상에서의 민주주의를 박탈하는 결과를 가져올 수도 있다. 신질서가 끝나면서 가장 크게 이익을 얻은 집단인, 탄압당하던 정치인과 이슬람 지도자들은 새로운 법을 통해 과거 그들이 수하르토에 맞서 싸우며 얻고자 했던 정치 참여와 표현의 자유, 사상의 자유를 위협하고 있는 셈이다.

무엇보다 포르노금지법안은 '여성에 대한 모든 형태의 차별을 근절하며 모든 성별 집단에는 그러한 차별에 맞서 싸울 권리가 있음을 보장한다'는 개정 헌법 28조에 위배된다. 이것만으로도 헌법재판소 제소감이며, 법원은 이미 몇몇 프르다 조항들을 놓고 위헌 여부를 가리는 심사를 하고 있다. 그러나 정부나 법원이 이 문제를 풀어주리라고 진심으로 믿는 이들은 많지 않아 보인다. 법원이 어떻게 판결하든 이슬람법은 여전히 실생활을 지배한다. 국민대표회의가 포르노금지법안을 놓고 토론하는 동안 의사당 밖에서는 반대 시위가 끊이지 않았다. 개인의 도덕기준과 종교를 놓고 의회가 이처럼 뜨거워지고 여론이 들끓기는 1974년 '세속주의 결혼 법안' 통과 때 이후 처음이다.

---

* 〈플레이보이〉는 2006년 4월 자카르타 사무소를 개설하고 인도네시아판을 첫 발간했으나 이슬람 세력의 시위와 공격으로 결국 두 달 뒤 힌두교가 지배적인 휴양지 발리로 사무소를 옮겼다.

그때는 무슬림들이 이슬람식 결혼제도를 거부한 정부에 항의하는 시위였으나 이번에는 시민권을 옹호하는 이들이 이슬람 보수파에 반대해 모였다는 점은 다르지만.

아무튼 이 논란이 금세 사그라질 것 같지는 않다. 포르노금지법안은 샤리아에 법적 강제력을 부여하려는 이슬람근본주의자들을 만족시키기에 턱없이 부족하다. 그러므로 앞으로도 끝없이 더 강력한 요구를 하고 나설 것이다.

1945년 건국 세력들 사이에 팽팽했던 의견 대립은 반세기가 넘은 지금도 여전하다. 하지만 이번에는 대립 한가운데 선 여성들도 더 이상 묵묵히 듣고만 있지는 않을 것이다.

깊이읽기: 인도네시아의 분쟁 지역

길게 뻗은 인도네시아 열도 가운데는 힌두교나 기독교 같은 소수종교나 소수민족이 주류인 섬들이 적지 않다. 강력한 자바 중심 중앙집권 체제를 지향한 수하르토 정권은 1965년에서 1985년 사이 '인종 균형'을 맞춘다며 인구가 과밀한 자바와 만두라 주민들을 상대적으로 인구 밀도가 낮은 섬으로 강제 이주시켰다. 이에 따라 오랫동안 힌두교와 기독교가 주류이던 지역의 정치·경제 구조가 서서히 파괴되면서 자연히 긴장이 높아졌다. 1998년 수하르토 퇴임 뒤 민간 정치에 대한 군의 통제가 무너지자 지역 분리독립을 주장하는 무장투쟁이 여러 지역에서 벌어졌다.

수마트라 북쪽에 자리 잡은 인도네시아 '특별지역'이다. 면적 57,365 평방킬로미터, 인구 39,430,000명(2000년 인도네시아 인구행정청)으로 수도는 반다아체Banda Aceh다.

동남아시아에서 이슬람을 가장 먼저 받아들인 곳으로 전해진다. 말라카 해협을 낀 동서무역 중심지로 7세기 초 찬란하고 강력한 술탄왕국으로 시작된 아체의 역사는 네덜란드, 일본 그리고 인도네시아로 이어지는 외부인들의 점령, 지배에 맞서 정치적 독립을 지키고자 치열하게 싸워온 투쟁의 역사다. 아체는 석유와 가스 등 풍부한 자원을 지녔는데 가스 매장량은 세계 최대로 알려지고 있다. 인도네시아 다른 지역에 비해 종교적으로는 보수적이다.

아체는 15세기에 빛나는 이슬람제국을 건설했고 17세기에 수마트라 대부분과 말레이 반도까지 세력을 미쳤다. 이들은 대항해시대 때 포르투갈이 말라카 지역을 점령하자 이에 맞서려고 오토만제국, 네덜란드 동인도회사와 동맹을 맺기도 했다. 이후 아체 군사력은 점차 기울어 18세기에는 말레이 반도의 일부는 영국에, 수마트라 일부는 네덜란드에 빼앗겼다.

1824년 영국-네덜란드 조약에 따라 영국 자신들이 지배하던 수마트라 지역을 네덜란드에 양도했다. 조약에 영국은 아체를 소유지역이라고 적었는데 사실 영국은 아체 술탄왕국에 대한 어떤 지배력도 확보하지 못했다. 네덜란드는 초기에는 합의 내용에 따라 아체의 독립을 존중했다. 세계 검은 후추 공급량의 절반이 아체를 통해 이루어질 만큼 19세기 초 아체의 경제·군사력이 상당했기 때문이다.

1873년 3월 26일 네덜란드 식민정부는 아체에 전쟁을 선언하나 영국과 이탈리아 지원을 받은 술탄의 병사들은 사령관 요한 하르멘 루돌프 쾰러Johan Harmen Rudolf Köhler를 죽음으로 몰아넣는다. 하지만 두 번째 공격

아체는 독립을 위해 인도네시아 정부군과 1953년부터 10년간 전면전을 벌였다. 기나긴 전쟁 끝에 겨우 평화협정을 맺었으나 인도네시아 중앙정부가 자원 개발 이익을 제대로 분배하지 않자 1976년 아체의 독립을 선언하고 자유아체 운동을 시작했다. 사진은 2008년 10월 11일, 자유아체운동을 최초로 발의한 하산 디 티로의 연설을 듣기 위해 아체 주민 수천 명이 모인 모습. 하산 디 티로는 1970년대 후반 정부군에게 쫓겨 스웨덴으로 망명했다가 30여 년 만에 여든셋의 나이로 고향으로 돌아왔다. EPA/HOTLI SIMANJUNTAK _ ⓒ 연합뉴스

에서 사태는 역전되어 네덜란드는 왕궁을 점령하고 술탄을 붙잡았다. 이후 10년 동안 양측에 막대한 희생을 안긴 게릴라전이 이어졌다. 1880년을 넘기며 네덜란드 식민당국은 이미 점령한 지역을 사수하기로 군사전략을 바꾸지만 회유와 군사적 충돌은 계속되어 1893년까지 아체는 여전히 독립 상태였다. 1898년 아체 식민통치자가 된 반 호이츠^{Van Heutsz}는 총력전을 벌여 마침내 아체를 정복한다. 이 전쟁으로 여성과 어린이 1천 150명을 포함한 아체 주민 2천 9백여 명이 살해당했고 많은 마을이 파괴되었다. 이에 비해 네덜란드 사망자는 26명에 불과했다. 1904년 아체의 거의 모든 지역을 네덜란드가 점령했다. 이때까지 죽은 아체 주민은 5만에서 10만 명에 이르고 1백만 명 이상이 부상당했다.

하지만 아체 산간지역을 거점으로 삼은 게릴라들의 저항은 끊이지 않았고 몇몇 지역은 일본군 점령이 끝날 때까지 투쟁을 멈추지 않았다. 2차 대전이 끝난 1945년, 재점령을 시도한 네덜란드의 지원을 받는 지역 군벌과 새로 탄생한 인도네시아연방의 지원을 받는 무슬림 사이에서 시민전쟁이 벌어졌다. 이 전쟁에서 무슬림 측이 이겨 이슬람 지도자였던 다우드 브르^{Daud Beureuh}가 아체의 군사 통치자가 되었고 인도네시아 독립전쟁 기간 동안 독립을 유지했다.

1949년 독립과 함께 네덜란드 정부가 아체를 인도네시아연방에 이양하자 아체 주민들은 분노했다. 결국 1953년 아체는 이슬람 국가 건설이라는 기치를 내걸고 다우드 브르 주도로 이슬람주의 조직 '다룰이슬람^{Darul Islam}'을 중심으로 인도네시아에 대한 무장 투쟁을 벌인다. 1959년 인도네시아 정부는 입법권을 주는 등 다른 주보다 많은 자치권을 보장하는 특별지역으로 아체를 지정했다. 아체는 이를 받아들여 1963년 다우드 브르와 인도네시아 중앙정부 사이에 평화협정이 맺어졌다.

이후 중앙정부와 아체 사이의 자원개발에 따른 이익 배분이 공평하게 이루어지지 않자 1976년 다룰이슬람의 대사였던 하산 디 티로Hasan di Tiro 는 독립국 아체를 선언한다. 자유아체운동GAM·Free Aceh Movement을 최초로 발의한 하산 디 티로는 아체 주민을 중심으로 무장 독립투쟁을 벌였다. 그 과정에서 정부군에게 다리에 총상을 입고 말레이시아로 피신했다가 1980년에 스웨덴으로 망명했다.

아체에서도 수하르토 정권의 중앙집권형 경제개발과 산업화 정책이 실행되었다. 1980년대 말 몇몇 폭력 사건에 고무된 중앙정부는 아체 지역의 통제를 명분 삼아 군대를 파병했다. 이후 10년 동안 중앙정부가 아체에서 저지른 수많은 인권유린으로 아체 사람들의 분노는 점점 커졌다. 1990년대 후반, 자바의 혼란과 중앙정부의 무능은 2차 아체 독립투쟁인 자유아체운동을 촉발했다. 많은 아체 시민들이 자유아체운동을 지원했다. 2001년 중앙정부는 자치정부가 샤리아를 더욱 폭넓게 적용하고 외국 투자도 직접 받을 수 있도록 하는 회유책을 시행했다. 이어 2002년 12월 인도네시아와 아체 사이에 평화협정이 체결되었지만 중앙정부는 아체 협상단을 체포·구금하는 등 다시 억압 정책으로 돌아섰다. 2003년에는 아체에 계엄령을 선포하고 인도네시아 역사상 최대 군사작전을 벌였다. 다시 시작된 전쟁은 2004년 쓰나미가 아체를 덮칠 때까지 이어졌다.

2004년 12월 24일 인도양 지진에서 시작된 쓰나미가 아체를 덮쳐 수도 반다아체를 비롯한 서부 해안이 폐허가 되었으며 이로 인해 23만 명이 사망하고 50만 명의 이재민이 발생했다. 2005년 3월 26일 2차 지진으로 905명이 추가로 사망했고 수십만 명이 집을 잃었다. 이같은 치명적인 피해는 인도네시아 정부와 분리 독립투쟁을 벌여온 자유아체운동이 평화협정을 맺고 실행하는 중요한 전기가 되었다. 2005년 8월 15일, 자유아체운동은 인도네시아 중앙정부와 평화를 위한 양해각서에 서명했다. 양해각서는 아체에 특별자치권 부여, 중앙정부군 철군, 자유아체운동 무장 해제 등의 내용을 담고 있으며, 아울러 2006년 12월 15일 지역선거 때까지 유럽연합 등 국제기구의 협정이행 감시단이 어떤 활동을 하는지, 권한은 어떤 것인지 등을 명시했다.

2006년 주지사 선거에서 전 자유아체운동 조직원들로부터 폭넓은 지지를 받은 이르완디 유숩Irwandi Yusuf이 당선되었다. 쓰나미 피해 복구는 계속되고 있지만 워낙 피해지역이 넓고 파괴가 심해 아직도 많은 주민들이 수용소 같은 곳이나 천막에서 지내고 있다.

_ 이리안자야(West Irian Jaya 또는 West Papua, Papua Barat)

이리안자야는 뉴기니 서쪽 끝에 있으며 면적 11,5364평방킬로미터, 인구 약 80만 명으로 인도네시아에서 가장 인구가 적은 주로 수도는 마녹와리Manokwari이다. 2003년 2월 중앙정부는 직접선거가 아닌 '대표자'선거를 통해 주민들의 의사를 수렴했다며 파푸아 주를 파푸아 주와 서부파푸아 주, 둘로 나누고 2007년 2월 7일 주민들이 부르는 이름과 관계없이 파푸아바랏Papua Barat으로 이름을 바꾸었다.

이 분리 결정에 대한 입장은 논쟁적이다. 자카르타 등지에서 온 이주민들은 지역 분리가 자원 관리 효율을 높이고 서비스의 공정한 분배를 돕는다고 찬성하는 반면 원래 파푸아 주민들은 파푸아 특별자치법 위반이며 파푸아 분리 독립운동을 탄압하려는 조치라고 반발하고 있다.

2004년 11월 인도네시아 법원은 파푸아 주를 파푸아와 이리안자야 두 개 주로 분리한 것은 파푸아 자치법 위반이지만 이미 주가 새로 성립되었으므로 분리된 상태를 유지한다고 판결했다.

_ 말루쿠(Maluku)

1천여 개 섬으로 이루어졌으며 전체 면적은 74,505평방킬로미터, 인구는 1,895,000천 명(2000년 추정치)이다. 1950년부터 말루쿠 섬 전체가 하나의 주였으나 1999년부터 말루쿠 주와 북말루쿠 주로 나뉘었다. 말루쿠 주 수도는 암본Ambon이다.

6세기 이전부터 무역이 활발했던 항구 말루쿠는 주변 소수민족뿐 아니라 중국인과 아랍인들이 섞여 사는 국제도시였다. '향료의 섬'이었던 만큼 이곳의 주도권을 놓고 16~17세기 포르투갈과 네덜란드가 각축을 벌였는데, 이들이 들여온 기독교의 영향까지 더해져 말루쿠는 주변 지역과는 다른 종교와 문화를 지니게 되었다. 이 무렵 식민주의자들과 맞섰던 토착 무슬림은 기독교도를 식민 앞잡이로 몰았고, 기독교도는 무슬림이 이방인이라며 충돌했다. 2차 대전 후 네덜란드에서 해방된 말루쿠가 무슬림이 주류인 인도네시아에 편입되자 기독교도들이 반발해 말루쿠 공화국을 선포했다. 인도네시아 정부군은 1960년대 중반까지 말루쿠 전역에서 독립파 제거 작전을 벌이며 종교적, 정치적으로 독립과 기독교도를 차별했다. 이들 갈등의 뿌리는 종교라기보다 무역으로 부를 쌓은 무슬림과 고기잡이로 어렵게 사는 기독교 간의 경제적 불평등이라는 주장이 설득력 있다.

이곳의 종교 분쟁이 다시 격화된 것은 1999년부터다. 그해 1월, 기독교도가 몰던 버스가 무슬림 아이를 치어 죽인 사건이 발단이 되어 기독교도와 무슬림 사이에 대대적인 충돌이 빚어져 18개월 동안 4천여 명이 사망했고 약 5만 명이 난민이 되었으며 가옥 수천 채가 부서졌다. 사건의 진원지인 암본은 기독교 지역과 무슬림 지역으로 갈라져 이후 12개월 동안 불안한 상태가 이어졌다. 다시 벌어진 충돌은 우발적, 개별적이었던 이전 충돌과는 달랐다. 계획적이고 공격 목표가 분명한 데다 주기적이고 폭발적이었다. 이후 둘 사이의 분리는 더욱 견고해졌다.

여러 차례 협상 끝에 2002년 2월 2차 밀라노 평화협정이 조인되었지만 긴장은 여전했다. 2003년까지 산발적인 폭동이 이어지다 2004년 전반적

아체
아체는 인도네시아 중앙정부와 개발이익 분배 문제로 갈등을 빚자 이슬람 세력 주도로 분리 독립투쟁을 시작했다. 2004년 쓰나미 이후에야 중앙정부와 평화협정이 체결되었다.

말루쿠
말루쿠는 무슬림이 주류인 인도네시아 중앙정부에 편입되자 암본의 기독교도들을 중심으로 분리 독립 움직임이 일었다. 2002년 평화협정을 맺었지만 지금까지 갈등이 이어지고 있다.

반다아체

수마트라

자카르타

자바

발리

술라웨시

암본

티모르

동티모르
1975년 인도네시아연방은 동티모르를 합병하고자 했고, 이에 반발한 동티모르는 독립투쟁을 벌여 1999년 10월, 드디어 독립국이 되었다.

이리안자야
인도네시아 중앙정부는 이리안자야로 불리던 파푸아 주를 임의로 둘로 나누었다. 이에 분리독립파는 자치법 위반이라고 반발했고 아직도 갈등 중이다.

:: 인도네시아 분리 독립운동 지역 ::

으로 평화를 되찾았다. 하지만 현재까지도 많은 건물들이 불탄 채 방치되어 있고 복구가 끝나지 않은 마을도 있다.

뿌리 깊은 말루쿠 갈등은 군부에게는 기회가 되었다. 분쟁은 군부 개입의 정당성을 제공해주었을 뿐 아니라 세력을 키우는 계기가 되었고, 고립된 말루쿠 지역을 통제하는 군인들과 이들에게 선을 댄 사업가와 조폭들에게는 돈벌이 기회가 되었다. 수하르토 가족들도 이 기회를 놓치지 않고 부를 쌓았다고 한다. 탱크, 전함으로 중무장한 최정예 특수부대원 1만여 명이 주둔해 있음에도 인구 40만의 주도 암본 치안도 확보하지 못하는 등 아직도 분쟁이 끝나지 않았다.

서양인들은
방귀도 안 뀐다?

나는 어릴 적에 외국인은 방귀도 안 뀌는 줄 알았다. 왜 그렇게 생
각을 했는지 잘 모르겠다. 아마 외국인들은 너무 세련되어 흉한 짓은
하지 않을 거라고 여겼나 보다. 자라면서 말도 안 되는 생각임을 알았
고 그 편견을 이른바 '문화적 차이'를 다룬 사회·정치적 연구로 발전
시킬 수 있었다. '문화적 차이'라는 말이 좀 진부하다고? 할 말이 딱
히 없을 때 흔히들 꺼내는 날씨 이야기처럼 지루하게 들릴 수 있겠지
만 의외로 문화적 차이는 재미난 이야깃거리가 되기도 한다.

나는 얼마 전 수마트라 북부에 사는 바탁^Batak 족 젊은이의 이야기
를 들었다. 그 청년을 타고르라고 부르자. 타고르는 청소년 교류 프로
그램에 참가해 오스트레일리아에 머물게 됐다. 오스트레일리아 가정
집에서 지낸 지 일주일이 됐을 때 그 집 식구들이 외출하면서 타고르
에게 "식품창고나 냉장고에 있는 음식은 원하는 대로 가져다 먹어도
된다"고 일렀다. 그런데 식구들이 돌아와보니 타고르는 음식에 손도

대지 않았다. 어떻게 된 일이냐고? 알고 보니, 타고르는 애완견 사료를 먹으며 지냈다. 바탁에는 개고기를 먹는 풍습이 있는데, 타고르는 개 사료 통조림을 보고는 "우와, 오스트레일리아 사람들 대단하네, 개고기로 통조림까지 만들다니!"라고 했던 거다. 그의 고향에서 개고기를 먹으려면 번거로운 과정을 거쳐 개를 잡고 요리해야 하는데 참으로 간편하다고 생각하면서 말이다.

우리가 문화적 차이에 주목해야 하는 더 중요한 이유는, 문화 정체성에 대한 사람들의 선입견이 사라지기는커녕 오히려 점점 더 강해지고 있는 까닭이다. 미국 역사학자 새뮤얼 헌팅턴은 1993년 미국 시사 잡지에 발표한 논문 〈문명의 충돌Clash of Civilizations〉에서 "세계 곳곳에서 일어나는 갈등의 근본 원인은 이데올로기나 경제가 아닌 문화"라고 주장했다. 그의 말을 빌리면 국제 정치에서 가장 근본적인 충돌은 서로 다른 문명권에 속한 나라 혹은 그룹 사이에서 일어난다. 그는 세계를 '7~8개 문명권'으로 나누고 특히 이슬람과 서구의 충돌에 초점을 맞췄다. 그리고 그의 주장을 뒷받침하기라도 하듯 9·11 테러가 일어났다.

안타깝지만 이런 식의 환원주의가 서구뿐 아니라 인도네시아에도 널리 퍼지고 있다. 모든 갈등의 원인을 문화적 차이로 돌리려는 사고 방식은 미국의 신제국주의적인 외교 정책의 밑바닥에도 깔려 있다. 이런 편견은 세계에서 가장 많은 무슬림이 사는 인도네시아에 자연히 나쁜 영향을 끼친다. 게다가 문화적 편견은, 인도네시아에서 테러리즘을 지원하는 '이슬람 강경파'들을 약화하지도, 종교 형식에 목 맨 일부 무슬림들이 거의 모든 여성에게(남성에게는 간혹) '무슬림 복장'을 강요하는 것을 바꾸지 못한다. 문화적 편견은 이런 실제 문제들을 푸는 데는 아무 보탬이 되지 않는 것이다.

헌팅턴은 세계를 몇 개 문명권으로 나눌 수 있다고 주장하지만 현실 세계는 그렇게 단순하게, 명확하게 구분되지 않는다. 종교가 다르더라도 악덕과 미덕을 가르는 일반적인 기준은 어느 문명권에서나 보편적이지 않은가. 서구 문화의 표준이라는 미국(유럽 친구들에겐 미안한 얘기지만)과 인도네시아를 비교해보자.

많은 이들이 지적하듯 인도네시아에는 부패가 만연하다. 하지만 그게 문화적 이유일까?

2002년에서 2003년 사이 딕 체니Richard Bruce Cheney 부통령이 최고경영자로 있던 군수에너지 회사 핼리버튼Halliburton이 이라크전 군수지원 계약을 맺은 후 비용을 과다 책정하는 수법으로 거액을 떼어먹고, 천문학적 규모의 회계 부정과 주가 조작을 저지른 것을 보면 미국에도 '속이는 문화'가 존재한다. 정치로 눈을 돌리면 하원 공화당 원내 총무이자 부시 대통령의 최측근이었던 톰 들레이Tom DeLay 의원이 희대의 로비스트였던 잭 아브라모프Jack Abramoff에게 거액을 뇌물로 받은 사실도 있다. 미국의 언론인이자 저술가인 데이비드 캘러헌David Callahan은 2004년에 쓴 《치팅컬쳐The Cheating Culture》에서 "언론부터 메이저리그 야구대회까지, 미국 사회 전반에 속이는 문화가 퍼져 있다."고 고발했다. 이 책 부제는 "왜 점점 더 많은 미국인들이 나쁜 짓을 하게 될까"다.

권력자가 측근을 관직에 앉히는 정실주의를 생각해보자. 미국인들은 "미국 사회는 능력을 바탕으로 자수성가한 이들을 높이 평가하는 사회"라면서 인도네시아의 연고주의를 비난한다. 그럼 부시 일가, 고어 일가, 케네디 일가, 루즈벨트 일가(그리고 어쩌면 클린턴 일가까지) 같은 정치 명문은 어떻게 설명하려나? 미국 재계를 둘러봐도 포드, 슐츠버거, 골드만 같은 재벌 가문들이 있지 않은가? 이런 집안 출신은 가문 이름 덕에 특권을 누리고 때로는 의무도 면제받는다. 분명 씁쓸한 일이지만 연고주의는 세계 어디에나 있는 현실이다.

권력을 쥐었거나 부유하거나 유명한 이들이 법망을 피해가는 경우가 점점 느는 현상은 인도네시아나 미국이나 마찬가지다. 그런데 미국에는 엘리트 집단이 하나 더 있다. 명예와 함께 '면책권'까지 누리는 대학생 스포츠스타들이다. 미국의 유명한 대학생 미식축구 선수 두 사람은 폭행을 저질러 학생 두 명을 불구로 만들어 실형을 선고받고도 시즌 동안 계속 경기에 참가할 수 있도록 허락받았다고 한다. 여학생 두 명을 성폭행한 운동선수들은 처벌을 면하고 오히려 범죄를 폭로한 여학생이 퇴학당한 예도 있다.

인도네시아에서 빈부 차이가 갈수록 커지듯 미국에서도 지난 20년 동안 부유층과 중·하류층 간 소득격차가 더 크게 벌어져왔다. 영국, 프랑스, 남아프리카공화국, 러시아, 인도, 중국…… 세계 어디서나 상황은 비슷하다. 세계 상위 1퍼센트의 부자가 세계 자산의 40퍼센트를, 상위 10퍼센트가 전체의 85퍼센트를 차지하고 있다. 하위 50퍼센트, 즉 세계 인구 절반에게 돌아가는 몫은 겨우 1퍼센트다.

지금은 미국 대통령이 된 버락 오바마 상원의원이 후보 시절에 했다는 '새로워지자 Call to Renewal'는 연설은 꼭 인도네시아 이야기 같았다. 오바마는 "신앙에도 현대적이고 다양성을 존중하는 민주주의를 접목시켜야 한다"고 했다. '자살 폭탄 테러 순교자'와 '일반 대중' 사이의 분열은 이슬람뿐 아니라 모든 종교에서, 인도네시아뿐 아니라 세계 여러 곳에서 일어나고 있다. 정책 결정에 참여하는 여성, 국가를 대표하는 여성들이 늘어나는 동시에 여성을 겨냥한 폭력과 차별도 갈수록 기승을 부리고 기본적인 인권조차 빼앗긴 여성도 많다. 한 걸음 내딛고 더 크게 한 걸음 밀려나는 식이다.

이 정도면 세계가 겪는 현상이 보편적이라는 설명으로 충분하지 싶다. 그러니 "방귀를 뀐 건 너야"라며 서로를 공격하느라 에너지를 낭비하지 말자. 동양이나 서양이나, 남쪽이나 북쪽이나 방귀를 안 뀌는 사람은 없다. 이제 우리가 해야 할 일은 분명하다. 우리는 서로 얽혀 있다. 세계가 상호 의존하며 같은 문제를 안고 있다는 사실을 인식했으면 '냄새의 원인'을 없애야 한다. 피상적인 문화 차이만 놓고 싸우지 말고 어떻게 공통의 문제를 풀어나갈지 머리를 맞대보자.

누구 엉덩이가
더 깨끗한가

인도네시아인은 외국인이 신체적으로도 자신들과 다르리라 생각한다. 그런 문화적 편견은 얼마나 깊을까, 그 밑바닥은 대체 어디일까. 이 부분은 화장실에 쭈그리고 앉아 읽어주면 고맙겠다(이 글을 서구인이 읽는다면 얼굴이 빨개질 채비를 하는 편이 좋겠다). 동·서양의 문화 차이를 얘기할 때 흔히 음식을 소재로 삼는다. 동양 사람은 대개 주식으로 쌀밥을 먹고, 서양 사람은 감자나 빵을 먹는다고. 하지만 내가 지금 말하려는, 아주 중요한 차이점은 조금 더 아래쪽, 그러니까 '배꼽 아래'에 해당된다.

서양에서는 '마른 궁둥이, 젖은 거기dry bum, wet vagina'라 하지만 인도네시아에서는 '젖은 궁둥이, 마른 거기wet bum, dry vagina'라고 한다. 자세히 설명하자면 서양에서는 여성의 질膣이 젖어 있어야 성적으로 자극적이라고 생각하지만 인도네시아 여성은 질이 말라야 남자들이 기뻐한다고 생각한다는 거다. 또한 인도네시아에서 항문은 무조건(!)

젖어 있어야 한다는 통념이 강하다.

인도네시아에서는 볼일을 본 후에 밑을 물로 닦는다. 우리는 대변 보기를 '큰 물을 쏟아낸다'로, 소변 누기를 '작은 물을 쏟아낸다'라고 한다. 그런데 큰 물이든 작은 물이든 우리는 배설을 한 뒤 뒷물을 한다. 비누로 닦는 사람도 많다. 이런 일상적인 뒷물을 '체복cebok'이라 하는데 여기 딱 맞는 단어가 영어에는 없다. 앵글로-색슨 문화에는 안타깝게도 뒷물 문화가 없기 때문이다.

프랑스어에는 '비데bidet'가 있지만 세계를 지배한 것은 프랑스가 아닌 앵글로-색슨 문화다. 닷새 만에 한 번씩 집에 들어오면서 "체취를 맡을 수 있도록 몸을 씻지 말아달라"고 했다는 나폴레옹 일화는 잊어버리자. '화장지'는 자랑스러운 대영제국의 산물로서 1871년에 특허까지 받았고(중국에서는 이미 1391년에 화장지를 생산했다는 기록이 있다) 영국 제국주의는 화장지 문화를 세계에 퍼뜨렸다.

오늘날 세계의 '발전한 나라'에서는 화장지를 널리 사용하지만, 솔직히 나는 더러운 엉덩이를 종이로 닦아내는 게 '발전한' 행동이라고는 생각지 않는다. 어떤 서양 남자는 바닷가에서 맨발로 돌아다니다가 개똥을 밟은 뒤 휴지로 닦는 게 능사가 아니라는 통찰을 얻었다고 한다. 휴지로 닦아서 똥 묻은 발이 청결해질지 한번 생각해보시라. 마찬가지로 엉덩이도 비누와 물로 잘 씻어내야 깨끗해진다.

인도네시아에서는 예로부터 뒷간에 가면 오른손으로 바가지(플라스틱이 나오기 전에는 코코넛 껍데기로 만든)에 물을 떠 왼손으로 밑을 닦았다. 오른손으로만 식사를 한다는 규칙은 여기서 생겼다. 요즘은 변기 옆에 조그만 샤워기나 비데가 있어서 자세만 잘 잡는다면 다리나 옷에 물이 튈 염려는 없다.

그런데 '화장실 샤워기'가 없는 5성급 호텔이 있다. 아마 화장실

바닥이 젖을까 봐 무서워서일 텐데, 인도네시아인(그리고 프랑스인)은 자기네 호텔에 절대로 머물지 않을 거라고 믿는다는 얘기인지. 그런 호텔에 갔다면 객실 목욕탕에서 제대로 샤워를 하는 수밖에 없다. 만일 호텔 욕실 샤워기가 아랫도리를 닦기엔 적당치 않게 높이 달려 있다면 병에 물을 담아서 닦으면 된다. 실제로 샤워기가 일반화되기 전에 인도네시아인들은 그렇게 했다(심지어 나는 '항문에 집어넣으면 위험합니다'라고 경고문을 써 붙인 식수 병을 본 적도 있다!). 최근에 자카르타의 영국문화원 화장실은 시대에 맞춰 깨끗한 스테인리스 스틸 물통이 샤워기로 바뀌었다. 앵글로-색슨 후예들도 드디어 뒷물 문화를 받아들이기 시작했나 보다.

서양인들은 물로 씻는 걸 왜 그렇게 꺼릴까? 이슬람에는 하루 다섯 차례 기도를 시작하기 전 몸을 물로 씻어내는 세정례洗淨禮가 있다. 기독교에서도 '청결함은 신실함 다음으로 중요하다'고 말하지 않는가. 겨울에는 좀 추울지 모르지만 깨끗이 씻는 건 건강에 좋다. 얼마 전 한 서양 학술잡지에서 "인도네시아 체복 문화는 전혀 해롭지 않다"는 내용을 보았다. 저자는 인도네시아 위생 문제를 점잔 빼듯 논하면서 "체복은 건강에 긍정적인 영향을 미치는 것 같다"고 적었다. 웃기셔! 인도네시아나 지구 저쪽 버뮤다 삼각지대처럼 박테리아가 득시글거리는 진창이 흔한 열대 지역에서는 체복이 '인체에 무해한' 정도가 아니라, 필수다!

어제 WTO라는 기구가 생겼다는 얘기를 듣고 얼마나 기뻤는지 모른다. 여기서 WTO는 세계무역기구World Trade Organization가 아니라 세계화장실협회World Toilet Organization*를 말한다. 2001년 잭 심스Jack Sims가

---

* 2007년 11월 한국 주도로 서울 코엑스몰에서 창립 기념식을 가졌다.

주도한 캠페인을 모태로 용변·위생 문제를 다루기 위해 설립한 이 기구에는 44개국이 회원으로 가입해 있다. 믿거나 말거나지만 싱가포르에 본부를 차린 그들은 곧 '화장실대학'도 세운단다. '밑닦기 박사 학위' 같은 건 없지만 WTO가 나에게 체복 코스 명예학위 정도는 줘도 되지 않을까.

강한 나라가
되고 싶다고?

　몇 달 전 조카딸이 캐나다 남성과 혼례를 치렀다. 신랑 부모와 친척, 친구들은 모두 전통 자바 옷차림을 했고 여성 하객들도 전통의상 케바야와 바틱을 입었다. 서양 남성들도 모두 자바 전통 겉저고리와 바틱을 걸치고 바틱 천으로 터번을 둘렀다. 신랑 쪽 하객 중에는 서양인들이 여럿 있었는데, 먹구름 빛깔 바틱 위로 흰 얼굴들이 도드라져 보였다. 그들이 입은 바틱은 흔치 않은 보랏빛이나 검정색으로, 자카르타 북부 해안 치레본에서 가져온 중국풍 바틱이다. 하객들과 인사를 나누던 나는 웃지 않을 수 없었다. 외국인들은 바틱을, 인도네시아 사람들은 다 양복을 입은 것이다.

　문화를 넘나드는 옷차림 교류는 인도네시아 사회의 변화를 보여주는 징표 가운데 하나다. 요새는 외국인을 가족으로 받아들이는 게 특별한 이야깃거리가 되지 않는다. 외국인과의 결혼이 화제가 되곤 했던 예전에 비해 인도네시아가 급속히 세계화하고 있음이 분명하다.

그러니 이제 우리도 세계 무대에서 좀 더 적극적으로 중요한 역할을 맡을 때가 되었다. 그런데 우린 정말로 그럴 준비가 되어 있는 걸까?

인도네시아는 동남아국가연합 안에서는 의심할 나위 없는 대국이다. 하지만 그 테두리를 벗어나면 어떤 평가를 받을까. 외적으로 인도네시아는 중국, 인도, 미국에 이어 세계에서 네 번째로 인구가 많은 나라며, 무슬림 인구는 세계에서 가장 많고, 인구 기준으로만 따지면 세 번째로 큰 민주국가다. 세계에서 가장 많은 섬을 지닌 열도 국가이기도 하다. 그러니 인도네시아도 중국이나 인도처럼 아시아의 거인으로 주목받아야 마땅하다. 그러나 수십 년 동안 인도네시아는 악명 높은 인권 탄압 말고는 국제사회에서 거의 두각을 나타내지 못했다.

정부가 1950년대 비동맹권NAB·Non-Aligned Block을 주도했던 시절로 돌아가고자 애쓰는 까닭도 여기에 있다. 올해 초 서자바 주 반둥Bandung의 아시아·아프리카 박물관에 들렀다. 1955년 비동맹회의 개최를 기념하고자 세운 박물관은 얼마 전 새 단장을 했는데, 먼지 날리는 구닥다리 박물관이 하이테크 전시물과 대리석·금박 장식들로 바뀌었다. 보기에도 멋지고 정보도 많았다. 이렇게 돈을 들이다니, 우리 정부도 꿍꿍이속이 있을 게다. 그건 국제사회 중심으로의 화려한 복귀리라.

일단 방향은 잡은 것 같은데, 그 꿈을 현실로 이루려면 시간이 좀 걸릴 듯싶다. 인도네시아와 강대국들의 관계는 냉전 종식이라는 국제관계 구도의 큰 변화와 수하르토 체제의 종말, 미국 9·11 테러 등 저마다의 국내 사정에 따라 많이 달라졌다. 미국은 소비에트 대신 더 미묘한 적수 중국을 상대해야 하는 상황이고, 소비에트 뒤를 이은 러시아도 여러 부분에서 미국에 맞서며 무시할 수 없는 도전을 계속하고 있다. 그런데 인도네시아와 미국 관계는 국제정치가 냉전 논리에 따라 움직이던 수하르토 시절보다 껄끄럽다. 부시 행정부의 반이슬람 정책 탓만은 아니었다. 미국 입장에서는 중국이 인도네시아와 좋은 관계를 맺어 동남아시아 전역으로 영향력을 넓히게 된다면 달갑지 않을 것이다. 그러니 이슬람 문화권으로 싸잡아 인도네시아를 무조건 적대할 수 없는 상황이다.

인도네시아는 점점 양극화하는 국제질서 속에서 중립을 지키며 완충제 역할을 할 필요가 있다. 나는 인도네시아 이슬람을 '열대 이슬람'이라 부르곤 한다. 극단적인 분파들이 없지 않지만, 인도네시아 이슬람은 전반적으로 중동 이슬람보다 온건하다. 서로 다른 문화가 몇 세기에 걸쳐 뒤섞이는 과정을 겪으며 다른 지역 이슬람보다 타종교·문화를 잘 받아들이는 특성을 지니게 된 덕이다. 국제사회도 인도네시아가 독재에서 민주주의로 이행하고 있다는 것을 사실로 받아들인다. 또 우리 무슬림 유권자들이 자유와 민주주의 그리고 다문화적 가치를 인식하고 있음도 안다. 그러니 우리는 어느 한쪽에 완전히 속하지 않고 양쪽을 향해 충분히 목소리를 낼 자격이 있다. 지금 세계는 분열돼 있으며 '이슬람'과 '근대성'은 양립할 수 없다는 주장이 판친다. 인도네시아는 이런 생각이 틀렸음을 보여주면서 조금씩 목소리를 높여가고 있다.

그러나 이 정도로 인도네시아 이미지를 바꾸기는 힘들다. 여기에 더 중요한 문제도 있다. 국내 현안들도 제대로 못 푸는 우리가 과연 이슬람과 서구의 가교 역할을 하고 지도적 국가가 될 수 있을까? 세계로부터 신뢰를 받으려면 자신의 문제부터 해결해야 하는데, 우리는 아직 그렇지 못하다. 빈곤, 보건, 교육, 물 공급과 위생 같은 기본 문제도 해결 못한 처지고 사회 모든 분야에 성 차별이 남아 있다.

특히 유엔인권이사회 이사국이 되고 싶다면서 국내에서 벌어진 반

인권적 범죄조차 제대로 조사하지 않고 있는 현실은 앞뒤가 맞지 않는다. 우리는 아직도 인권 탄압 범죄자들을 처벌하지 않았다. 현 유노요노 정부는 진실화해위원회Truth and Reconciliation Commission 같은 진상조사 기구를 만들라는 요구를 거부하고 있다. 수십만 명이 희생당한 1965년 수하르토 정권의 좌익학살 사건도 여전히 묻혀 있고, 공산당원으로 낙인찍혔던 사람들은 복권되지 않았다. 수하르토 신질서 체제가 끝난 1997년 이후에도 반정부 인사 수십 명이 '실종'됐다. 아체, 파푸아 분리 독립운동 탄압으로 희생된 사람들 문제도 꿩 구워 먹은 소식이다.

이슬람과 비이슬람 사회를 잇는 다리가 되고 싶다면 우리 정부는 군건한 도덕적 기준을 세워 보수파와 비민주적인 이슬람 그룹들의 반발을 잠재워야 한다. 그들은 성 평등과 인권을 무시한 불법적이고 교조적인 이슬람 규율을 지역 사회에서 폭력적으로 강요하면서 민주주의 기초를 좀먹고 있다. 국제사회를 향한 구애에 걸맞은 국내 조치들이 뒤따르지 않으면, 세계는 곧 '인도네시아는 몸에 안 맞는 국제주의로 겉치장만 하고 있다'고 생각할 것이다. 그 모습은 허영심에 눈멀어 제 풀에 속아 넘어간 '벌거벗은 임금님' 꼴과 다를 바 없다.

총 든 자들은
언젠가는 쏜다

　얼마 전 자카르타로 돌아오는 비행기 안에서 옆자리에 앉은 여성과 이야기를 나누게 됐다. 통통한 몸집에 60대 중반으로 보이는 그 여성은, 아시아태평양·아프리카 지역 시각장애 예방 자선단체인 프레드할로우스재단Fred Hollows Foundation에서 일하는 가예 피들러였다. 가예는 할로우스재단의 지역 프로그램을 견학시켜려고 10대 남학생 한 무더기를 이끌고 베트남으로 가는 길이었다. 그녀는 인도적 사업에 참여하면서 행복을 느끼는, 따뜻한 마음을 지닌 사람이었다.

　이런저런 수다 끝에 가예는 자신이 학살극에서 살아난 생존자라는 얘기를 해줬다. 그러면서 1996년 4월 28일, 오스트레일리아 남동부 태즈메이니아Tasmania 섬의 식민지 유적 포트아서Port Arthur 감옥에서 벌어진 총격전 이야기를 해주었다. 그 사건으로 유적지에 왔던 사람들 가운데 서른다섯 명이 숨지고 서른일곱 명이 다쳤는데, 2007년 미국 버지니아공대 총기 난사 사건에서보다 더 많은 목숨을 앗아간 비극적 사건이었다. 사건의 범인은 스물여덟 살이었던 정신이상자 마틴 브라이언트Martin Bryant였다. 오스트레일리아 정부는 그 사건 뒤 일반인 총기 소유를 즉시 금지했고 막대한 예산을 들여 총기를 사들여 모두 폐기했다.

이제는 손자 손녀 셋을 둔 할머니가 된 가예는 그 당시 브라이언트 총에 맞았고, 함께 있던 친구들이 죽어가는 것을 그 자리에서 지켜봐야 했다. 그때의 두려움은 지금도 잊히지 않는다고 했다. 얘기를 듣다 보니 미국 버지니아공대 총기 난사 사건이 일어난 2007년 4월에 인도네시아 국립행정대학에서 상급생 다섯 명이 하급생 한 명을 때려죽인 일이 생각났다.

인도네시아 국립행정대학에서는 1993년부터 서른다섯 명이 살해당해 해마다 대략 2.5명이 죽었다. 사정이 이러니, 이번 사고의 희생자였던 클리프가 숨진 뒤 이 학교를 아예 폐쇄해야 한다는 여론까지 일었다. 미국과 인도네시아에서 일어난 이 두 사건은 물론 차이가 있지만 두 사회가 모두 역사적으로 중요한 갈등을 폭력으로 해결해왔다는 것은 공통적이다. 인도네시아는 1945년 혁명 뒤 폭력이 정당화됐는데 18세기 미국 독립혁명에서 그랬듯이 직업 군인뿐 아니라 많은 비공식 무장조직들이 전투에 참가했다. 수카르노는 '서구에게 식민통치 당하는 동남아 지역을 해방시킨다'는 명분으로 들어온 일본 제국주의가 패망한 후 식민지를 되찾고자 돌아온 네덜란드와 1945년부터 1949년까지 전쟁을 벌였다. 그 결과 '국가를 구원한 인민의 군대'라는 신화는 시간이 흐르면서, 군부가 사회정치적, 경제적 역할도 맡아야 한다는 '드위풍시 dwifungsi* 독트린'으로 변형되어 정착됐다.

---

* 200쪽 깊이 읽기 참조.

더구나 수하르토 독재정권은 인도네시아 전역에 민간 관료와 함께 군 관료를 둠으로써 드위풍시 체제를 공식화했다. '마을 군대'를 통해 군 장교들이 마을 단위로 개발계획을 지도했는데, 이 과정에서 '무장한 관리들'이 강도, 양아치나 마찬가지일 때가 많았다. 그들은 행정서비스를 원하는 주민들을 '도와준다'며 돈을 뜯어냈고, 이에 응하지 않으면 주민들은 고초를 겪어야 했다. 결국 행정절차마다 폭력과 범죄가 만연하게 됐고 이것은 정치적 통제를 강화하는 전략이 되었다. 수하르토가 쫓겨나고 '개혁 시대'가 왔어도 이 찌꺼기는 사라지지 않았다. 1998년 수하르토 정권이 축출된 뒤 벌어진 '5월 폭동' 때의 엄청난 유혈사태와 집단 성폭행을 기억해보라. 인도네시아 전역에서 폭력사태가 일어났고 대학생 네 명이 총에 맞아 죽었으며, 중국계와 소수민족 여성들을 노린 성폭행, 약탈도 잇따랐다. 이른바 개혁 시대 민주화의 한 단면이었다.

그러니 장차 관리가 될 인도네시아 국립행정대학 학생들이 새내기에게 폭력적인 신고식을 강요한다고 놀랄 일도 아니다. 오히려 오래전부터 폭력이 관행처럼 자리 잡은 관료사회 현실의 축소판이라고 봐야 한다. 사실 우리 사회는 오래전부터 민족 간, 지역 간 폭력 탓에 황폐화되었고 미국도 독립 초기 비슷한 일을 겪었다. 하지만 두 나라 사이에는 큰 차이가 있다. 인도네시아에서는 독립 뒤 개인 총기 소유를 금지하면서 독립전쟁에 참여했던 군사조직도 해체됐다. 소규모 화기를 가진 갱조직이나 군대가 지원하는 무장조직들이 있지만 공식적으로는 총기 소유가 불법이다. 만일 우리가 자유로이 총기를 가질 수 있다면, 동부 암본처럼 때때로 격한 충돌이 생기는 곳에서 어떤 참사가 벌어질지 상상만 해도 끔찍하다.

독립 초기였던 18세기 미국에는 주州마다 정규군과 함께 시민 의

용군이 있었다. 당시에는 정규군이 시민들을 억압하는 조직이라는 인식이 널리 퍼져 있어서 의용군은 주 방위를 맡은 한 축으로서 힘의 균형을 맞춰주는 존재였다. 물론 당시의 의용군은 18~45세 백인 남성만 들어갈 수 있는 특권적 조직이었지만 말이다. 이 전통 때문인지 미국 수정헌법은 "규율을 잘 지키는 시민군은 국가를 지키기 위해 꼭 필요한 존재"라며 "시민들이 총기를 갖는 것은 헌법에 위반되지 않는다"고 명기하고 있다. 게다가 영화 〈벤허Ben Hur〉와 〈십계Ten Commandments〉로 유명한 배우 찰턴 헤스턴이 의장으로 있는 전미총기협회NRA · National Rifle Association 가 미국에서 지닌 정치적 영향력은 막강하다. 버지니아공대 참사 전에도 무수히 일어났던 총기 난사 사건의 진짜 배후는 개인이 총기를 소유할 수 있도록 허용한 미국 헌법이다. 문제는 총기를 가진 이들이 헌법에 적힌 총기 소유권 구절 앞부분, 즉 '규율을 잘 지키는'이라는 말에는 관심이 없다는 것이다.

논란이 되고 있는 총기 소유권을 둘러싸고 이를 제한해야 한다고 주장하는 측은 "주 방위에 의용군이 필요한 시대는 지나갔다"며 수정헌법이 시대에 뒤떨어졌다고 지적한다. 수정헌법이 이제는 갱과 제정신이 아닌 살인범들 손에 총기를 쥐어주는 역할만 하고 있다는 것이다. 그러다 보니 큰 도시 시가지는 전쟁터처럼 되었다. 하지만 버지니아공대에서 제아무리 많은 희생자가 났다 하더라도 오스트레일리아가 포트아서 사건 뒤에 했듯이 미국 정부가 총기 소유를 금지할 가능성은 없어 보인다.

인도네시아와 미국은 모두 무장 시민혁명을 통해 탄생한 나라들이다. 그러나 적어도 총기 문제에서는 인도네시아가 더 훌륭했다. 인도네시아에도 폭력과 범죄가 있지만 "모두가 총을 들고 다닐 '신성한 권리'를 갖고 있다"는 식의 신화는 없다. 이 말은, 적어도 우리는 '미

198
199

2장 국가는 바보인가

래에는 폭력이 줄어들 것'이라는 희망이라도 가질 수 있다는 뜻이다. 미국인들에게 그런 희망이 있을까? 아이러니하게도 거의 모든 미국인들은 인도네시아가 여행하기에 아주 위험한 나라라고 생각한다. 미국 정부도 툭하면 인도네시아 여행 자제령을 발동하곤 한다. 그러나 여행 자제령을 발동해야 하는 쪽은 오히려 인도네시아다.

참사의 공포를 치유하고 따뜻한 마음으로 인도적 사업에 여생을 바칠 가예 같은 이는 과연 몇 명이나 될까. 사건은 몇 사람이 죽는다고 끝나지 않는다는 것을 우리 모두 알아야 한다.

깊이읽기: 드위풍시(Dwifungsi)

드위풍시는 '이중의 역할dual function'을 뜻하는 말로 수하르토의 군부 통치체제 '신질서Orde Baru'의 정책 원칙이다. 이 원칙을 통해 수하르토 군부는 의회에 군부 할당 의석을 유지하고 고위 관직에 군인을 임용하는 등 인도네시아 공공부문에서 군의 지배력을 늘리고 영구히 유지하는 것을 정당화하고자 했다.

인도네시아는 국가 독립이 확고해지는 1949년 이후 군대의 민간 통치가 늘어났는데, 이후 정치체제가 부실해지자 '국가를 구하기 위해' 나서야겠다는 장교도 늘어났다. 1957년 계엄이 선포되자 군은 활동 영역을 정치, 경제, 행정 부분으로 확대해나갔다. 계엄 해제 뒤 군은 권력을 잡지는 않지만 놓지도 않는 "중도Middle Way"를 행동 기준으로 삼았다. 하지만 1966년 9월 고위 장교들이 모인 2차 육군 회의는 '사상, 정치, 경제, 사회,

문화에 이르는 민간 부분까지 군이 참여한다'는 내용의 '정부에 대한 군의 공헌 구상'이라는 문건을 내놓는다.

군은 드위풍시를 통해 사회의 모든 부문을 자신의 영향권 아래 두었는데 실제로 수하르토 집권기에는 인도네시아의 거의 모든 고위직—시장, 주지사, 외교관, 국영기업 임원, 법관, 각료—이 군 장교들로 채워졌다.

독재자의 용기는
어디서 오는가

팀과 결혼할 때 나는 결혼식을 되도록 간단하게 치르려 애썼다. 우리 식구 일곱 명과 친구 셋만 불러 검소하게 하고 결혼비용은 돈이 필요한 이들에게 기부하는 것이 낫다고 생각했다. 그래서 결혼식 뒤에 나는 친지들로부터 "왜 성대한 잔치를 벌이지 않았느냐"는 엄청난 원망을 들어야 했다. 인도네시아에서는 '간소한 피로연'은 상상도 못할 일인 탓이다. 우리 사회는 무엇이든 많을수록 좋고, 흥청일수록 즐겁다는 생각에 사로잡혀 있다.

형식적이고 상업적이고 과시에 가까우며 은근히 정치적인 결혼식은 자카르타 엘리트 특유의 문화다. 그들은 너나없이 시내 큰 호텔 연회장을 빌려 흥청망청 잔치를 한다. '길일'이 되면 호텔 주변에는 축의금 봉투를 든 하객들이 밖에까지 줄을 잇는다. 예전엔 작은 선물을 들고 결혼식에 왔으나 지금은 축의금 봉투가 관행이 됐다. 축의금을 낸 하객들은 '작은 감사의 선물'을 받은 뒤 잘 차려입은 신혼부부와 부모들에게 축하를 건네고 전문업체가 성대하게 차린 음식을 대접받는다.

나는 자카르타 엘리트의 결혼식에 여러 번 가보았는데 부족에 따라 조금씩 차이가 있을 뿐 형식과 겉치레는 언제나 비슷했다. 내가 간 결혼식 가운데 허례허식과 과시에서 압권은, 과거와 현재의 찬란한 영화를 내세우며 서민들의 현실 따위는 과감히 무시해버린 룰루Lulu와 대니Danny의 결혼식이었다. 그 둘이 누구냐고? 룰루 루치아나 토빙Lulu Luciana Tobing은 귀엽고 참신한 외모에 인기 있는 TV 드라마 여배우고, 대니 비모 헨드로 우토모 룩마나Danny Bimo Hendro Utomo Rukmana는 수하르토의 외손자다. 그 결혼잔치는 꼬박 이틀 동안 열렸는데, '신부의 목욕재계', '신부의 혼인 지참금 전달식' 같은 전야 행사를 비롯한 자바 섬 전통 결혼예식까지 집어넣어 어찌나 성대하고 화려하게 치르는지 마치 왕실 결혼식쯤 되어 보였다.

신랑의 외할아버지 수하르토도 신부의 목욕예식에 참석해 신부에게 물을 끼얹으며 축복했다. 자리를 함께한 친척 가운데는 수하르토 매제이자 한때 수하르토의 후계자로 거론되었던 퇴역 장성 위스모요 아리스무난다르Wismoyo Arismunandar와 아버지 집권 시절 은행 열여섯 개를 소유하고 인도네시아 금융계를 쥐락펴락했던 수하르토의 차남 밤방 트리핫모요Bambang Trihatmojo와 그의 아들 아리 시깃Ari Sigit 얼굴도 보였다. 하객들 중에도 수하르토 정권 시절의 장성과 측근들이 눈에 띄었다. 수하르토 집권기에 국방장관이자 동티모르 학살을 지시한 혐의를 받고 있는 위란토Wiranto, 역시 수하르토 집권기에 내무장관을 지낸 무르디오노Moerdiono도 참석했다. 하객 2백 명에게 건네진 답례품은 또 어찌나 황당하던지! 답례품은 붉은색 1만 루피아 지폐 다섯 장과 초록색 2만 루피아 지폐 두 장을 접어 만든 장미꽃이었다.

무려 7천여 명이 참석한 결혼피로연은 예식보다 더 휘황찬란했다. 자카르타 시내 '타만 미니 인도네시아 테마공원'* 옆 앗틴^At-Tin 모스크를 잠시 '에덴 동산' 모양으로 개조해 피로연장으로 꾸몄는데, 천정에 인공 덩굴을 붙이고 꽃과 생과일을 매달아 하객들이 따먹을 수 있도록 했다. 서른다섯 가지 인도네시아 요리와 세계 각국 요리들을 대접받은 하객들에게 과연 과일을 따먹을 식욕이 남아 있었을지는 모르겠지만. 또 길거리 쪽으로는 스크린을 달아 '행인들이 결혼피로연을 보며 즐거워할 수 있게' 했다.

몰취미하고 저속하고 아둔하고 촌스러운 과시욕을 이보다 잘 보여주기도 힘들 게다. 더구나 나라가 온갖 인재^人災와 천재^天災에서 채 빠져나오지 못한 때에 말이다. 게다가 천재지변이라는 것이 그들 정권의 구조적인 문제에서 비롯된 인재인 경우도 있었다. 동자바 주 시도아르요^Sidoarjo에서 진흙이 화산처럼 터져나와 2년 동안 이재민 수만 명을 만들었던 사건도 처음에는 천재라고 믿었지만 알고 보니 에너지 회사 라핀도브란타스^Lapindo Brantas가 시추를 잘못해서라지 않나. 그들을 관리 감독하는 건 누구 책임일까. 이런 인재와 천재가 아니라도 민주주의로 가는 우리의 여정은 고통스러울 만치 느리고 경제 번영은 너무나 멀다. 지난 수십 년 동안 그 모든 발전을 발목 잡았던 수하르토 정권의 억압적 정치와 구조적 우민화 정책 탓이 크다. 그런데 그들 가족은 뻔뻔스럽게도 저토록 괴상망측한, 제 얼굴에 침 뱉는 돈 자랑을 하면서 자기네들은 무사하다는 사실을 과시하고 있다. G30S 사건 30주년 기념일 불과 몇 주 전에 수하르토 이름을 당당히 내건 그런 결

---

* 수하르토 전 대통령 부인 티엔 수하르토의 아이디어로 알려진다. 공원을 만들기 위해 수백 명 주민이 쫓겨났다.

혼식을 하다니, 아무리 봐도 시기적절하다고 할 수 없었다.

룰루와 대니가 신혼여행 중이던 때, 〈자카르타포스트〉는 신질서 체제 잔재를 다룬 뛰어난 기사들을 실었다. 공산주의 관련 보도 검열, 시민권조차 부정당한 채 외국에서 수십 년 동안 망명생활을 해야 했던 정치인들의 운명, G30S 사건의 진상을 밝히려고 노력해온 역사학자 힐마르 파리드Hilmar Farid 이야기 등이 그것이다. 파리드가 주장했던 내용들은 뒷날 대부분 사실로 드러났다.

역설적이지만 수하르토 시절 부통령을 지낸 하비비도 9월 30일 신문 1면을 장식했다. 하비비는 자신의 정치적 후원자였던 수하르토가 국민의 감사를 받아 마땅한 인물이라고 주장했다. 수하르토의 '건강 악화'를 이유로 부패·권력남용 혐의에 대한 기소를 기각한 법원 판결을 거드시겠다! 그런데 건강이 나쁘다고? 건강이 악화돼서 법정에 설 수도 없는 사람이 결혼식장에는 올 수 있었던 모양이지? 농담도 참.

더 열 받은 이유는, 우리 모두가 이런 사실을 모른 체하고 있어서다. 마치 수하르토가 여전히 우리를 통치하고 있기라도 하듯이 말이다. 대니와 룰루가 하객들이 건넨 축의금을 세는 동안 나머지 인도네시아 사람들의 삶은 더욱더 가난해져가고 있다.

제대로 처리하지 않은 과거사가 많을수록 인도네시아와 국민의 존엄성은 누더기가 된다. 우리를 이렇게 비참하게 만든 저들 일가가 사랑 놀음을 하는 꼴을, 다들 눈이 휘둥그레가지고 빙충맞게 쳐다보기만 하겠다면 하는 수 없지만. 참으로 얼마나 줏대 없고 비겁하고 소심하고 기회주의적이고 밸도 없는 국민인지! 바로 그렇기 때문에 '신질서 체제'가 그렇게 오래 지속될 수 있었다. 우리는 '그런 지도자들 밑에서 고생해 마땅한 국민들'이었다.

'신질서' 체제는 인도네시아 2대 대통령 수하르토의 권위주의 통치체제로 1965년 쿠데타로 초대 대통령 수카르노를 몰아내고 정권을 잡은 수하르토가 수카르노 정부와 자신의 정부를 차별하고자 만든 말이다. '신질서'는 32년 수하르토 독재 기간(1965년~1998년)를 이르는 말로도 쓰인다.

정치적 질서, 경제 발전, 정치 과정에서의 대중 참여 제한을 내건 수하르토의 신질서는, 독립 뒤 1950년대 후반부터 1960년대 중반까지 이어져 온 정치적 충돌, 사회적 갈등, 경제 붕괴 등 인도네시아의 여러 문제에서 벗어나고자 했던 많은 이들로부터 상당한 인기를 모았다.

그러나 1960년대 후반 드러난 신질서의 정체는 군부 집권 강화와 영속화를 노린 강력한 정치 통제, 정치·행정·사회 조직의 관료화와 사기업화, 선별적이고 노골적인 반대파 탄압이었다. 인도네시아공산당에 가담했거나 수하르토에 동조하지 않는 많은 이들이 체포되어 고문, 학대당했고 재판 없이 중노동 징역을 살거나 조직적으로 감시당했을 뿐 아니라 그 가족들까지 차별, 탄압받았다. 최대 정당이던 인도네시아공산당이 불법화되고 더불어 정당의 설립과 활동이 크게 억압받았다. 수하르토 정권 시기 합법 정당은 수하르토의 골카르당을 포함한 세 개 정당뿐이었다.

수하르토 정권의 민족주의자·공산주의자 탄압은 이슬람 부흥의 기회가 되었다. 종교를 부정하는 공산주의 탄압은 수하르토와 이슬람의 이해가 만나는 지점이었다. 나들라툴 울라마를 비롯해 보수적인 무슬림 집단은 수하르토 집권기 동안 친수하르토적 태도로 정책에 협조적이었다.

중국계를 겨냥한 차별, 억압, 폭력도 만연했다. 중국계 가운데 부유층이 많다는 사실은 가난에 시달리는 민간 정서에 맞닿았고, 중국계를 중화

인민공화국과 연결시켜 박멸해야 할 공산주의자들로 엮는 일은 집권 정당성이 취약한 수하르토 정부의 이해와 맞아떨어졌다. 그래서 쿠데타 후 폭동 시기에 많은 중국계가 살해당했고 중국계의 정치·경제·문화·교육을 억압, 차별하는 법령이 제정되었다. 수하르토 정권이 강화해온 반 중국계 정서가 마지막으로 극성을 부린 것은 '신질서'가 끝나던 1998년 중국계 대학살이다.

야만적이고 불법적인 수하르토 정권이 확고히 자리를 잡은 데는 냉전 시대라는 배경과 미국을 비롯한 서구의 도움이 컸다. 수하르토는 미국 유학파 경제관료를 임용해 적극적으로 서구 자본과 기업을 끌어들였다. 유학파 경제관료들의 독점적 영향력은 '버클리 마피아Berkely Mafia'라는 유행어를 낳을 정도였다. 서구 자본으로 추진한 정책들은 인도네시아 경제발전의 동력이었지만 동시에 많은 개발 이익이 서구와 친서구 권력층에 몰리면서 문제를 일으켰다. 정부가 주도·독점하는 경제 정책은 뿌리 깊은 부정부패의 시작이었고 무차별적인 개발을 부추겨 환경을 파괴했으며 극심한 빈부격차를 만들었다. 수하르토 정권과 미국, 영국, 오스트레일리아는 경제뿐만 아니라 외교·군사적 유대도 긴밀해 그들로부터 무기와 군사 훈련을 제공받았다.

국가통합도 신질서의 중심 신조였다. '위대한 인도네시아'를 내세운 수하르토의 야망은 1969년 의혹투성이 국민투표를 통한 서부 뉴기니 합병, 1975년 동티모르 무력 점령, 독립을 외쳐온 아체 무력 진압 등 인도네시아 내 소수민족과 동티모르 차별, 탄압으로 이어졌다.

수하르토는 장기 집권을 공고히 하고자 정당과 언론의 설립, 활동을 극도로 통제했고, 대통령 선출 권한이 있는 국민협의회에 자신이 지명한 의원들 상당수를 포함시켰다. 그 결과 수하르토는 1978년, 1983년, 1988년, 1993년, 1998년 모두 다섯 번 대통령으로 선출되었다.

수하르토 정권의 부정부패에 질린 국민들은 반대자가 되었고 1970년대 학생들을 중심으로 민주화 운동이 본격화되었다. 민주화 운동을 주도한 많은 정치인, 언론인 등이 수감되거나 살해당했지만 1998년 대대적인 민주화 운동은 수하르토를 몰아내고 인도네시아에 민주화를 가져왔다.

　30여 년 동안 이어진 '신질서'는 수하르토가 물러나면서 사라지고 지금 그 말은 수하르토 정권에 연루되었거나 권위적 정권을 지지하며 부패, 결탁, 족벌정치를 일삼았던 이들을 가리킬 때 경멸을 담아 쓴다. 이들이 저지른 많은 불법 행위들이 아직 밝혀지거나 처벌받지 않았고, 군과 관료의 부정부패도 사라지지 않았다.

지하철 표를 사면 산소통도 같이 주나요?

내 친구 미란티는 속눈썹이 정말 매력적이다. 언젠가 예쁜 속눈썹을 칭찬했더니 미란티는 "이거 다 늘린 거야"라고 말해 깜짝 놀랐다. 짧은 머리에 머리카락을 덧붙인다는 얘기는 들었어도, 속눈썹을 늘인다는 말은 처음이었다. "할리우드 여배우들이 쓴다"고 광고하던 속눈썹 발육촉진제를 써보았지만 비싸기만 하고 효과가 없었다. 그런데 미란티의 '늘린 속눈썹'은 정말 예뻐서 나도 해보고 싶었다. 덕분에 나의 바보짓 목록은 더 다채로워졌다. 부끄러움을 무릅쓰고 내가 했던 짓을 고백하자면.

먼저, 얼마 지나지 않은 일로 집 근처 미장원에서 접착제로 인조 속눈썹을 붙인 적이 있다. 대충 짐작하겠지만, 참으로 고통스럽고 힘들었다. 어쨌든 작업이 끝나고 미용사가 거울을 가져다줬을 때 기겁하지 않을 수 없었다. 인조 속눈썹이 터무니없이 길어서, 꼭 미국 TV 프로그램 〈세서미스트리트〉에 나오는 미스 피기처럼 보였다! 내가 너

너무무 실망하는 걸 본 미용사는 미안해하며 말했다.

"미안해요, 아주머니. 짧은 속눈썹이 다 떨어지고 없었어요."

내가 "긴 건 그렇다고 해도 눈썹이 눈꺼풀을 찌를 정도로 치켜올라가 있는 건 심하지 않아요?"라고 했더니, "그럼 속눈썹을 잘라주겠다"고 했다. 하지만 속눈썹을 붙이면서 뻣뻣하게 초를 먹인 탓에, 그나마 가느다래지는 끝부분을 자르면 뭉툭한 빗자루처럼 보일 것 같았다. 그러니 어쩌랴. 힘들여 붙인 속눈썹을 잡아 뜯을 수도 없고, 자연스레 떨어지도록 놓아두는 수밖에. 그 속눈썹은 석 달 동안이나 내 눈에 붙어 있다가 마침내 떨어졌는데, 그때 진짜 눈썹까지 빠졌다. 눈꺼풀에는 몇 가닥 짧은 눈썹 뿌리만 남아 눈두덩이 꼭 감자처럼 보였다. 바보 소리를 들어도 할 말 없다.

나는 다시는 속눈썹에 손대지 않기로 마음먹었다. 대신 미용 관련 서적에서 본 대로 비버 몸에서 짜냈다는 기름을 밤마다 눈에 바르기 시작했다. 두어 주 지나자 속눈썹은 원래 모양을 되찾았다. 그나마 다행이었다. 아무튼 지금까지 나는 속눈썹을 집게로 말아 올리고 마스카라를 바르는 '전통적인' 치장만 한다.

이번에는 지난해 이야기인데, 엄지손가락에 사마귀가 났다. 남편은 병원에 가라고 했지만 나는 "싫어, 내 소신대로 돈 안 드는 방법을 쓸 거야"라며 거부했다. 어머니는 아버지 몸에 사마귀가 생기면 생석회에 물을 부어 만든 소석회를 붙여 없애드리곤 했다. 그런데 아버지에게 마법처럼 듣던 방법이 내겐 잘 듣지 않았다. 나는 주위 사람들에게 주워들은 여러 가지 방법을 써보기 시작했다. "사마귀가 썩어서 빠져 나온다"는 말에 생선뼈로 찔러도 보았고, 건전지에 들어 있는 산酸으로 문질러보기도 했다. 하지만 모두 소용없었다.

사마귀는 더 커지고 딱딱해져서, 내 손에 기생하는 외계 생물 같았다. '사마귀와의 전쟁'을 1년 동안 벌인 뒤에(사실 재미있기도 했다) 결국 포기했다. 그리고 피부과에 가서 제거해버렸다. 뜸을 떠 없애느라 생긴 상처는 금방 사라졌지만 흉터는 조금 남았다. 아흔 살쯤이나 돼야 없어질 흉터를 볼 때마다, 나 자신이 얼마나 멍청한지 떠올리겠지.

나는 별로 필요하지도 않은 가짜 속눈썹에다가 적잖은 돈을 들였지만 남은 것은 뜯겨나간 눈썹뿐이었다. 사마귀 없애기는 내 몸과 관련된 문제인데도 치료를 미루다가 더 큰 상처로 키웠다. 애초에 병원에 갔으면 푼돈으로 끝났을 일인데 뒤늦게 가는 바람에 돈도 더 많이 들었다. 아픈 교훈을 얻고 나서, 쓸데없는 일에 돈을 쓰고 꼭 해야 할 치료를 미루다가 병을 덧내는 짓을 비단 나만 저지를까 하는 생각이 들었다. 우리 지도자들은 늘 그렇게 하지 않았던가?

수카르노는 화려한 국가 기념물을 많이 세웠다. 자카르타 시내 중심부 메르데카Merdeka광장(독립광장)에 세운 황금 이파리 장식을 두른 거대한 오벨리스크, 10만 명을 수용할 수 있는 세계 최대 경기장 가운데 하나인 붕카르노Bung Karno 종합경기장, 클로버 모양으로 멋을 낸 스망기Semanggi 입체 교차로, 초대형 백화점 사리나Sarinah, 위용을 과시하는 탐린Thamrin 대로가 그런 것들이다. 나라 경제는 혼돈으로 치닫는데 '속눈썹 치장'에 힘을 쏟은 셈이다. 당시 물가상승률은 연간 650퍼센트에 이르러 서민들은 생필품을 사기도 힘들었고 루피아화 가치는 급락했으며 실업이 만연해 있었다. 국민들은 겉치레보다 튼튼한 경제가 더욱 중요하다는 걸 뒤늦게야 깨달았다.

세계에서 아홉 번째로 큰 도시 자카르타의 겉치레 문화는 지금도 그대로다. 1997년 수티요소Sutiyoso 시장이 취임한 후 퇴임까지 '속눈썹 치장'은 더 많아졌다. 시내 주요 도로를 미화한다며 신호등을 알록달록한 것들로 바꿨고 여기저기 나무와 꽃을 새로 심어 전기와 물을 펑펑 쓰고 있다. 도시 곳곳에 생겨날 쇼핑몰은 또 어떤가. 지금도 시내에 1백 곳이 넘는데 앞으로 70~100개를 더 짓는단다. 쇼핑몰이 더 생기면 교통체증이 더 심해지고 부자들의 어처구니없는 소비지상주의를 부추길 게 뻔하다. 사정이 이런데, 교통에 오히려 방해만 되는 버스 전용차로에, 모노레일 설치까지 추진하고 있다. 거기다 지하철까지. 여보세요, 자카르타는 해마다 홍수가 난다고요! 지하철 표를 사면 산소통도 같이 주실 건가요?

커다란 상처로 자라나기 십상인 자카르타의 '사마귀'들도 많다. 단적인 예가 해마다 악화되는 연례행사, 홍수다. 그런데 홍수를 막을 조치는 하나도 마련해놓지 않았다. 점점 심각해지는 교통체증, 환경오염, 쓰레기 처리 같은 '사마귀'도 있다. 더 작고 놓치기 쉬운 것들도 많다. 서민층 주택난, 늘어나는 비공식부문 종사자(이른바 건달), 도시가 마구잡이로 확대되는 현상과 여기 따르는 열악한 위생관리, 교육·행정 문제 등 숱한 부스럼을 방치하고 있으니 점점 더 크게 자라날 게 뻔하다.

지난 10년 동안 건설 붐으로 도시 녹지가 줄어들었다. 그래서 우기만 되면 홍수가 나고 건기에는 물이 부족하다. 공원과 저수지를 많이 만들어야 하는데 쇼핑몰과 고층빌딩만 짓고 있다. 부패한 관리들이 건축허가를 내주면서 돈을 챙기는 탓이다. 하긴, 당국 탓만 할 일도 아니다. 우리 모두가 도심 불빛에 반해 화려한 물건들이 가득한 쇼핑몰로 몰려가고 있으니. 자카르타가 안고 있는 문제들에 눈 감은 사람도 우리고, 도시를 지저분한 사마귀 투성이로 만든 책임도 결국 우리 몫이다.

유니폼으로
이루는 화합

외국을 여행할 때면, 나는 세계 도처에서 여러 나라 사람으로 취급을 받는다. 싱가포르 사람들은 싱가포르인이라고, 필리핀 사람들은 필리핀인으로, 몽골인들은 몽골 사람이라고 생각한다. 일본에 가면 일본어로 말을 건네온다. 이탈리아나 프랑스를 여행할 때에는 중국인으로 오해받는다. 믿기지 않겠지만, 미국 사람들은 내가 캘리포니아 토박이인 줄 안다. 심지어 멕시코나 런던에서도 나는 그 동네 이주민 취급을 받는다. 인도의 델리에서는 네팔 쪽 변경지대 출신 인도인으로 오해받는다.

이유가 뭘까? 혹시 내가 카멜레온처럼 배경에 맞춰 변신을 하는 걸까? 아니면 내게 '범아시아 유전자'가 있어서 아시아 모든 곳 사람들 얼굴이 다 배어 있는 걸까? 우디 앨런 영화 〈젤리그 Zelig〉 주인공처럼 뚱뚱한 사람 곁에선 뚱뚱해지고 중국인을 만나면 중국어를 하는 신비한 변신 능력을 가졌나?

내가 생각하기에 그것은 내가 진정한 지구의 용광로 인도네시아 사람이기 때문이다! 여기서는 '인도네시아인만의 특성' 같은 게 없다. 역사적으로 중국, 인도, 아라비아, 포르투갈, 네덜란드 등 다양한 나라 영향을 받아 그 많은 나라의 혈통이 다 섞여 몸속에 온갖 유전자가 떠다니니, 마치 '유엔'인 양, 상상할 수 있는 온갖 인종의 외모와 피부색이 다 있다. 인도네시아는 세상 모든 곳에서 온 사람들의 나라다!

그래서인지 때론 무질서하고 혼란스럽기 짝이 없고 수하르토 정권은 '신질서'라는 이름으로 정교하고 집요하게 사람들을 획일화하려 했다. 이를 노골적으로 보여주는 것은 의상이었다. 참으로 많고 많은 복식 규정들이 있었다. 정권은 자바 섬 문화를 표준이라며 인도네시아 다른 지역에 강요했다. 고위 공직자들은 때로는 말도 안 되는 사투리까지 섞어가며 자바 억양으로 말했다. 하지만 자바 문화를 표준화한답시고 억지로 만든 것들이 너무 도식적이어서 자바 사람들조차 낯설 때가 많았다.

그 시절 공식 행사에서는 남성은 모두 사파리 셔츠나 전통의상 바틱 셔츠를 입었고 여성은 자바 전통 윗도리 케바야에 바틱 사롱을 입었다. 성매매 여성들은 자기네가 속한 클럽마다 한 가지 모양으로 만든 의상들을 입어야 했다!

아마 그중에서도 최악은 판차실라일 게다. 신앙의 존엄성, 인간의 존엄성, 민족주의, 대의정치, 정의사회 구현, 이 다섯을 '판차실라' 즉 국시國是라며 강요했던 일 말이다. 그러나 사회 모든 부문의 화합과 통일이라는 명분과 달리 판차실라는 반대세력을 탄압하고 국민을 세뇌하는 도구로 악용됐다.

말할 필요도 없이 이런 인위적 '통일성'은 수하르토가 몰락하자마자 힘을 잃었다. 사람들은 그동안 짓눌렸던 개성과 정체성을 한껏 발산하기 시작했다. 인도네시아가 가진 다양성과 지역마다 지닌 특별한 상황을 인식하게 되면서 사람들은 자연스레 중앙집중화에서 벗어나기 시작했다. 그러나 둥근 것, 갸름한 것, 세모난 것, 울퉁불퉁한 것 모두를 네모난 상자 속에 우겨넣은 수하르토의 독재가 32년이나 이어졌던 탓에, 벗어나는 과정이 기대만큼 쉽지 않았다.

뒤늦게 새로 발견한 자유를 기념한다며, 우리는 획일화라는 과거 잔재로 돌아가기까지 했다. 이번에는 케바야 대신에 무슬림 여성 의상인 부사나busana와 질밥으로. 남성들이 입어야 했던 사파리 의상은 무슬림 남성이 사원에 갈 때 주로 입는 수놓은 헐렁한 윗도리 바주코코baju koko로 바뀌었다. 라마단 금식월이 되면 시내 쇼핑몰이나 재래시장, 길거리에 '무슬림 패션'이 판친다. 심지어 TV 뉴스 여성 앵커도 정장 대신 부사나를 입고 나온다. 옷차림뿐 아니다. 공식 행사 진행자들은 첫인사에서 인도네시아어 저녁 인사 '슬라맛말람selamat malam' 대신 아랍어 인사말 '앗살라무 알라이쿰'을 인도네시아식으로 바꾼 '앗살라무아이쿰assalamuaikum'이라 말한다.

신질서 체제는 끝났지만 경직되고 획일적인 의식 구조는 남았다. 게다가 그런 의식은 갈수록 강해지는 것 같다. 나는 매주 월·수·토요일 세 차례 중·장년층 태극권 모임에 나간다. 그런데 얼마 전부터 모임 회원들은 수요일에는 붉은 윗도리에 흰 바지를, 토요일에는 아래위로 흰 옷을 입게 됐다. 월요일만이라도 내키는 대로 입을 수 있게 해줬으니 다행이라고 해야 하려나. 결혼식장에 가면 신랑 신부 가족들은 똑같이 맞추어 옷을 입는다. 식민지 시절, 주인과 하인을 구분하려고 입기 시작한 유니폼을 잔칫집에서 입다니, 이해가 안 간다.

이런 획일화는 언제나 끝날까? 1만 7천 개 섬에 흩어져 사는, 서로 다른 3백여 개의 민족적 뿌리를 지닌 2억 4천만 명이 모두 같은 색깔,

같은 모양으로 만든 옷을 입고 있는 장면을 상상해보라. 끔찍하지 않은가! 군인이나 경찰, 간호사, 합창대원과 무용수에게는 유니폼이 적합할지 모르겠으나 온 국민이 똑같이 입는다면 멍청하고 따분하고 억압적으로 보일 것이다. 게다가 그건 우리의 문화를 초라하고 가난하게 만드는 짓이다.

나는 인도네시아인이라는 것이, 이 광대하고 창조적이며 영감 넘치는 나라의 일원이라는 사실이 자랑스럽다. 무엇보다 우리가 지닌 다양성이 자랑스럽다. 인도네시아는 세상 온갖 것을 담은 작은 우주나 마찬가지다. 다양한 민족, 다양한 지방 문화, 다양한 종교로 봐도 그렇고, 슬프지만 그 다양성이 만드는 다양한 분쟁을 봐도 그렇다. 인도네시아를 세운 수카르노는 인도네시아의 이런 속성을 '다양성 속의 통일성'이라는 이상적인 모토로 정리했다. 그런데 안타깝게 지금까지 우리가 걸어온 경로는 '불일치 속의 분열'에 더 가까웠고, 다툼과 싸움과 폭력은 지금까지 이어지고 있다.

물론 우리에게도 한마음으로 한 민족, 한 나라, 통일 국가라고 여기던 때가 있었다. 하지만 그것은 우리가 국가 정체성을 인정한다는 뜻이었지, 사람마다 지닌 민족적, 종교적 정체성을 부인한다는 의미는 아니었다. 우리는 다양성을 인정함으로써만 국가적 정체성을 찾을 수 있다. 그것이 인도네시아의 변증법이다. 음양의 원리처럼 한쪽을 없애버리면 다른 한쪽도 있을 수 없다. 다양성 없이는 통일성도 없다. 다양성을 억압하려들면 긴장과 갈등과 폭력이 생겨나 통일성이 깨지기 때문이다. 새로운 다원적 정체성을 만들기는 쉽지 않겠지만 그것은 결국 우리가 가야 할 길이다. 그리고 지금 바로 시작해야 한다.

유니폼을 벗어던지려면 먼저 무엇을 해야 할까? 만화 〈피너츠〉에 나오는 라이너스가 늘 들고 다니는 담요가 없으면 불안해하듯, 수카르노의 연설 속 표현처럼 원숭이들이 어두운 곳을 겁내듯 우리도 유니폼이 없으면 불안한지도 모르겠다. 그러나 이제는 차이를 인정할 정도까지는 성숙해져야 하지 않을까. '온 세계에서 모여든 사람들의 나라'임을 자랑스럽게 여기며 세계 시민으로 자리 잡을 때가 되었다.

깊이읽기: 수하르토의 통일 정책

　　일본 제국주의에게 지배당했던 1945년. 불리해져가는 전세에 위기감을 느낀 일본은 식민지 유화 정책의 일환으로 인도네시아 민족주의자들에게 '인도네시아 독립 조사위원회'를 조직하도록 했다. 당시 조사위원회의 회원이었던 수카르노는 앞으로 독립할 자유 인도네시아가 지켜야 할 다섯 가지 기본 원칙을 발표했다. 그것은 '전지전능한 최고 신에 대한 신앙심(신앙의 존엄성)', '정의롭고 예절바른 인간성(인간의 존엄성)', '통일 인도네시아(민족주의)', '대중 합의와 대의제도로 만든 지혜로운 정책이 인도하는 민주주의(대의정치)', '인도네시아 사람들을 위한 정의사회 구현(정의사회 구현)' 등 다섯 가지였다. 당시 조사위원회 위원이었던 수카르노는 불교에서 지켜야 하는 다섯 계율을 가리키는 '판차실라'를 빌려 이 원칙을 정의했는데, 1945년 8월 공포한 헌법 전문에 수록된 이래 인도네시아 공화국의 중요한 통치원리이자 철학·생활원리로 자리 잡았다.

　　판차실라는 본래 다양한 부족과 문화가 어우러진 인도네시아를 통일된 근대국가로 이끌기 위해 필요한 절대 원칙으로서 다양성을 존중하면서 합의를 통해 올바른 사회를 만들어가자는 의지의 표현이었다. 하지만 수하르토 군부 독재정권은 본뜻과는 달리 통치자의 집권에 유리한 이데 올로기로 이용했다. '다양성 속의 통일'이라는 판차실라의 개념 가운데 '통일'만을 가져와 사회조직 및 개인을 통제하는 원리로 활용했던 것이다.

가장 대표적인 정책은 정당 통합을 통한 의회 장악이었다. 1973년 1월, 다양한 민족과 종교, 지역의 요구를 반영한 아홉 개의 정당을 두 개로 통합하여 집권 여당인 골카르당까지 세 개 정당만이 의회를 구성하도록 했고, 의원 후보 승인·임명권을 대통령이 쥐어 사실상 정당의 기능을 하지 못했다. 자바 섬의 인구 밀도를 해소한다며 벌인 강제 이주 정책과 자바 중심의 통합을 명분 삼아 자치적으로 운영되는 여러 주에 중앙군을 파견한 일은 통합을 노린 정책이었으나 결과적으로 갈등을 빚었다. 심지어 '모노로얄리타스monoloyalitas*'를 내세워 지배자 1인에 대한 충성을 강요했다.

---

* 영어의 'mono(하나)'와 'loyalty(충성)'를 합성해 만든 인도네시아식 조어.

대통령의 저글링

예전에 어머니가 살던 시골 오두막 옆에는 연못이 있었는데, 물고기도 키우고 화장실로도 썼다. 어머니가 세 살 때의 일이다. 아침 일찍 연못가에 쭈그리고 앉아 똥을 누는데 그만 스르르 졸음이 오더란다. 어머니는 잠결에도 '연못에 빠지지 않으려면 뭔가를 잡고 있어야지'라고 생각했다. 그때 빗자루가 눈에 들어왔다. '이거야! 이걸 잡고 있어야지!'

야자수 가지에서 껍질을 벗겨내면 길고 질기면서도 유연한 줄기가 남는데, 그 줄기 여럿을 같은 길이로 잘라 묶으면 제법 쓸 만한 빗자루가 된다. 야자 줄기를 하나씩 꺾으면 잘 부러지지만 여러 개를 묶으면 부러지지 않는다. '야자 빗자루'는 그래서 '작은 힘이 뭉쳐 큰 힘이 되는 것'의 은유로 쓰이기도 한다. 그런데 불행히도 어머니가 붙잡은 빗자루는 그리 단단히 묶여 있지 않았다. 그걸 잡고 있다가 다시 졸음이 쏟아져 어머니는 연못으로 미끄러졌다. 불쌍한 어머니는 그때 겨우 세 살이었다.

유도요노 대통령을 딜레마에 빠뜨린 연립내각, 인도네시아연합 United Indonesia, 일명 '무지개연합'은 내 어머니의 야자 빗자루와 같다. 수하르토 이후의 대통령들 중에서 유도요노 재산이 가장 깨끗하지만 그가 이끄는 민주당Democratic Party이 차지한 의석은 전체의 7퍼센트뿐이어서 정치적 타격에 몹시 취약하다. 유숩 칼라 부통령의 골카르당 Golkar Party*은 33퍼센트, 연정의 또 다른 축인 이슬람 정당들은 30퍼센트를 차지하고 있다. 유도요노 대통령이 개혁 조치를 입법화하려면 이들의 지지를 얻어야 한다. 그래서 그의 내각은 능력보다는 '파벌 안배'가 중요하고 그 때문에 각료들끼리 서로 잘 모르는 경우도 많다. 심지어 자신을 임명한 대통령을 제대로 알지 못하는 각료도 있다.

그가 권력을 유지하려면 의회 여러 파벌들의 지지를 얻어야 하고 자연히 각 파벌들이 미는 인물들을 내각에 앉혀야 한다(실은 각료의 75퍼센트가 이런 인물들이다). 그자들이 얼마나 문제덩어리이고 정부를 비효율적으로 만들지를 알면서도 말이다. 그런 야자 빗자루 내각을 붙들고 앉았다가는 어린 내 어머니처럼 오물구덩이에 빠질지도 모른다.

전임 대통령 압둘라만 와히드도 비슷한 문제를 겪었다. 대통령 선출 방법이 문제였다. 이유는 두 가지다. 첫째, 의회 의원을 뽑는 총선과 대통령 선거를 따로 치르는 탓에 소수정당 대표도 대통령이 될 수 있다. 이런 대통령은 태생적으로 정치권을 이끌기 어렵다. 둘째, 그러니 어떤 정당도 다수당이 되기 힘든 다당제 아래서는 무지개 내각이 등장한다. 미국이나 유럽처럼 양당제를 기본으로 하고 기타 군소정당

---

* 원래 직능집단들의 조직으로 출발했으나 수하르토 정권을 떠받치는 정당조직으로 변질됐다. 수하르토 퇴진 뒤 야당이 됐다가 유도요노 집권과 함께 연립정권으로 들어갔다.

● ● ● 2009년 3월 20일 금요일, 민주당 대선 후보 수실로 밤방 유도요노의 지지자들이 선거 포스터를 들고 있다. 2004년 직선제로 대통령에 당선되었으나 지지기반이 약해 거국 내각을 꾸렸던 유도요노 대통령은 다음 임기 대통령에 다시 도전했다. AP Photo/Achmad Ibrahim _ ⓒ 연합통신

이 존재하는 나라들에서는 양당 지지층 가운데 어느 한쪽의 확실한 지지를 얻은 사람이 집권하게 된다. 그러나 새로운 인도네시아 정치 체제에서 권력은, 다양한 사회계층에 비교적 넓고 얇게 퍼져 있다.

인도네시아의 다당제는 사회적 다양성을 반영해 만들어졌다. 현재 유도요노 정권에는 민주당과 골카르당, 국민각성당, 국민위임당, 번영정의당, 연합개발당, 이렇게 여섯 개 정당이 모여 있다. 이들이 모두 유도요노의 정치적 보답을 기대하면서 손을 벌리고 있다. 각료직이 개인이 아닌 정당들에 '주어지는' 까닭에, 자격 없는 사람들도 장관이 되곤 한다.

유도요노 대통령은 미끌미끌한 공 여러 개를 들고 곡예 하듯 저글링을 해왔다. 그러니 요즘 들어 저렇게 초췌해진 것도 놀랄 일은 아니다. 위급한 국가 문제를 해결하겠다고 개각을 해보아도 각료 안배 문

제에다 공모, 부패, 연고주의 같은 고질적 병폐까지 겹쳐 있어, 별 도움은 되지 않는다.

게다가 유도요노는 수하르토나 하비비처럼 막강한 권력을 휘두르지도 못한다. 옛날에는 권력이 대통령 주변에 집중됐다. 그러나 수하르토 이후 개정된 헌법에 따라 대통령이 갖고 있던 권력의 상당 부분이 의회로 넘어갔다. 이제는 의회 여러 세력이 그 권력을 호시탐탐 노리며 이전투구를 벌인다. 국민들이 대통령 밀실에서 벌어지는 권력 다툼에 냉소를 보내는 것은 당연하다.

우리는 '다양성 속의 통일'을 슬로건으로 내걸었지만 현실은 '분열 속의 불일치'에 가깝다. 조화와 상호 협력을 내세우는 사회라면 상층부에서도 불꽃 튀는 토론이 벌어져야 한다. 민족주의·이슬람·공산주의를 통합한다는 의미의 '나사콤'을 지도이념으로 내걸었던 수카르노 시절에도 목표가 다른 정치세력들이 억지스럽게 '동거'했다. 그래도 그때는 유력 정파들이 정치 무대에서 다양한 견해를 펼칠 기회가 있었다. 그런데 수하르토의 신질서 시대가 되면서 힘센 집단이 정치적 견해가 다른 집단을 눌러버렸고, 원하는 모든 것을 가졌다. 수하르토 이후 개혁 시대에는 정치적 차이를 타협으로 해결하곤 했지만, '아무도 원하는 것을 못 갖는' 결과가 되었다.

모두가 자기가 가진 바에 만족하면서 하나가 되면 가장 이상적일 게다. 하지만 머나먼 이상향일 뿐이다. 낱낱의 야자수 가지들을 한데 묶으면 강해지긴 하겠지만, 그것은 '똑같은 가지들'을 묶었을 때 얘기다. 서로 다른 것들을 한데 묶는 '무지개 연합'은 경우가 다르다. 내 어머니는 세 살배기 수준의 지식과 논리와 경험을 따랐다가 오물에 빠졌다. 유도요노 대통령과 그의 후계자들이 세 살배기보다는 낫길 바라지만, 개각 소동을 보면 그마저도 너무 큰 바람이지 싶다.

2003년 4월 인도네시아 국민대표회의는 2004년 선거부터 국민들의 직접 선거로 대통령을 선출하기로 했다. 그동안 인도네시아의 정치체제는 다당제를 기본으로 국민이 직접 선거로 뽑은 의원으로 구성된 국민대표회의와 지역 대표와 직능 대표 그리고 국회의원으로 이루어진 국민협의회, 두 개의 조직으로 이루어졌다. 수카르노 때 만들어진 인도네시아의 헌법 제1조는 '모든 권력은 국민에게 있고 국민협의회가 이를 전적으로 행사'하도록 규정하였다. 국민협의회가 인도네시아의 최고 권력기관인 셈이다. 실제로 국민협의회는 국민의 주권을 대표하여 헌법의 제정 및 개정, 정·부통령 선출, 국가의 주요 시책 결정권 등 3대 주요 권한을 가지고 있었다.

그러나 국민협의회를 구성하는 지역 대표와 직능 대표, 군부 몫의 의원 임명권 모두를 정권이 갖는 경우가 많아 독재의 수단으로 악용되곤 했다. 수하르토 정권의 골카르당이 대표적이다. 노동조합, 농민조직, 부녀조직, 청년조직 등 많은 대중조직을 직능대표에 모두 포함시켜 국민협의회에서 큰 비율을 차지하게 함으로써 다른 정당들의 견제 기능을 무력화시킨 바 있다.

지금 당장
바퀴벌레 박멸!

두 달 동안 거실을 넓히고 욕실과 부엌을 새로 만드는 집 수리 공사를 했다. 시작할 때부터 돈과 시간과 에너지가 들어가는 정신없는 공사가 되리라 짐작했지만, 그래도 어찌나 일이 많은지! 새 생명의 탄생은 언제나 더디고 고통스럽다. 소음과 먼지로 집 안은 전쟁터가 됐다. 벽을 부수니 부엌과 목욕탕의 골조와 함께 몇 년 묵은 먼지, 지저분한 얼룩과 썩은 자재들이 흉하게 드러난다. 그리고 그놈의 바퀴벌레들! 갑자기 숨을 곳을 잃은 그놈들이 은신처를 버리고 허둥지둥 달아난다. 다행히 나는 바퀴벌레 때려잡기를 세상 누구보다 잘하는 사람이고, 그놈들을 뿌리 뽑는 작업도 해봤다.

집 안은 어지럽고 불편하지만 나는 이 혼란이 즐겁다. 끊임없이 들려오는 망치질은 음악처럼 들리고 집 안을 메운 먼지는 반짝이는 금 조각 같다. 나는 집 수리가 너무 신난다. 왜냐고? 이 혼란이 지나면 상쾌하고 예쁘고 편한 새 집이 태어날 것임을 알기 때문이다. 집이 근사하고 편리해지고 새로워진 덕에 새로운 에너지까지 생긴다. 그러니 내 눈에 이 어지러운 상태는 '정화 과정'이다. 누구나 서랍 속이나 찬장을 말끔히 정리하면서 마음까지 깨끗해지는 느낌을 받아본 적이 있을 것이다. 온 집 안을 그렇게 치운다고, 아예 온 나라를 청소한다고 상상해보면 어떨까?

인도네시아는 번잡스런 개조공사 중이다. 1998년 독재자 수하르토가 사임한 뒤 우리는 정치·사회·경제·도덕적으로 혼란스러운 상태에서 최소한 겉으로는 국가의 재편과 재정비로 보이는 작업을 진행하고 있다. 그러나 이 작업은 종종 더 큰 무질서를 빚어낸다. '국가'라는 집의 주인이 제각각 다른 생각을 가진 여럿인 탓이다. 또 개조작업에 기회주의적이고 탐욕스럽고 부패한 '바퀴벌레들'이 너무 많이 붙어 있어서이기도 하다. 우웩! 바퀴벌레들은 수하르토 시절보다 오히려 더 늘어난 듯하다. 하지만 사실은 '국가 청소' 과정에서 바퀴벌레들을 가려주던 독재정권의 그늘이 없어져 그들의 존재가 처음으로 낱낱이 드러나니 많아진 듯 보이는 것이다. 안타깝게도 우리의 사법시스템은 내가 우리 집 바퀴벌레들을 때려잡듯 국가의 바퀴벌레들을 잡을 만큼 강하지 못하다.

게다가 우리는 온갖 천재지변에 더불어 인간이 만든 재해까지 겪고 있다. 폭탄테러, 쓰나미, 지진, 화산 분출, 폭우와 산사태, 진흙 분출사태, 항공기·선박 사고, 에이즈·중증급성호흡기증후군SARS·조류독감 같은 질병……. 인도네시아는 우리가 오랜 세월 살아온 집이다. 그런데 우리는 이 집을 아끼지도, 잘 가꾸지도 않았다. 그래서 어떤 부분은 개발이 덜 돼 있고 또 어떤 부분은 너덜너덜 썩어 부숴버려야 할 지경이 됐다.

영적 측면을 중시하는 이들이나 종교계 인사들은 위기가 잇따라

오는 것도 쇄신의 한 단계라고 주장한다. 그대로 두어도 저절로 나아진다는 뜻일 게다. 끔찍한 재해로 갑작스럽게 가족을 잃고 고통에 시달리는 사람들에게는 그런 말이 작은 위안이라도 될까. 하지만 세상 모든 일은 시작에서 흘러 끝에 닿고, 뿌린 대로 거둔다. 오늘날 일어난 많은 재해는 대부분 과거의 게으름에서 왔다. 나무를 베어내니 진흙사태가 일어나고, 경제를 망쳐 기반시설을 고치지 못하니 사고가 난다. 보건의료 예산을 줄이니 질병이 돈다.

이를 카르마karma라 이르기도 하지만, 세속에서는 '원인과 결과'라고 말한다. 말이야 어찌 됐든, 달라질 것은 없다. 우리는 스스로 공포, 분노, 탐욕, 이기심 따위로 만든 거미줄에 붙잡혀 있다. 그런데도 이 단순한 사실을 모두가 잊고 산다. 과학기술이 발달할수록 정신의 능력인 지성과 각성은 더 무뎌지고 퇴보하는 듯 보이니 이상하다. 전 미국 대통령 부시는 이라크가 대량살상무기를 숨기고 있다고 우기며 전쟁을 일으켜 수많은 목숨을 앗았지만, 이라크 점령 뒤에 파견한 미국 수색팀은 아무것도 찾아내지 못했다. 대량살상무기는 이라크가 아니라 그러리라고 생각한 사람의 머릿속, 파괴적인 생각으로 가득 찬 머릿속에 있었던 것이다.

이 세상의 비극과 온갖 위기는 결국 우리의 책임이라는 뜻이다. 재난이 일어나면 '천벌을 받았다'고들 한다. 그러나 사실은 우리 스스로가 불러온 벌을 받고 있는 셈이다. 재난은 모두 우리가 만들었으니까. '하늘은 스스로 돕는 자를 돕는다'고 하는데, '도움'뿐 아니라 '벌'도 마찬가지다. 우리가 자초한 벌을 받는 데는 지옥의 도움까지는 필요치도 않다.

그런데 우리 집 수리와 인도네시아의 개조에는 큰 차이가 있다. 우리 집은 상태를 잘 파악한 뒤 미리 비용과 디자인을 생각해 계획을 세워서 부쳤다. 하지만 이 나라(그리고 세계)의 환경파괴는 계획이 아니라 탐욕과 경솔함, 폭력, 좌절감이 만든다. 벌써 많이 파괴됐지만 인도네시아인들의 의식을 다시 일깨우고 미래를 위한 비전을 만들기에 아직 늦지 않았다. 불사조는 잿더미에서 날아오르는 법이고, 다시 태어나는 것은 죽은 뒤에만 가능하다. 순환논법 같지만, 지금 우리에게 필요한 것은 딱 하나, '바퀴벌레' 박멸이다! 창조는 그 위에서만 가능하다.

국가의 미래는 무엇이 결정하는가

얼마 전 친구와 자바 중부 족자카르타(족자) 이모기리Imogiri에 있는 칩토우닝Ciptowening 바틱 박물관에 갔다. 박물관에는 그 지역에서 천연 염료로 전통문양을 넣어 짠 바틱을 전시하고 있었는데 바틱에 관심이 많고 즐겨 입는 나도 처음 보는 무늬들이 많았다. 박물관을 품고 있는 유명한 옛 왕실묘지는 2006년 5월 지진으로 큰 피해를 입어 얼마 전에야 복구했는데, 박물관과 몇몇 건물들은 겨우 제 모습을 찾았지만 부서진 채 남은 건물들이 아직 많았다. 족자카르타를 뒤흔들었던 지진은 사람들의 목숨을 빼앗고 건물을 부쉈을 뿐 아니라, 바틱 공방 같은 지역 산업과 함께 경제를 무너뜨렸다. 그래서 바틱 박물관을 지은 라라사티 술리안토로 술라이만Larasati Suliantoro Sulaiman 여사는 지진으로 집을 잃은 바틱 장인들에게 생활비와 작업장을 줘 재기를 도왔다고 한다. 이것은 지진 이틀 뒤부터 생겨난 '족자 재탄생' 운동의 하나로 지진으로 무너진 모든 것을 다시 세우기 위해 앞으로 몇 년 동안 계속

될 것이다.

족자는 세계적인 유적지다. 인도네시아가 자랑하는 보로부두르 Borobudur 고대 불교 사원을 비롯한 여러 신비스런 유적들이 있다. 해마다 불자들은 말할 것 없고 종교가 다른 이들도 찾는다. 다행히 지진이 보로부두르는 비껴갔지만, 보로부두르에 버금가는 고대 힌두 사원 프람바난Prambanan은 이모기리 왕실 묘지처럼 큰 피해를 입었다. 그런데 지방 정부가 한 일이 무엇이었는지 아는가? 지방 정부는 독특하고 유서 깊은 고대 유적이 복원되지 못하게 애써 막았다. 속 좁은 이슬람 관리들 눈에 프람바난은 '이교도'의 유산일 뿐이었다. 다행히 프람바난이 지닌 역사적 가치가 워낙 높았던 덕에, 복원을 결정하자 기금은 쉽게 모였다. 신선하고 놀라운 것은 최대 기부자가 보수 이슬람 본산지인 사우디아라비아였다는 사실이다!

유네스코 세계문화유산인 아프가니스탄 바미얀Bamyan의 고대 불상들을 대포로 부순 탈레반Taliban처럼, 족자 무슬림 관리들은 '이교도' 유적을 되살리는 일이 신성모독이라 생각했다. 그러나 내가 보기엔 비이슬람 유적이라는 이유로 버려두는 짓이야말로 신성 모독이다!

거창한 고대 유적의 사정이 이런데, 사라질 위기에 놓인 민속 문화들은 어떨까. 이들을 살릴 '문화적 응급처치들cultural emergency responses'* 도 절실히 필요하다.

하나하나 말하기 힘들 만큼 다양한 민족·부족들이 수천 년 동안 살아온 인도네시아에는 훌륭한 고대 유산이 많다. 이모기리 묘지라든

* '문화적 응급처치'라는 표현은 2006년 네덜란드 헤이그에서 열렸던 프린스클라우스기금(Prince Claus Fund)의 세계유산보호회의에서 나온 말이다. 프린스클라우스기금은 네덜란드 베아트릭스 여왕의 남편 클라우스가 창설한 문화재단으로 매년 문화예술 분야의 발전에 공헌한 사람을 선정, 상을 수여한다.

가, 독특한 풍수학적 입지로 관광객들을 불러 모으는 발리 섬의 타나 롯Tanah Lot*같은 유적들은 자연과 인간이 어우러져 이룬 장관이다. 이런 유적들은 눈길 닿는 모든 곳, 즉 자연 속에 스며들어 존재하고 있는 문화유산이다.

또 인도네시아 열도에는 고대로부터 내려오는 전통 춤과 다양한 언어들, 바틱을 비롯한 수공예 같은 무형 문화유산들도 많다. 온갖 일에 돈을 앞세우면서 문화유산은 소홀히 여겨온 이들은 그 문화유산들이 대단한 경제 가치를 지녔다는 사실을 모르는 걸까? 문화유산이 우리 문화와 민족적 정체성을 떠받치는 기둥이라는 말도 하고 싶지만 그들은 관심 없을 테고.

문화유산 보호는 과거를 되살리려는 '복고주의자들의 낭만'이 아니라 우리의 미래와 연결돼 있다. 나는 우리가 문화유산을 이해하고 삶의 일부분으로 지킬 수 있을 때, 경제·사회·정신적 안정이 더불어 깃들 수 있다고 믿는다.

라라사티 여사가 전통 바틱을 살리려 애쓰는 이유도 바로 거기에 있다. 그녀에게 더 큰 힘을!

 깊이읽기: 인도네시아 불교 유적과 힌두 유적

_보로부두르 사원(Candi Borobudur)

인도네시아 자바 섬의 족자카르타는 인도네시아 고대 도시가 있던 곳

* 해안가 바위 위에 지어진 힌두 사원. 밀물 때면 물에서 떨어진 섬이 되서 유명하다.

●●●
보르부두르 사원은 유네스코 지정 세
계문화유산으로 캄보디아의 앙코르
와트, 버마의 파간과 함께 세계 3대
불교 유적으로 꼽힌다. 기단 벽면에
돋을새김으로 붓다의 탄생, 출가, 득
도에 이르는 과정을 섬세하게 묘사한
1천 5백여 부조가 큰 볼거리다.

으로 힌두교 사원과 불
교 사원 등 여러 종교의
고풍스런 유적들이 많
다. 이 가운데 보로부두
르 사원은 유네스코 세
계문화유산에 등재된 대표적인 인도네시아 불교 유적으로 캄보디아의 앙
코르와트, 버마의 파간과 함께 3대 불교 유적으로 꼽한다. 이 사원은 샤일
렌드라 왕조 전성기인 기원후 760년경에 짓기 시작하여 830년경에 완성
된 것으로 추정되는데, 그 후 메라피Merapi 화산 폭발로 자취를 감추었다.

　1814년 이후, 당시 인도네시아 자바 섬을 지배했던 영국의 래플스T. S.
Raffles 총독의 지시로 탐사 및 발굴이 시작되어 보로부두르의 위용이 세계
에 알려졌다. 거의 1천 년 동안이나 모습을 감추었던 탓인지 변변한 이야
깃거리 하나 전해오지 않지만 이것이 사원의 신비감을 더해주고 있다. 세
상 중심에 있다는 상상 속 산 '수미산'이 지상에 현현한 것이라고도 하고,
불교의 세계관에 따라 건립된 소우주라고도 한다.

실제로 사원에는 불교의 우주관과 교리가 그대로 구현되어 있다. 정방형의 6층 기단과 3층의 원형 기단이 한 층 한 층 올라갈수록 작아지게 지은 보로부두르 사원은 사바세계에서 차츰 멀어지며 점차 깨달음의 경지에 도달하는 과정을 표현했다는 것이다. 단일 불교 건축물로서 규모면에서도 세계 최대인데, 총 1만 2천 평방킬로미터에 이르는 터에 약 1만 개의 돌덩이를 쌓아 올린 9층 사원은 언덕까지 포함해 높이가 2백 65미터에 달한다.

웅장함과 함께 섬세함도 돋보이는데, 기단 벽면에 돋을새김으로 붓다의 탄생, 출가, 득도에 이르는 과정을 섬세하게 묘사한 1천 5백여 부조는 하나하나가 한 폭의 그림이다. 흔히 보로부두르 사원이라고 하지만 테라스와 회랑뿐, 내부 공간이라고 할 만한 데가 없어 사원이라기보다는 입체 '만다라'라고 보는 것이 적합하다. 사원 정상에 서면 메라피 화산을 비롯해 해발 3천 미터에 이르는 산들이 둘러싼 장관을 볼 수 있다고 한다.

_ 프람바난 사원(Candi Prambanan)

보로부두르 사원 남동쪽에 있는 프람바난 사원은 인도네시아에서 가장 크고 아름다운 힌두 사원이다. 보로부두르 사원과 비슷한 시기인 8~9세기경 지어졌고 힌두교 최고의 신인 '시바'의 전설을 지니고 있다. 힌두 사원과 불교 사원이 비슷한 시기에 비슷한 지역에 지어질 수 있는지 의아하겠지만 당시에는 불교를 힌두교의 한 종파로 보았다고 한다. 실제로 프람바난 사원의 시바 상은 불교의 상징인 연꽃에 앉아 있다.

이 사원에는 재미있는 전설이 전한다. 마력을 지닌 왕자가 적국의 공주를 사랑해 청혼했지만 공주는 아버지를 죽인 원수의 청혼을 받아들일 수 없었다. 거절하고 싶지만 왕자의 마력이 두려웠던 공주는 왕자에게, 하룻밤 안에 1천 개의 사원을 지으라는 조건을 내건다. 왕자가 마력을 동원해

●●●
보로부두르 사원 남동쪽에 있는 프람바난 사원은 인도네시아에서 가장 크고 아름다운 힌두 사원이다. 청혼을 거절당한 왕자가 공주를 석상으로 만들어 사원을 완성했다는 전설이 전한다. 시바 신의 부인 가운데 하나인 두르가 석상이 바로 라라 종그랑 공주로 전해지는데, 이를 만지면 예뻐진다는 전설이 있다.

하룻밤 새 1천 개의 탑을 쌓자 공주는 마을 사람들을 시켜 이 가운데 하나를 부수게 했다. 분노한 왕자는 공주를 석상으로 만들어 1천 번째 사원으로 삼았다고 한다.

전설에는 1천여 개의 사원이 있었다고 전하지만 현재 남아 있는 탑은 모두 2백여 개이고 이것도 화산과 지진으로 무너져 완벽하지 못하다. 현재 복원된 신전은 힌두교 최고 신인 시바, 시바와 양립하는 하늘의 신 비슈누, 창조의 신인 브라흐마를 섬기는 세 개의 신전과 각 신들이 타고 다녔던 동물 황소(난디), 독수리(가루다), 백조(앙사)를 봉안한 신전 세 개, 이들 각 신전에 딸린 작은 신전 여섯 개뿐이다. 이 가운데 핵심은 물론 시바 신전인데, 높이가 47미터에 이른다.

시바 신전은 '라라(로로) 종그랑Lara(Lolo) Jonggrang·날씬한 처녀 사원'이라고도 불리는데, 라라 종그랑은 전설 속 공주의 이름이라고 한다. 많은 이들이 시바 신이 전설 속 왕자가 공주를 석상으로 만들어서 완성한 마지막 사원이라고 믿기 때문이다. 특히 신전 안 북쪽 석실에 있는 시바의 아내 가운데 하나인 두르가Durga 상을 공주의 상이라고 믿는데, 상을 만지면 예뻐진다는 전설이 전해져 관광객들 손길에 석상은 까맣게 때가 타 있다.

약자를
위한
나라는
없다

:: **3장**

● 고문, 살해, 조작, 투옥, 억압, 사찰을 저지르며 32년 동안
독재권력을 휘두른 수하르토가 1998년 대통령직에서 쫓겨났다.
그러나 수많은 인도네시아 사람들은 하루하루 먹고 살기 바빠
역사책 따위를 읽을 짬이 없다. 수하르토가 죽을 때까지
인권유린 혐의로 재판조차 받지 않을 수 있었던 비결일 게다.

●● "엎드려 밤을 새우고, 혹은 서서 예배를 드리며,
내세를 두려워하고, 주의 은혜만을 희망하는 자.
말하라, '지식이 있는 자와 없는 자가 같을 수 있느냐?'
깊은 생각 있는 자만이 교훈을 얻는다."
— 《꾸란》 39장 9절

정말로 종교가
문제인 걸까

네덜란드 극우파 의원 헤이르트 빌더스의 15분짜리 영상물 〈피트나〉를 보면 마음먹고 누군가를 고통스럽게 만드는 사람들이 이 세상에 언제나 있어왔다는 생각을 하게 된다. 9·11 같은 테러 공격이나 이슬람 국가들에서 일어나는 유혈사태와 《꾸란》을 연관시키고 선지자 무하마드 이미지도 넣은 이 영화가 치밀하게, 의도적으로 이슬람에 대한 혐오와 적대를 부추기는 까닭이다. 《꾸란》을 불태우는 장면도 넣으려 했으나 무슬림 반발을 걱정한 네덜란드 정부의 압력으로 취소했다고 한다.

그러면서도 빌더스는 "이슬람을 미워할 뿐, 이슬람 신자들을 미워하지 않는다"고 주장하면서 이슬람은 종교가 아니라 시대에 뒤떨어진 문화를 지탱하는 이데올로기일 뿐이라고 말한다. 《꾸란》을 히틀러의 《나의 투쟁》과 비교하는 걸 보면 그는 《꾸란》을 전혀 모른다. 그의 목표는 "네덜란드에서 《꾸란》을 금서로 만들고, 네덜란드 헌법에 《꾸란》금지 조항을 명시하는 것"이란다. 그러면서도 "무슬림을 미워하지는 않는다"고 말한다.

제정신인 네덜란드 사람들은 빌더스의 영상물이 해외의 네덜란드인들에게 미칠 부정적 영향과 정치·경제적 여파를 생각하며 경악했다. 네덜란드의 무슬림 센터들은 네덜란드 인구 1천 6백만 명 가운데 1백만 명에 이르는 무슬림들에게 신중하라고 당부했다. 네덜란드 총리도 빌더스에게 "자신의 양심부터 들여다보라"고 호소했다.

그러나 민주 국가 네덜란드에서 '표현의 자유'는 헌법이 보장한 신성불가침이니 총리는 아무것도 할 수 없었다. 이란과 이집트가 제재 경고를 해오고 아프가니스탄 탈레반이 네덜란드에서 파병한 부대를 공격하겠다고 위협하는 데도 말이다. 네덜란드·기업들은 이 영상물이 빌미가 되어 해외에서 불매운동이 벌어진다면 빌더스를 고소하겠다고 경고했다.

타인에 대한 관용 그리고 자국민을 보호할 의무와 '시민'의 표현 자유를 보장해줘야 한다는 의무 사이에서, 네덜란드 정부는 애처롭게 끼어 옴짝달싹 못했다. 문제는 그 '시민'이 인종주의 겉에 얇은 막 한 꺼풀을 씌워 증오와 독선과 무지를 부추기고 자신의 영달을 꾀하는 데에 '자유'를 악용한다는 사실이다. 아이들을 못살게 굴 뿐 아니라 교사들에게까지 행패를 부리는 골목대장과 다를 바 없다.

1968년 영국에서 '피의 강'을 들먹이며 흑인, 파키스탄인, 인도인 이민을 받지 말자고 연설했던 악명 높은 정치인 이노크 파월Enoch Powell*이 떠오른다. 2008년 3월 말 빌더스가 인터넷에 이 편집증적인

---

* 영국 시인, 작가, 우익 정치인. 영국 정부가 이민자 차별을 금지하는 법안들을 내놓자 1968년 버밍엄에서 "티베르 강에 핏물이 거품 치며 흐를 것이라던 로마인들의 글귀처럼 우리에게도 불길한 징조들이 나타나고 있다"고 연설하면서 인종주의를 부추겼다.

영상물을 공개하기 전에도 나쁜 시절로 돌아갈 듯한 기미는 분명히 있었다. 네덜란드에는 이미 이슬람 혐오증인 이슬라모포비아 Islamophobia가 퍼져 있었고, 점점 더 커지고 있다. 유럽연합 내 '인종주의와 불관용을 막기 위한 위원회ECRI·European Commission against Racism and Intolerance'는 "네덜란드 정계와 매스미디어는 이슬람 혐오증뿐 아니라 소수민족에 대한 공격적인 태도도 드러낸다"고 비판했다.

하지만 어느 한쪽 탓만은 아니다. 책임은 결국은 이슬람극단주의자들에게도 있다. 그들은 민감한 방아쇠처럼 아주 사소한 선동에도 쉽게 반응한다. 그러고는 내세우는 내용이 사실이든 아니든 일단 극단적인 행동으로 맞선다. 자카르타의 덴마크 대사관과 네덜란드 대사관 앞에서 만화가들을 처형하라며 시위를 벌인 혁명당Hizbut Tahrir 조직원들처럼 말이다.

혁명당도 빌더스 같은 우익도 공감을 얻을 수 없다. 둘은 상호 이해를 도모하는 대신 교묘한 선동으로 외국인 혐오증을 부추기면서 서로를 모욕한다는 점에서 똑같다. 그리고 결국 아무 짓도 하지 않은 우리들까지 십자포화가 쏟아지는 전쟁터에 몰아넣는다.

빌더스의 영상물 탓에 좋은 소식 한 가지가 빛을 보지 못한 채 가려졌다. 여론조사기관 갤럽이 세계 3개 대륙의 무슬림들을 상대로 6년 동안 벌인 조사 결과로 이것은 극단주의 무장세력을 만드는 것이 이슬람이 아니라는 사실을 보여준다. 압도적으로 많은 무슬림들이 극단주의자들의 폭력 전술을 비난했다. 또 신앙심이 강한 무슬림들이 테러리즘을 더 적극적으로 옹호하지도 않았다. 조사에 응답한 무슬림 중 7퍼센트만이 정치적으로 급진적이거나 9·11 테러범을 옹호하는 태도를 보였다(사이버 공간에서 히트를 친 빌더스의 영상물 때문에 안타깝게도 이런 사람들의 숫자가 더 늘었겠지만). 하지만 이런 응답자들조차 테러의 원인은 종교라기보다 정치라고 답했다.

정말로 종교가 문제일까, 아니면 다른 무언가가 있는 걸까? 확실한 건 사회의 극단적 갈등이 네덜란드만의 문제도 아니고 이슬람에 대해서만 나타나는 현상도 아니라는 사실이다. 모든 종교적, 인종적 차이도 치명적 갈등으로 치달을 수 있다.

종교적 소수파가 다수파의 횡포에 시달리는 경우를 살펴보자. 아무도 이 문제에서 자유롭지 않다. 버마, 태국, 스리랑카에서는 다수파인 불교도들이 타종교 신자들의 요구를 묵살하기 일쑤다. 말레이시아에서는 비非무슬림들이 부당한 처우를 받곤 한다. 필리핀 가톨릭은 무슬림을 비롯한 다른 종교집단의 문제에는 귀를 잘 기울이지 않는다. 인도의 힌두 강경파들은 힌두교도가 아닌 사람들을 '진짜 인도인'이 아니라고 치부해버린다. 러시아와 중국에서는 무슬림이 차별을 당한다. 캄보디아 폴 포트 정권 때에는 무슬림이 대량 학살당했다. 인도네시아로 돌아와보면, 수하르토 정권은 무슬림을 위협으로 간주했다. 그리고 지금도 세계 어디서나 기독교도가 됐든 이른바 무슬림 정통파든 소수파들은 힘겨운 날들을 보내고 있다.

새로울 것도 없는 일이라고 심드렁하게 말할 수도 있다. 문제는 이런 차별에 소수파들이 군사행동으로 맞선다는 사실이다. 이슬람극단주의자들처럼 종교·문화적 상징과 목소리로 치장하고 비타협적, 극단적 군사행동을 벌이는 자들이 보복전을 펼칠 수도 있다. 빌더스가 만들어낸 '서부의 황야'를 더욱 더 무법천지로 만들면서 말이다. 그렇게 되면 우리는 빌더스 같은 자들처럼 폭력과 앙갚음으로 치닫게 될 것이다.

●●● 2008년 9월 라마단 기간 중에 인도네시아 무슬림 여성이 이스티크랄 이슬람 사원(Istiqlal Mosque)에서
고요히 코란을 읽고 있다. 이슬람이 평화의 종교인지 폭력의 종교인지는 사람들의 의지에 달린 문제일 뿐,
종교 그 자체와는 아무런 관련이 없다.. EPA/BAGUS INDAHONO _ ⓒ 연합통신

깊이읽기: 인도네시아의 이슬람화

이슬람은 인도네시아의 대표 종교다. 10년마다 조사를 하는 인도네시
아 중앙통계청의 최신 자료에 따르면 인도네시아 종교 구성은 총 인구의
88.22퍼센트(2004년 2억 1천만 기준) 이슬람, 기독교가 5.87퍼센트, 가톨
릭이 3.05퍼센트, 힌두교가 1.81퍼센트, 불교가 0.84퍼센트, 나머지가 0.2
퍼센트다. 무슬림 대부분은 순니파이고 시아파를 비롯한 나머지 종파는

전국적으로 10만여 명 정도다. 이들 무슬림 사회의 연원은 크게 둘로 갈라지는데, 하나는 엄격한 교리를 따르는 정통 무슬림 사회, 다른 하나는 이슬람 학교의 신실한 학자를 따르는 자바 전통 무슬림 사회다.

무슬림이 인도네시아에 온 건 이슬람 초기로 전해지지만 인도네시아 무슬림이 처음으로 나온 건 11세기 무렵이라고 한다. 그 후 열도를 중심으로 교역이 활발해지면서 이슬람이 확산되었다. 새로운 종교를 처음 받아들인 사람들은 일반적으로 교역에 종사하는 사람들과 주요 왕조의 왕실이었다. 12세기에서 15세기 사이에 인도에서 온 신비주의자들과 여러 교역상들이 조금씩 이슬람을 소개해 수마트라, 북자바, 칼리만탄 등의 해안지역을 중심으로 발판을 얻었다. 이때의 이슬람은 신비적 성격을 지닌 수피 이슬람이었을 것으로 추정된다. 수피즘이 지방 관습과 쉽게 동화돼 거부감 없이 잘 받아들여지기 때문이다.

이슬람이 여러 섬으로 전파될 때 갈등이 없지 않았을 것이다. 가장 먼저 이슬람이 들어온 16세기 동자바 항구 도시에서는 힌두·불교 왕권이 이슬람에 잠식당하자 지식인과 민중들이 이에 반발해 토착 힌두교를 찾아 발리로 떠났다. 그러나 다른 지역에서는 오히려 이들이 이슬람을 받아들이는 데 더 적극적이었다. 새로운 종교로 기존 왕권이 갖고 있던 경제·사회적 힘에 대항하려 했기 때문이다. 반면 해안 지역보다 늦게 이슬람을 접한 내륙 사람들은 당시 사회의 법적, 종교적 맥락에 맞는 것부터 조금씩, 아주 천천히 받아들였다. 이렇게 이슬람이 퍼져나가 17~18세기에 이르러서는 힌두교가 주요 종교였던 발리와 토착 종교를 믿던 부근 섬을 제외하고 인도네시아 대부분이 이슬람화 되었다.

지금도 인도네시아의 이슬람화는 진행 중이지만 전파 과정이나 영향에 대한 역사적 증거와 정보가 별로 없다. 학자들도 인도네시아인들의 개종 과정을 어떻게 정리해야 할지 의견이 분분하다. 이슬람 전파 초기 상황을 알 수 있는 비문과 여행자들의 기록이 있지만 특정 시기와 장소의 무슬림에 대해서만 알 수 있을 뿐이다. 새로운 종교가 일상생활과 사회에 어떤 식으로 영향을 미쳤는지, 무슬림 통치자가 어떤 과정을 거쳐 지배 지역 전부를 이슬람화했는지, 열도 서쪽에서 시작된 이슬람화가 어떻게 인도네시아 전역으로 번졌는지 확인할 길은 없다. 다만 그 과정이 아주 느리고 복잡했을 거라고 짐작할 따름이다.

가난한 아이들은 어디로 갈까

크고 작은 지게를 어깨에 지고 다니며 회반죽과 돌가루를 파는 사내아이들을 동네에서 자주 본다. 길을 따라 걸어다니며 팔 때도 있고, 나무 밑에 무리 지어 앉아서 팔기도 한다. 회반죽과 돌가루는 인도네시아 전통 가옥에서 부엌을 만들 때 꼭 쓰는 재료지만, 날마다 사지는 않는다. 1년에 한 번이나 부엌을 고칠까. 그런데 저 아이들은 왜 과일이나 다른 일용품이 아니라 회반죽과 돌가루를 팔까. 어디에 사는 아이들일까, 학교에는 왜 다니지 않는 걸까. 차를 타고 스쳐 지날 때마다 궁금했다. 어느 날 겉보기엔 열 살쯤이지만 실제로는 분명히 나이를 더 먹었을 것 같은 사내아이가 어른 힘에도 부칠 무거운 짐을 지고 있는 것을 보았다. 무게에 짓눌려서라도 제대로 자라지 못할 게 분명했다. 그 아이를 본 순간, 부엌을 고칠 계획은 없지만 뭔가를 사야겠다고 생각했다. 그 아이를 붙잡고 겸사겸사 묵은 궁금증도 풀고.

자바 서쪽 수카부미와 치안주르에서 왔다는 아이들은 비싼 점포

임대비를 아끼려고 노점을 벌인 떠돌이 건축 자재상들에게 고용되어 있었다. 교육은커녕 아이를 제대로 먹이기도 힘든 가난한 부모들이 자식들을 자재상에게 보낸 거다. 이런 아이들은 일주일 단위로 고용돼 거리에서 회반죽을 팔거나 공장에서 일하거나 남의 집 하인으로 들어간다. 어망을 던지거나 광산 일처럼 끔찍한 조건 속에서 노예 같은 생활을 하는 아이들도 있다. 그렇게 떠돌다 구걸이나 쓰레기 뒤지기, 성매매, 심지어 마약 거래에 발을 담그게 될 수도 있다.

여러 통계는 인도네시아 사내아이의 8퍼센트, 여자아이의 4퍼센트가 노동을 하고 있다지만 전문가들은 실제 노동아동 비율이 훨씬 높을 것이라고 추정한다. 노동아동 비율을 75퍼센트로 보고한 통계도 있다. 특히 여성이 생계를 떠맡은 빈민 가정에서는 아이들을 농장으로 많이 보낸다. 말레이시아 농장지대인 사바 주로 팔려와 물과 전기도 없는 곳에서 마음대로 나가지도 못하고 집단생활을 하는 인도네시아 어린아이들 이야기로 떠들썩했던 적도 있다. 이들 대부분이 불법노동이어서 기본적인 교육의 기회는 언감생심이다. 그뿐인가. 수마트라 전통 고기잡이 방식에 따라 바다 위 뗏목에 지은 오두막 제르말에서는 열 살 갓 넘은 아이들이 매일 16시간 넘게 거친 바다와 싸우고 있다. 열서너 살짜리 시골 여자아이들은 성매매를 알선하는 브로커들에게 160만~250만 루피아[20~30만 원]에 팔려나간다. 이렇게 집을 떠나는 아이들 대다수가 굶주림과 고통 속에서 살게 되지만, 가난한 부모들은 아이에게 어떤 운명이 닥칠지 알지 못한다.

아동노동 문제는 어제 오늘 일이 아니다. 1997년 경제위기가 닥쳤을 때도 아동노동이 이슈가 됐고, 수하르토 독재정권이 무너지고 집권한 정치지도자들은 아동노동을 없애겠다고 약속했다. 하지만 10년이 지나 경제는 위기 이전 수준으로 회복됐을 뿐 아니라 연간 국내총생산 성장률이 6.3퍼센트가 되어도 어째서 우리 아이들은 여전히 노예처럼 일하고 있는가.

수하르토 정권 축출 뒤 들어선 이른바 '개혁 시대' 정부들이 여전히 물리적, 물질적인 개발에만 관심을 두고 있는 탓이다. 거대한 쇼핑몰에 사람들이 북적이고, 고층 건물들이 솟아오르고, 고속도로 길이가 몇 배로 늘어나고, 자카르타 버스터미널 건설에 막대한 자금이 몰리지만 한쪽에서는 아동노동과 빈곤, 높은 실업률로 고통 받는 이들이 늘어만 간다. 왜곡된 경제구조가 사회를 병들게 하는 것이다.

인도네시아는 앞으로 점점 더 부유해질 것이다. 영국 컨설팅회사 프라이스워터하우스쿠퍼스 보고서는 2050년에 이르면 인도네시아 경제 규모가 미국의 20퍼센트 수준이 되고, 인도네시아 · 중국 · 인도 · 브라질 · 러시아 · 멕시코 · 터키 7대 신흥경제국, 이른바 E7이 달성하게 될 경제규모가 7개 선진경제국 G7의 경제 규모를 추월하게 될 거라고 예측했다. 보고서 내용은 놀랍지만 전문가들이 가능하다고 한만큼 믿을 만한 듯싶다.

그런데 이렇게 경제가 성장하면 빈곤과 아동노동 문제가 저절로 해결될까? 그렇지 않다. 우리가 지금과 다른 성장 전략을 짜지 않는한, 가난한 사람들과 노동에 지친 어린이들의 삶은 조금도 나아지지 않을 것이다. 세계적인 규모의 국제아동노동근절프로그램IPEC · International Programme for the Elimination of Child Labour을 출범한 국제노동기구는 중 · 단기적으로 어린이가 최악의 노동조건에서 학대당하지 않도록 하고, 장기적으로는 아동노동 자체를 없애자고 했다. 유엔도 1999년 새천년개발목표MDGs · Millenium Development Goals 8개 항목을 발표하면서, 맨 앞에 '극단적인 빈곤과 배고픔을 없앤다', '전 인류가 초등 교육을 받을 수 있도록 한다'를 내세웠다. 가장 기본적 인권이지만 인류가 아직 달성하지 못한 이 두 과제는 말할 것도 없이 인도네시아의 과제이기도 하다.

새천년개발목표 홍보에 디안드라 사스트로와르도요[Diandra Sastrowardoyo]* 같은 유명인을 내세워 널리 알리는 일도 중요하지만 정말 필요한 것은 우리 아이들을 당장 보호해줄 기본적인 사회안전망이다. 사회의 기초 단위인 가족(대부분 홀어머니)으로부터 양육과 보호를 받지 못하는 가난한 아이들을 돌보지 않는다면 제아무리 경제 규모가 커진다 한들 우리 사회는 '실패한 사회'로 남을 것이다.

'아이들은 우리의 미래'라는 말은 진부하지만 여전히 진리다. 우리가 아이들을 위해 무엇을 하고 있을까. 이대로라면 미래의 우리 손자손녀들은 여전히 길가에서 구걸하거나 쓰레기통을 뒤지고, 1년에 한번 쓸까 말까 한 물건을 팔고 있을 것이다. 아니면 그 아이들 모두 누군가의 노예가 되어 있겠지. 생각하기도 싫겠지만, 이것이 곧 우리의 미래다.

---

* 인도네시아의 유명 여성 모델, 배우. '디안 사스트로'라는 애칭으로 불린다.

연인 같고 새엄마 같은 도시, 자카르타

인도네시아에는 "어머니 도시는 계모보다 사납다"는 말이 있다. 여기서 '어머니 도시'는 자카르타를 가리킨다. 몇 번이고 배반을 당하면서도 떠날 수 없는 도시. 교통체증과 오염과 홍수, 산처럼 쌓인 쓰레기와 범죄, 허접한 공공서비스와 높은 물가, 뿌리 깊은 기능 부전에도 불구하고 끝내 다시 돌아오게 되는 차마 버릴 수 없는 연인 같은 도시. 이 까칠하고 지겨운 연인, 세계로 향한 인도네시아의 관문 자카르타를 어떻게 다뤄야 옳을까.

인구 1천만 명을 품은 자카르타는 인구 규모 세계 9위, 면적으로는 세계 11위인 거대 도시다. 정부가 주도해 만든 계획도시여서 온갖 규제가 넘치는 도시 국가 싱가포르와 달리 자카르타는 민간이 만들었다. 철저한 계획은 규제가 되어 싱가포르의 활력을 빼앗았지만 불합리한 관행과 이해관계가 얽힌 민간이 일군 이 도시는 비전 따위는 생각도 않는 부패한 그들 손에서 번영의 중추가 아닌 숨 막히는 부패의 병목 구간이 돼버렸다.

그런데도 왜 나는 자카르타를 떠나지 못할까. 해마다 어김없이 찾아오는 홍수, 교통체증과 대기 오염으로 질식할 지경이지만 자카르타는 나를 붙잡는다. 나에게 자카르타는 지성과 예술의 중심지다. 대화와 논쟁을 할 친구들이 있고, 대형 서점과 국제회의장, 세계 곳곳에서 온 문화행사들, 영화제 그리고 세계적 재즈 축제와 어깨를 견주는 자바 재즈페스티벌이 열리는 곳이다.

게다가 지난 몇 년 동안 나는 자카르타의 또 다른 아름다움을 발견하게 됐다. 가로수가 늘어선 거리, 고즈넉한 공원, 골목 구석구석 숨어 있는 유서 깊은 사적들이 그것이다. 그러나 그 사적들이 허물어져 가고 있다. 심지어 불도저식 개발로 말 많았던 알리 사디킨 전 자카르타 시장도 가치를 인정하고 1972년 사적으로 지정한 자카르타 구시가지 코타Kota의 식민지 건축 구역은 외면당한 채 서서히 무너지고 있다. 부끄러운 일을 넘어 범죄나 다름없다.

동남아시아 최고의 스카이라인을 자랑하는 휘황찬란한 마천루들 사이로 초라한 판자촌들이 끼어 있고, 현대식 고속도로와 너저분한 진흙길이 나란히 늘어서 있고, 화려한 쇼핑몰과 처참한 슬럼이 한데 어우러진 곳, 영국제 승용차 재규어와 독일제 메르세데스 벤츠 유리창 너머로 처량하게 손을 벌리는 가난한 어린아이들. 이것이 자카르타의 본모습이다. 이런 자카르타는 화려하게 번쩍이는 것을 따라가느라 한 쪽에서 가치와 삶이 허물어져가도 나 몰라라 하는 사디킨 같은 정치인들이 좋아할, 약한 이들에게 온갖 고통과 일거리를 던지는 사악한 새엄마 같은 도시다.

하지만 이 도시는 감각적인 볼거리를 찾아 외부에서 온 사람들에게는 더없이 친절하다. 동남아시아에서 가장 세련되고 번잡스런 밤

문화, 상상할 수 있는 모든 진귀한 요리를 내놓는 값비싼 고급 레스토랑에서부터 노점들까지, 달러를 쓸 준비가 된 사람에게 이곳은 낙원을 보여준다. 하지만 역설적이게도 이들 외부 미식가들을 위해 맛있고 싼 먹을거리를 제공하는 사람들은 이 거대 도시에서 어떻게든 살아남으려 애쓰는 도시 빈민들이다.

그래서 나는 이 도시에서 살아간다. 세상 어떤 도시보다도 부산하고 무덥고 요동치고 혼란스럽고 모순 가득한, 극적이고 역동적이고 흥미진진한 자카르타에서. 반듯하고 정연한 도시들이 살아가기는 편할지는 모르지만 모순이 없는 도시에는 심장과 영혼도 없다. 자카르타는 비뚤어진 새엄마지만, 지겹지만 미워할 수 없는 연인처럼 나는 이 도시를 여전히 사랑한다!

정통 혹은 전통을 구하는
우리의 자세

새벽 산책길에 새로 지은 집 한 채를 지나쳤다. 화려하지는 않았지만 그렇다고 요즘 유행하는, 장식을 최소화한 미니멀 스타일도 아니었다. 단순하면서도 품격 있는, 마치 1960년대 반둥에서 유행했던 네덜란드 양식과 비슷한 그 집은 꼭 할머니가 살았던 시대로 돌아간 듯 향수를 자극했다. 나는 집 주인이 궁금해졌다. 며칠을 곁눈질하던 끝에 대문이 열린 것을 보게 됐다. 노부인과 아기가 베란다에 나와 있었다. '아하, 드디어 이사를 왔구나!' 나는 자연스럽게 다가가 새 이웃과 인사를 나눴다.

"아, 여기는 내 집이 아니고 사위 집이에요."

노부인은 흰 티셔츠에 무슬림식 사롱을 허리에 둘러 걸치고 거실에 있는 남자를 가리켰다. 큰 코에 머리가 뻗친 뚱뚱한 남자가 "요코 수실로입니다"라며 내게 손을 흔들었다. 나는 그의 초대를 받아 거실로 들어가 이런저런 얘기를 나눴다. 인도네시아에서 태어난 중국계 주민 프라나칸peranakan인 그가 입고 있는 사롱은 그가 태어날 때부터 무슬림이었음을 보여주었다.

나는 조금 놀랐다. 중국계 인도네시아인들은 거의 불교 아니면 기독교, 유교를 믿는다. 정확한 중국계 무슬림 인구는 알 수 없지만, 그리 많지는 않을 거다. 중국계 무슬림은, 중국인이라고 인도네시아인들에게 배척당하고, 무슬림인 탓에 다른 중국계에게 따돌림당하는 이중 차별 속에 놓여 있는데, 이런 환경 때문에 중국계 무슬림들은 그들만의 공동체를 만들었다.

요코 같은 남자가 어떻게 무슬림이 됐을까? 신앙, 정치적 이유 아니면 가족의 전통 같은 다양한 요인들이 있을 수 있겠지만 그런 것에까지 신경 쓰는 인도네시아 사람은 적다. 사실 중국계 인도네시아인과 이슬람에 대해 어떤 이야기를 할 수 있으리라고 생각해본 적이 없다. 이건 너무 '민감한' 문제고, 세심하게 피해가야 할 대화 주제라고 생각하는 이가 많으니까. 입에 올리는 것만으로 자칫 적대감을 일으킬 수도 있다. 지난날 종교부는 중국계 인도네시아인이 이슬람에 어떤 기여를 했는지를 주제로 하는 학술 연구조차 금지했다. 사정이 이랬으니 거의 모든 인도네시아인들에게 중국계와 이슬람을 연결 짓는 것은 무조건 말도 안 되는 일이었다. 인도네시아 사람들은 '중국인의 특성'과 '이슬람'을 완전한 형용모순, 결코 합쳐질 수 없는 정체성으로 인식했다.

인도 구자랏Gujarat*상인들이 인도네시아에서 이슬람을 퍼뜨리는데 큰 몫을 한 사실은 잘 알려져 있는데, 사실 중국인들도 비슷한 역

---

* 인도 서부 지역. 상인들은 특유의 가격 협상 시스템으로 남아시아 일대 상권을 장악, 부를 축적한 것으로 유명하다.

할을 했다. 이슬람의 뿌리를 아랍·중동 세계로만 생각하는 거의 모든 인도네시아인들에게 그런 얘기는 터무니없게 느껴질지도 모른다. 하지만 오스트레일리아 뉴사우스웨일스대학에서 인도네시아 문화와 동남아시아 정치를 연구하고 가르치는 진 겔만 테일러Jean Gelman Taylor 교수가 지적하듯, 인도네시아 항구들을 개발하고 도시를 형성함으로써 무슬림 무역상들이 인도네시아에서 활동할 수 있도록 거점을 만든 이들은 중국인들이었다. 그 가운데 무슬림이 된 중국인들도 있었고, 그렇지 않은 중국인들도 인도네시아와 무슬림을 연결하며 이슬람을 퍼뜨리는 데 큰 역할을 했다. 특히 인도네시아를 중동의 이슬람 네트워크에 연결해줌으로써 첫 무슬림 공동체를 탄생시켰다.

저명한 인도네시아 역사학자 슬라멧 물리야나Slamet Mulyana는 인도네시아에서 이슬람 국가가 탄생하는 데도 자바 섬의 중국계 무슬림 공동체가 관련되었다고 말한다. 그는 자바 최초의 이슬람 국가 드막을 세웠던 라덴 파타Raden Patah의 어머니가 중국계 무슬림이었다는 사실을 근거로 든다. 실제로 중국 기록에 라덴 어머니 이름이 '진 분Jin Bun'으로 나와 그의 주장에 신빙성을 더해준다. 이슬람을 자바에 전했다고 알려진 전설의 성인 왈리 송고Wali Songo 아홉 명 가운데 응감펠Sunan Ngampel도 중국계 뿌리를 지녔다. 중국 기록에는 응감펠이 '봉 스위 호Bong Swee Ho'로 기록되어 있다.

시시콜콜하긴 하지만 흥미로운 중국계 무슬림 이야기를 더 알고 싶다면, 19세기 족자 왕자 팡그란 디포네고로Pangeran Diponegoro도 있다. 그는 네덜란드 군대에 맞서 자바 전쟁(1825~1830)을 이끈 유명한 국가적 영웅으로 중국인들을 싫어했다고 알려져 있으나, 사실은 중국인 첩을 여럿 거느렸다. 중국 상인의 딸들이나 마을의 중국계 여성들은 자바 관료들에게 첩실로 인기였다. 그래서 인도네시아 이슬람 왕실엔 대대로 중국계 공주가 한둘씩은 있었다.

그런 일화들은 인도네시아로 들어온 이슬람이 7세기 아라비아 사막에서 태어난 엄격한 종교와는 거리가 있다는 점을 알려준다. 인도네시아 이슬람은 종종 고대 풍습이나 지역 성인·영웅들과 섞이기도 했지만 그 뿌리는 15세기 동남아시아 이슬람이다. 동남아시아 이슬람은 무수한 나라와 도시에 뿌리를 둔 역동적인 코스모폴리탄 문화와 결합돼 있는데, 원류인 아라비아의 영향은 물론, 인도와 중국의 전통도 같이 들어 있었다.

인도네시아 이슬람에 미친 중국 영향은 오랜 세월 동안 서서히 녹아들어서 알아채지 못하고 지나치기 쉽다. 몇몇 보수적인 무슬림들은 '비非이슬람적인(곧 비아랍적인)' 지역의 문화 요소들은 아예 없애버리라고 윽박지른다. 그리고 많은 무슬림들은 좀 더 신실해지고 싶어서 질밥 같은 아랍 풍습을 택한다. 남자들은 수염을 기르고, 중동 남성들 옷을 입는 등 중동 풍습을 따르려 한다. 게다가 종교 전문가들은 본디 인도네시아 문화보다 훨씬 배타적이고 민주적이지 못한 풍습을 강요한다. 왜냐고? 그들이 너무 무지해서 겉으로 드러난 풍습만을 보고서 깊은 편견에 사로잡혀 있기 때문이다. 종교든, 풍습이든 문화적인 전통에는 다양하고 수많은 역사적 배경이 섞여들고, 그 자체로 가치 있는 문화가 된다는 사실을 무시하는 것이다.

이제는 금지됐지만 한동안 라마단 금식월이 끝나면 벌이는 이둘피트리 축제 때마다 아이들이 성가시고 위험할 정도로 폭죽놀이를 많이 했다. 나도 그때마다 "제발 그만 좀 해, 그건 무슬림 풍습이 아니라 중국 전통이야"라고 말할 뻔했다. 그게 얼마나 몰역사적인 태도인지도 모르고서 말이다. 지금은 해마다 한차례씩 '무슬림 폭죽 행사'를 벌이는 대신, 이슬람 사원들이 매일 확성기로 신도들의 기도를 독려한다.

이웃집의 다른 중국계 기독교도 아저씨는 무슬림인 내게 그 시끄러운 소리에 대해 불평하면서도, 감히 모스크로 달려가 항의할 용기는 없다고 털어놓는다.

"우리는 '소수'잖아요."

종교와 민족 모두에서 그는 소수자다. 인도네시아에서 무슬림은 최고 계급인데, 이슬람을 들여온 중국계는 그 아래 계급으로 소외와 차별을 당한다. 정통을 따지기 좋아하는 인도네시아 이슬람이여, 이상하고 우습지 않은가?

역사의 희생양,
중국계 인도네시아인

자카르타는 중국계 주민들의 설 축제를 앞둔 몇 주 전부터 시끄럽다. 얼마나 성대한지는 쇼핑하러 가보면 곧바로 알 수 있다. 무슬림들이 라마단 끝에 벌이는 이둘피트리 축제나 기독교도들의 크리스마스보다 훨씬 화려하다. 질밥이나 산타클로스 모자는 없지만, 가게마다 붉은 겉옷을 걸친 점원들이 북적이고 붉은 돈봉투 앙파우紅包*가 돌아다닌다. 쇼핑몰마다 기부금을 받으러 다니는 용춤 공연에 귀가 먹먹할 지경이다. 수많은 쇼핑몰을 돌고 난 용춤 행렬은 가까운 은행들로 이어진다.

중국계 인도네시아인 중에는 바야흐로 자신들의 황금시대가 도래했다고 말하는 이들도 있다. 중국어 학교, 중국어 신문, 설 명절을 모

---

* 중국인들이 춘제(春節), 즉 음력설에 손아랫사람들에게 덕담과 함께 돈을 넣어 나눠주는 붉은 봉투. 표준 중국어 발음은 '훙바오'지만 동남아시아에서는 '앙파우'라고 부른다.

● ● ●　2009년 1월 25일, 인도네시아 발리에서 설 명절을 앞두고 중국계 인도네시아 예술가가 전통 용춤을 공연
하고 있다. 인도네시아의 격변기마다 희생양이 되었으며 얼마 전까지 중국어도 금지되었던 중국계 인도네
시아인에게 성대하고 화려한 설 명절은 격세지감을 느끼게 한다.　　EPA/MADE NAGI _ ⓒ 연합뉴스

두 금지했던 수하르토 시절과 비교하면 이렇게 공개적이고 성대한 중
국 전통명절 행사는 확실히 큰 변화다. 수십 년 동안 중국계는 공공장
소에서 자기네 명절을 축하할 수도 없을 만큼 사회적, 제도적으로 공
공연히 차별당해왔던 것이다.

　서자바 섬 원주민 순다족 혈통인 나에게 인도네시아 사람들이나
외국인들은 중국인처럼 생겼다고 말한다. 피부가 흰 편이고 광대뼈가
도드라졌기 때문이다. 1995년 유엔 세계여성회의가 열리는 베이징에
갔다가 나하고 비슷한 사람들이 너무 많아 깜짝 놀랐다. 심지어 머리
모양까지 똑같았다. 그런데 중국인이라는 오해는 내 입장에서 좀 불
편했다. 많은 인도네시아인들처럼 나도 중국계 주민들에게 이중적 감

정을 가졌던 탓이다. 위선적이고 왜곡된, 너무나도 인종차별적인, 나의 양면성을 깨닫게 된 것은 인도네시아 정치사를 공부하면서부터다.

'배타적이고 자기들끼리만 어울리며 사업에 능란하고 부富를 독점한다.' 중국계를 보는 널리 굳어진 인종적 편견이다. 실제로 갑부 몇 명이 중국계지만, 가난한 중국계 하층민들도 많다. 다른 사람들을 착취하는 오만한 중국인들도 물론 있지만 어떤 민족·부족에든 그런 사람들은 있다. 그러니 이런 생각은 편견 탓이다. 인도네시아 역사에서 중국계는 늘 차별 당하고 학대 받아왔다. 그들은, 자본주의 기득권층에게 착취당했고, 공정치 못한 지배계급의 희생양이 되어야 했다. 우리는 사회 모순을 해결하려고 애쓰기보다 갈등이 생길 때마다 그들에게 폭력을 휘두르며 화풀이했다. 그들이 다른 집단과 아예 관계를 맺지 않으려 하게 된 것도 당연하다. 우리는 정치적 격변기마다 중국계를 희생양 삼아 분노를 쏟아부었다. 1998년 5월 수하르토 독재정권이 무너졌을 때도 중국계들을 표적 삼은 엄청난 폭력이 자행됐다.

사람들이 나를 중국계로 착각하는 이유가 하나 더 있다. 많은 중국계 인도네시아인이 내 성 '수리야쿠수마' 같은 순다족 이름을 가졌다. 수하르토가 이른바 신질서 체제를 출범한 뒤 중국식 이름을 버리도록 강요한 결과다. '그들의 인권 따위는 무시하라, 스트레스가 쌓일 때엔 그들을 두들겨 패라, 그들은 중국인도 인도네시아인도 아니다, 그들이 이 나라에 기여한 역사적 사실 따위는 잊어라.' 이것이 지금까지 우리가 그들을 대하는 공식이었다.

중국계가 우리 문화에 기여한 것이 있느냐고? 먼저 그들의 자본과 재능 있는 운동선수들을 생각해보라. 중국계 배드민턴 선수들 덕에 인도네시아는 1969~1978년, 1994~2000년 토마스컵 대회에서 우승했다. 우리의 바틱은 용, 사자 같은 중국식 문양을 쓴다. 중국 요리에 대해선 더 말할 필요가 없을 게다. 인도네시아 전통 인형극 와양 wayang도 중국 문화의 영향을 받았다. 우리가 '인도네시아 문화의 핵심'이라고 생각하는 것들 가운데 많은 부분, 심지어 이슬람에까지도 중국 문화가 스며 있는 셈이다.

중국인들은 이교도라고? 물론 그들은 이슬람에서 금하는 돼지고기를 먹고 술을 마시며 조상을 숭배한다. 하지만 역사를 살펴보면 그들을 이교도라고만은 할 수 없다. 순다족 무슬림 중에는 중국계 얼굴을 가진 사람들이 많다. 중국계가 서자바 섬에 이슬람을 들여오는 데에 큰 역할을 했기 때문이다. 초창기 인도네시아 이슬람 전파자들 가운데 중국계가 있었다는 사실은 정설이다. 세계 최대 무슬림 기구인 나들라툴 울라마 회장을 지낸 구스 둘Gus Dur*도 자신이 중국계임을 인정했다.

구스 둘은 예외적 경우고, 아직도 거의 모든 중국계는 차별을 피하려고 뿌리를 숨긴다. 그들은 다른 인도네시아인들이 자기들을 시샘하면서 부당하게 대하고, 겁쟁이처럼 뒤에 숨어 교묘하게 공격한다는 것을 잘 안다.

수하르토는 가버렸지만 오랜 악습은 사라지지 않았다. 상인들은 용춤과 앙파우를 반기지만, 성대한 명절 뒤에는 오랜 편견이 그대로 남아 있다. 중국계가 '황금시대'를 얘기하기엔 아직 이르다. 수하르토가 물러나던 1998년 5월 중국계 여성들이 성폭행을 당한 사실은 아직도 공공연한 비밀이다. 풀리지 않은 문제가 그것뿐이랴.

---

* 인도네시아 4대 대통령 압둘라만 와히드의 별명. 둘은 지역 이슬람 명문가 자녀들에게 붙이는 경칭.

깊이읽기: 중국계 인도네시아인의 이주 역사

_ **중국계 인도네시아인의 뿌리**

인도네시아와 중국의 관계는 중국 당나라 때부터 시작되었다. 중국 자료에는 외교사절이나 인도에 가느라 인도네시아를 거쳐 간 불교 승려 이야기가 나온다. 둘의 관계는 아무래도 무역으로 얽혀 있는데, 15세기 이전에는 인도네시아가 우세했다. 중국 상선을 뜻하는 '정크junk'가 동남아시아에서 중국을 오가는 커다란 목선을 가리키는 자바어 '종jong'에서 유래했다는 것에서도 드러난다. 중국인들이 인도네시아로 대거 이동하게 된 것은 16세기에서 19세기 사이다.

중국계 인도네시아인의 뿌리는 이주해온 시기와 환경에 따라 매우 다양하지만 대체로 후지엔福建, 광둥廣東, 하이난海南 성 등 중국 남부에서 왔다. 첫 번째 큰 흐름은 15세기 초에 활발했던 무역 활동에서 시작되었다. 해상무역이 발달했던 중국 후지엔 성 사람들이 이때 많이 왔는데, 동부와 중부 자바, 수마트라 서쪽 해안에 주로 자리 잡았다. 두 번째 대이동은 1840년 아편전쟁 시기이고 세 번째는 20세기 초다. 두 번째와 세 번째 이동은 주로 광산 개발 바람을 타고 온 사람들로 먼저 온 중국인들은 자본과 기술을 지닌 이들이었지만 나중에 온 이들은 생계수단을 찾아 주석광산, 고무농장 지역에 정착한 노동자들이다.

인도네시아에서는 이들 이민 1세대를 '토톡totok' 혹은 '치나토톡cina totok'이라고 부르고, 이들이 인도네시아에 정착해 형성한 이민 2세대 이후를 '프라나칸'이라고 불러 구분한다. 현재 인도네시아에 살고 있는 중국계 인도네시아인은 전체 인구의 약 4퍼센트 정도를 차지하는데, 특히 수마트라 메단Medan 시 경우는 150만 명의 인구 가운데 30퍼센트가 중국계다. 인구는 4퍼센트에 불과하지만 이들이 차지한 경제 규모는 인도네시아 전체의 80퍼센트 정도다. 네덜란드 식민 통치기에 값싼 노동력으로 유입된 중국인들의 경제적 영향력이 이렇듯 커지자 질시와 박해의 대상이 되어 인도네시아 내부의 갈등이 커질 때마다 희생양이 되곤 했다.

_ 1740년 '바타비아인의 분노'

인도네시아를 지배하던 네덜란드와 중국계의 갈등은 18세기 무렵 시작되었다. 당시 인도네시아 주요 무역항이었던 바타비아Batavia·네덜란드가 자카르타를 일컫던 말로 들어오는 중국인 무역상 수가 점점 많아지자 네덜란드 동인도회사는 늘어나는 중국 무역상에 크게 의존하게 되었다. 자연히 중국인의 숫자는 점점 늘어나고 사회적 지위 또한 높아져 경제적 경쟁자로까지 부상했다.

단지 무역의 문제만이 아니었다. 바타비아 인근 지역 사탕수수 농장에도 값싼 중국 노동력이 대거 유입되었는데, 1720년 값싼 브라질 사탕수수가 등장하면서 많은 사탕수수 농장주가 파산하자 일자리를 잃은 중국인 노동자들은 생계를 위해 비적이 되어갔다. 1740년 식민 통치자는 이들을 스리랑카의 항구 도시 갈Galle로 보내려 했다. 진실인지 아닌지는 알 수 없었지만 중국인 노동자들 사이에서는 식민통치자들이 자신들을 바다에 빠뜨려 죽이려 한다는 소문이 퍼졌고 불안과 동요가 일었다. 바타비아 지역의 부유한 중국인 5천여 명과 중국인 노동자들이 폭동을 계획했지만 네덜란드 거주자들은 이를 두고 보지 않았다.

1740년 10월 9일, 바타비아에 거주하는 모든 중국인 집을 뒤지라는 명령이 떨어졌다. 이 명령과 함께 시작된 대학살은 사흘 동안 계속되었다. 목사들은 중국인을 죽이는 것이 '신의 뜻'이라고 설교했고, 중국인들은 대부분 집에서, 그리고 일찍 붙잡힌 중국인들은 병원과 감옥에서 살해당했다. 이때 죽은 사람이 5천에서 1만 명, 근방을 흐르던 시내에 죽은 이들의 피가 흘러 그때부터 그 강은 칼리앙케^{Kali Angke}, 중국어로 '붉은 시내^{紅溪}'로 불렸다고 한다. 그 후 살아남은 중국인은 바타비아를 비롯한 네덜란드 자치 구역 안에서 일정 비율이 넘지 않도록 통제되었다. 대학살 당시 네덜란드 총독이었던 아드리안 발체니에르^{Adriaan Valckenier}는 본국의 명령으로 체포되어 옥사했다.

_ 1965년 이후

수하르토 소장이 수카르노 대통령을 연금하고 유혈 쿠데타로 국가 권력을 장악한 1965년은 인도네시아 역사에서도 중요한 날이지만 중국계 인도네시아인들에게도 아픈 기억을 남긴 날이다.

군부를 장악한 수하르토는 이 쿠데타를 공산당의 소행으로 몰아 대규모 학살을 시작했다. 이때 거의 50만 명 정도가 죽었을 것으로 추정되는데, 결국 인도네시아공산당은 정치세력으로서 거의 소멸했고 수카르노 대통령은 몰락했다. 32년 장기 독재 수하르토 신질서 체제의 시발점이었던 이 사건에서 얼마나 많은 중국계가 공산당으로 몰려 죽었는지 정확한 통계는 없다. 하지만 수하르토가 펼쳤던 폭력적 '중국계 동화 정책'은 1998년 그가 권좌에서 쫓겨날 때까지 인도네시아 전체를 지배했다.

1967년 수하르토가 내놓은 '중국인 문제 해결을 위한 기본 정책'에 따르면 중국어로 된 공식 문서를 폐지하고 중국의 종교 행사는 집 안에서 하는 것으로 제한했다. 중국어 학교도 단계적으로 폐쇄해 1998년 하비비 대통령이 대통령령으로 허용하기 전까지 중국어 학습이 금지되었고, 중국인들이 공식 지원서를 쓰거나 학교에 등록하기 위해서는 시민권을 따로 만들어야만 했다.

중국계 인도네시아인에 대한 배타적 태도는 사회 혼란이 심해질 때면 어김없이 드러났다. 수하르토가 물러나던 1998년 5월도 마찬가지다. 아시아 외환위기의 직격탄을 맞은 직후 실업률이 치솟고 가뭄과 산불 등 자연재해까지 겹치자 인도네시아 민심은 극도로 흉흉해졌다. 이런 대내외적인 상황에서 1998년 3월 국민협의회가 수하르토의 일곱 번째 연임 결정을 발표하자 분노한 국민들이 쏟아져 나왔다. 수하르토를 둘러싼 군부세력은 갈등을 봉합하고자 반중국계 정서를 활용해 대규모 시위를 기획하고 부추겼다. 당시 학살되고 강간당한 중국계는 부지기수다.

수하르토가 쫓겨난 후 중국계의 수난은 끝난 듯 보인다. 1965년부터 텔레비전에서 금지되었던 중국어도 2000년 11월부터 들을 수 있게 되었고, 정치적으로도 새로운 국면에 들어섰다. 와히드 정권 행정 각료로 중국계인 킥 키안 기Kwic Kian Gie가 지명되었고, 2004년 유도요노 행정부는 최초로 중국계 여성 마리 엘카 판게츠Mari Elka Pangestu를 인도네시아 무역부 장관으로 임명했다. 현재 두 개인 중국계 정당은 1999년과 2004년 선거에서 많은 지지를 얻지는 못했지만 지방선거에 출마하는 이들이 점점 늘어나고 몇몇 사람들은 당선되기도 했다.

독재자가
떠난 자리

'상상의 세계'를 넘나들며 놀 수 있던 어린 시절을 기억하는지. 운 좋은 아이들은 부모님이나 선생님에게서 마음껏 상상의 나래를 펼쳐 보라는 격려도 받았다. 그러나 그런 사람들조차 어른이 되면 거의 모두 상상의 세계에서 벗어난다. 어린 시절 창의성을 어른이 되어서도 간직하는 몇 안 되는 사람들은 예술가가 된다. 예술가들은 상상을 통해 창조적 작업을 하지만 상상이 만든 창조적 작업 결과가 예술만은 아닌 듯하다. 우리 정부가 하고 있는 '창조적인 짓'을 보면 상상의 세계에서 벗어나지 못한 듯 보이니 하는 말이다.

2007년 3월 13일 검찰총장은 역사 교과서 14종을 불태웠다. 우리의 법 집행관들은 국가를 안전하게 지키려면 역사책을 불태워야 한다고 생각하나 보다. 이거야말로 천진난만한 환상의 세계. 나치식 '책 화형식'을 벌이며 내세운 명분은, 그 책들이 1948년 동자바 주 마디운 Madiun 공산주의자 반란을 언급하지 않았으며 G30S 사건 부분에 'PKI

^{인도네시아공산당}'라는 세 글자를 넣지 않았다는 것이었다.

G30S 사건이 뭐냐고? 인도네시아 사람이라면 다 아는, 1965년 9월 30일, 스스로를 '그라칸 30S^{Gerakan 30 September · 9월 30일 운동}라 이름 붙인 몇몇 군인들이 쿠데타를 일으켰다가 실패한 사건이다. 곧바로 역^逆쿠데타를 일으켜 집권한 수하르토는, 명백히 군인이었던 '그라칸30S'가 공산당 세력이며 그들이 국가를 전복하고자 했다며 반대세력이던 공산당을 탄압하는 명분으로 삼았다. 이 사건은 수하르토 '신질서' 권위주의 체제를 정당화하는 중요한 근거였지만 많은 학자들은 G30S 사건 배후가 공산당이라는 주장의 신빙성을 의심해왔다. 신질서 체제는 32년이나 계속됐다. 아니, 수하르토가 무너지고 개혁 시대에 들어선 지 10년이나 됐는데도 여전히 신질서 시절 문법을 따르지 않는다며 책을 불태우는 일이 일어나고 있으니 아직도 계속되고 있다고 해야 하려나?

역사학자 힐마르 파리드^{Hilmar Farid}는 "책을 불태우는 행위는 전혀 논리적이지 못하다"며 "정부는 마르크시즘이나 공산주의라는 말만 들으면 이런 식으로 조건반사 한다"고 지적했다. 맞는 말이다. 신질서 시절 인도네시아 정부는 좌파를 겨냥한 어처구니없는 짓을 수없이 저질렀다. 1990년대 중반 독일에서 인도네시아로 귀화해 자카르타 시내 드리야르카라^{Driyarkara} 철학학교 교사로 일하는 예수회 신부 프란츠 마그니스–수세노^{Franz Magnis-Suseno}가 쓴 에세이가 떠오른다. 10여 년 전 그의 글은 마르크스주의와 레닌주의를 들먹였다는 이유로 출판 금지 당했다. 그는 공산주의를 강력 반대하는 사람이었지만, 그런 사실은 중요하지도 않았다. 마르크스와 레닌 이름을 올리는 것만으로 충분했으니까! 3월 분서갱유는 정부의 편집증적 반공주의를 보여주는 한 예일 뿐이다. 이런 어리석은 세뇌공작은 신질서 시절 정부가 정한 공식 역사관을 국민에게 주입시킬 때부터 지금까지 이어져왔다.

그들이 말하는 '역사'는 승자, 정복자, 압제자가 만든 것이다. 또 고문, 조작, 억압, 사찰, 투옥, 살해를 저지르며 만든 자기들만의 역사다. 역사는 정치권력을 손에 쥔 자들의 소유물이 되고, 패자는 악마가 되거나 역사 밖으로 쫓겨났다. 인도네시아에서 그런 작업을 수행한 대표적 인물은 군 예찬론자 누그로호 노토수산토Nugroho Notosusanto다. 잘 훈련받은 역사학자였던 그는 '신질서 대 공산주의' 싸움을 도식화하는 데 가장 큰 공을 세웠다. 누그로호가 왜곡한 역사는 G30S 사건을 '신질서'식으로 뒤튼 것뿐만 아니다. 1945~1949년 독립전쟁 때 수카르노가 이끄는 독립군 역할을 확대 해석해, 군이 민간 부문을 장악하도록 한 통치체제 드위풍시를 정당화했다.

국민 대부분은 하루하루 먹고 살기 바빠 역사책 따위를 읽을 짬이 없다. 하지만 과거는 늘 우리의 현재와 미래를 결정짓는다. 과거에서 교훈을 얻지 못하는 자는 과오를 반복한다는 말도 있다. 나치의 홀로코스트, 일본의 '군 위안부' 강제동원, 인도네시아의 공산주의자 숙청에서 살아남은 사람들, 또 이들과 비슷한 처지였던 캄보디아 폴 포트 정권 시절 '킬링필드' 생존자들은 역사가 어떻게 규정되는지를 너무도 잘 안다. 역사가 그들의 생명과 자유와 정체성을 어떻게 규정하는지도.

'역사학의 역사'를 다루는 사료분석가들은 역사책이 진실을 말하는지, 그렇지 않은지를 구분해내는 일을 한다. 그들이 사료를 살피며 가장 먼저 던지는 질문은 "역사에서 '우리'란 누구인가?"다. '우리'는 지배자들인가, 피지배자들인가? 물론 답은 후자여야 한다. 그러나 그것은 압제자들이 물러나고 억압받던 이들이 자신들의 역사를 쓸 수 있게 될 때의 이야기다. 이는 서구에 점령당했다가 2차 대전 뒤 독립

●●● 2008년 1월 28일, 정복을 차려입은 군인들이 수하르토 전 대통령의 관을 솔로에 있는 그의 가족묘지로 운구하고 있다. 장례식에는 수만 명의 애도객이 몰려들었고 대통령은 쓰나미 때보다도 더 긴 7일 동안을 국가 애도기간으로 선포했다. 32년 독재 기간 동안 저지른 비리, 수십만 명을 공산당으로 몰아 살해한 일 등은 모두 묻혀버렸다.   Justin Mott/The New York Times _ ⓒ 연합통신

한 아시아 국가들이 탈식민시대를 맞아 역사를 새로 쓰려 애쓰는 이유이기도 하다.

그런데 식민주의 강요는 서구만 저지르지 않았다. 인도네시아는 식민통치를 두 차례 겪었다. 처음 우리를 억압한 것은 포르투갈, 네덜란드, 영국 등 서방 국가들과 일본이었다. 하지만 두 번째는 G30S 따위를 동원한, 신질서라는 이름의 '국내산 브랜드 신식민주의'였다.

1998년 수하르토가 권좌에서 내려왔다. 그러니 이제 우리는 수하

르토 통치시절에 일어난 일들을 자유롭게 이야기할 수 있어야 하지 않을까. 그러나 불행히도 수하르토가 심은 역사관은 인쇄물과 영상물, 박물관과 교과서 등을 통해 아직까지 엄청난 영향을 미치고, 수백만 인도네시아인들은 역사 서술이 왜곡됐는지도 모른 채 잘못된 역사관에 깊이 물들어 있다. 국내외 역사학자들이 바로잡으려 애쓰고 있지만 신질서 역사관이 가진 힘에는 못 미친다.

아마도 수하르토가 권력을 놓고 죽을 때까지 아무 처벌도 받지 않고 줄곧 군림할 수 있었던 비결일 것이다. 모두가 입을 딱 벌릴 일인데, 그는 미국 시사주간지 〈타임〉을 상대로 명예훼손 소송을 내서 이긴 바 있다. 〈타임〉이 낸 기사는, 수하르토 막내아들 토미 수하르토가 감옥에 들어갔다 나온 뒤에도 또 '건수'를 찾아다니고 있다는 내용이었다. 2006년 수하르토 손자 대니가 과시하듯 화려한 결혼식을 치른 일도, 부정축재한 부를 전혀 부끄러워하지 않는 저들 가족의 뻔뻔함을 보여준 사례였다. 그런데 우리의 '새로운' 정부는 여전히 수하르토 정권이 지어낸 이야기를 그대로 받아 적지 않았다고 책들을 불태우고 있다.

'레포르마시'는 상상에 불과한 것일까? 우리 모두는 '환상을 좇는 사람들'일 뿐인가? 우리 정부가 역사책을 계속 불태우는 한, 수하르토 축출로 끝난 줄 알았던 거짓의 환영 같은 신질서 체제는 영원히 이어진다. 여전히 어린아이들처럼 진실을 가린 역사의 환영에서 벗어나지 못한 채 허구로 이뤄진 나라에서 살아야 하나.

이런 환상이라면 이제 벗어날 때도 되었다. 책은 구워 먹으라는 물건이 아니라, 읽고 토론하라고 있는 것이다!

인도네시아는 다양한 민족과 종교가 어우러져 있어서 혼란이 닥칠 때면 소수민족이나 소수종교를 희생양 삼기 쉬웠다. 중국계 인도네시아인들이 대표적인 예다. 그런데 냉전시대의 공산주의자들도 이들 못지않은 희생양이었다.

_ 마디운 사건(Madiun Affair)

일본으로부터 독립한 후 혼란이 가시지 않은 1948년 무렵, 인도네시아 사회주의 세력은 노동자 농민계급이 주축이 되는 사회를 지향하며 계급 갈등을 부각시키는 한편, '미국과 일본의 노예인 수카르노와 핫타'에 반대했다. 하지만 지역 지도계층은 이러한 선동에 동조하지 않았다. 이러한 갈등이 빌미가 되어 1948년 9월 무소Musso가 이끄는 친공산당과 친정부군 사이에 전면전이 벌어졌다. 친정부군에 밀린 친공산당은 동자바 서쪽 마디운으로 후퇴해 그곳 친공산 세력과 합세했고 9월 18일 라디오를 통해 마디운 지방에 '인도네시아 소비에트 공화국'이 성립되었다고 선포했다.

수카르노-핫타는 군사력을 동원하여 족자카르타의 공산세력 2백여 명을 체포한 후, 마디운으로 진격했고 공산 세력은 마디운을 버리고 도주했다. 10월 31일 전투에서 무소가 전사하고 살아남은 2천여 명 부대원과 공산당 지도부는 모두 체포되어 피살되었다. 이 과정에서 희생당한 공산당수는 모두 8천여 명, 투옥된 사람은 3만 5천여 명에 이른다. 뒤이어 그 지역에서는 한동안 친공화파가 공산당을 지지했던 주민들을 학살했다.

●●● 1965년 9월 30일, G30S 사건으로 명명된 친위쿠데타 이후, 인도네시아 공산주의 세력에 대한 대대적인 탄압이 벌어졌다. 그 후 1년여 동안 50만~1백만 명이 살해되고 2백만 명이 투옥된 것으로 추정된다. 사진은 1965년 말 쏟아져나온 G30S 사건을 다룬 책이다.

_ 1965~66년 학살 사건

1965년 G30S 사건이 공산주의 쿠데타라는 수하르토 측의 선전이 국내외를 향해 퍼져나갔다. 인도네시아공산당은 쿠데타 연루를 강하게 부정했으나 소용없었다. 공산당을 처단한다는 목적으로 1965년 11월부터 1년 동안 진행된 숙청 과정에서 2백만 명이 투옥되고 1백만 명이 학살당했으나(추정) 대부분 공산주의와는 전혀 연관이 없는 시민들이었다.

묻어버려야 하는
역사적 진실은 없다

결혼한 지 몇 달 되지 않아 집 안을 정돈할 때였다. 오랫동안 벽에 붙어 있던 파푸아 그림 셋을 옮기려 떼어냈더니, 액자가 걸렸던 벽에는 네모난 자국 세 개가 그대로 남았다. 집 수리가 끝난 지 얼마 되지 않았던 터라 뜻밖이었다. 칠장이가 액자를 떼지 않고 주변만 칠했던 거다. 액자에 페인트가 묻지 않게 조심조심 칠을 하느라 훨씬 더 힘들었을 텐데……. 참으로 무책임하고 아둔한 일처리를 보고, 우리는 고개를 절레절레 저었다. 누구였는지 모르지만 칠장이는 자기 일에 아무런 자부심과 애정이 없었던 게 틀림없다.

벽에 나란히 늘어선 바랜 그림 자리를 보노라니 우리 정부가 생각났다. 눈 가리고 아웅하듯 액자 주위만 칠해놓았듯이 정부도 기초부터 새로 만드는 대신 지저분한 것들은 몽땅 깔개 밑에 숨기고 들킬까 쉬쉬하면서 일을 처리하는 경우가 많았기 때문이다. 이제 잔뜩 쌓인 문제를 꺼내놓고 해결하려 하기보다 감추고 보는 태도가 현대 인도네시아의 특징으로 굳어질 지경이다. 그렇게 감춰둔다고 문제 해결에 보탬이 될까?

그렇게 가려졌던 문제는 언젠가 물 위로 떠오른다. 독재자 수하르토 전 대통령은 국민 요구에 따라 부패 혐의로 재판을 받았지만 늘 하던 대로 정부는 제대로 조사조차 하지 않았다. 처벌받아 마땅한 수하르토와 그 가족들, 옛 측근들 가운데 상당수가 여전히 권력을 쥐고 있는 탓이다. 수십 년간 나라를 거덜 낸 '잘란첸다나Jalan Cendana 부패 커넥션'*의 책임은 결국 아무도 지지 않았다. 우리 모두 그 부패를 알고 있고 그 부패로 고통을 받아왔다. 그런데도 지저분한 과거는 '깔개 밑에 감춰두고' 아무 일도 없었던 걸로 하잔다. 과연 그래도 될까?

부패는 다 접더라도, 그보다 더 심각한 수하르토 정권의 반인륜 범죄들은 어쩔 건가? 1965년에서 1966년 수하르토가 집권하고자 일으킨 우익 쿠데타 때 살해당한 희생자들 문제는 아직도 해결되지 않았다. 그 사건은 동남아시아 역사에서 일어난 최악의 대량 학살이었으며, 아프리카 르완다, 부룬디, 옛 유고연방 보스니아 지역에서 일어난 '인종청소'만큼이나 악랄한 범죄였다.

그런 범죄가 모두 그냥 묻히지는 않았다. 1990년대 보스니아 내전 때 세르비아계가 무슬림 보스니아계를 학살하도록 부추긴 옛 유고연방 대통령 슬로보단 밀로셰비치Slobodan Milosevic는 유엔 산하 옛유고연방국제전범재판소ICTY·International Criminal Tribunal for the former Yugoslavia에 기소됐다. 비록 재판이 끝나기 전 옥중에서 숨졌지만 말이다. 사담 후세인 이라크 전 대통령은 집권 시절 저지른 시아파 학살 죄로 특별전범

---

* 자카르타 시내 샌들우드 거리에 있는 수하르토의 관저 잘란첸다나에서 벌어진 부정부패라는 뜻으로 수하르토 일가가 저지른 부정부패와 비리를 통칭한다. (저자 주)

재판소에서 사형선고를 받고 2006년 12월 29일 처형됐다. 그런데 왜 인도네시아 정부는, 그리고 세계는, 수하르토가 저지른 만행을 모르는 척하는 것일까?

1965년 학살 피해자들에게 정의 따위는 없었다. 많은 피해자 가족들은 당시 아무것도 모르는 어린아이였고 지금까지도 가족의 명예를 되찾거나 보상을 받지 못했다. 보상은커녕 기본적인 권리조차 누리지 못했다. 그들 대부분은 집과 재산을 빼앗겼고 교육받을 기회도 잃었다. 피해자 가족들은 엄청난 마음의 상처를 입은 채 반역자 가족이라는 낙인을 감수해야 했다. 범죄자 취급을 받으면서 인간의 존엄성을 박탈당한 채 야만적인 처우를 견뎌내야 했다. 그렇다고 법에 호소할 수도 없었다.

이러한 이데올로기 공세와 역사 왜곡은 '신질서' 체제 버팀목 가운데 하나였다. 수하르토 정권은 "1965년 사건은 공산주의자들의 음모 때문에 일어난 것"이라는 논리를 끊임없이 국민들에게 불어넣으면서 인권 탄압과 억압 통치를 정당화했다. 사건에 대한 독재정권의 선전은 지금도 널리 통용되고 있다. 그러나 베네딕트 앤더슨Benedict Anderson과 루스 맥베이Ruth McVey는 1966년에 '코넬 보고서'를 통해 사건 진상이 수하르토 정권의 주장과 전혀 다르다는 사실을 밝힌 바 있다.* 1998년 '올드 맨' 수하르토가 물러난 뒤 1965년 정권에 체포당했던 사람들 중 마지막 남은 수감자들이 비로소 석방됐는데, 이들이 입을 열면서 코넬 보고서의 내용에 더욱 무게가 실리게 됐다.

---

* 《상상의 공동체(Imagined Communities)》로 유명한 영국 역사학자 베네딕트 앤더슨은 영국 학자 루스 맥베이와 함께 1965년 수하르토 군부 정권의 학살을 조사한 보고서를 내 세계에 이 사건을 널리 알렸다. 앤더슨이 미국 코넬대학 교수로 있는 동안 대학 출판부에서 보고서를 출간했기 때문에 '코넬 보고서'로 불리게 됐다.

수하르토 축출 뒤의 '개혁'이 의미를 가지려면 반드시 우리 역사를 해체하고 재구성하는 작업이 따라야 한다. 이런 작업은 미약하게나마 시작됐지만 아직까지 체계적으로 세뇌당한 국민의 머릿속을 바꾸지 못하고 있다. 라디오 방송에서 '수하르토 시절의 성性 정치학'을 놓고 이야기를 나누면서 나는 수하르토 정권이 인도네시아공산당을 제거하는 과정에서 수많은 무고한 남성, 여성, 어린이를 핍박했다고 지적했다. 인터뷰 도중 내 휴대전화에 "왜 당신은 인도네시아공산당이 좋다고 생각하느냐?"는 문자메시지가 들어왔다. 분명히 말하지만 나는 한번도 "인도네시아공산당이 좋다"는 말은 하지 않았다. 나는 그저 공산당원들과 전 공산당원들, 그리고 그 가족 수십만 명이 인간 취급을 못 받고 살해되거나 죽음보다 더한 고통을 받았다는 얘기를 했을 뿐이다. 당시 인도네시아공산당은 합법적인 정당이었는데도 말이다.

곧바로 또 다른 문자메시지가 들어왔다. "인도네시아공산당과 그 산하 여성조직이었던 게르와니Gerwani가 권력을 유지했더라면 끔찍한 일이 벌어졌을 것"이라는 내용이었다. 그러나 그들은 권력을 '유지'하기는커녕 잡아본 적도 없다. 그러니 만약 그런 일이 생겼다면 어떻게 됐을지는 알 수 없다. 분명한 것은 정권을 가로챈 수하르토와 '신질서' 세력이 만행을 저질렀다는 것, 그래서 수백만 명이 고통을 받았다는 것, 고통받은 이들 대부분은 어떤 범죄도 저지르지 않은 무고한 이들이었다는 것, 그런데도 수하르토 세력은 아무 처벌도 받지 않게 되리라는 사실이다.

신질서 체제 자체가 역사가 되어버린 지금, 우리는 이를 해석하고 평가하기 위해 무엇을 하고 있나? 첫 민선 대통령 구스 둘 압둘라만 와히드는 자신이 이끌었던 인도네시아 최대 이슬람 조직 나들라툴 울라마가 1965년 학살에 개입했음을 인정하고 공식 사과했다. 하지만 그걸로 끝이었다. 수십만 명이 살해되고 고문, 납치를 당했으나, 유죄 판결은커녕 기소된 사람 하나 없었다.

40여 년 전 벌어진 학살은 이렇게 처리됐다. 그렇다면 비교적 최근 인 1998년 5월 폭동 때 발생한 학살, 성폭행 범죄는 어떤가? 당시 폭 도들은 중국인이 많이 사는 자카르타 교외 글로독Glodok에 불을 지르 고 상점을 약탈하고 여성과 어린이를 공격했다. 1984년 자카르타 탄 중프리옥Tanjung Priok 항구에서 진압병력이 무슬림 시위대에 총기를 난 사한 사건은 또 어떻고. 동티모르와 아체, 파푸아에서 인도네시아 정 부군이 저지른 잔혹 행위들을 알려주는 기록들은 이미 숱하게 나와 있다. 동자바 주 시계 공장에서 1993년 파업을 주도했다가 보안군이 확실한 자들에게 성폭행당하고 끝내 살해된 여성 노동운동가 마르시 나Marsinah 사건, 2004년 가루다 항공 비행기 안에서 정보요원으로 추 정되는 자들에게 독살당한 인권운동가 무니르Munir 사건 같은 '정치적 살해'도 한두 건이 아니다. 그러나 이 가운데 그 무엇도 진상이 밝혀 지지 않았다.

우리 집 벽을 칠했던 어리석은 칠장이처럼 우리는 그림을 떼어내 지 않고서 액자 주변만 칠하고 있다. 마치 아무 문제 없다는 듯이. 그 러나 우리가 아무리 문제없는 척해도, 문제는 바로 거기에, 그대로 남 아 있다. 잠깐 멈춰서 생각을 해보자. 당신 주변에, 수카르노 초대 대 통령이 실각한 다음 가족 중 누군가가 살해되거나 고문당하거나 투옥 되었던 사람이 얼마나 되는지. 사실은 거의 모든 인도네시아인들은 그런 고통을 겪은 친지, 친구가 있다. 그런데 고문과 살해를 저질렀다 는 가해자는 아무도 없다. 유령 군대가 나타나 학살을 저지르고 홀연 히 사라지기라도 한 것 같다.

누군가 지적했듯, 우리는 스스로 깨닫지 못한 채 예전의 과오를 되풀이하는 형벌을 받고 있다. 가장 무서운 것은 그것이다. 과거를 제대로 벗겨내 새로 칠하지 않으면, 우리는 무고한 누군가를 살해하고 학대하고 감옥에 보내는 짓을 역사를 통해 반복할 것이다. 작은 변화만으로도 나라를 쇄신할 수 있다. 수하르토 처벌은 그 출발점이었다. 그러나 수하르토 전 대통령은 2008년 1월 27일 사망했다. 그는 숨질 때까지 한 번도 인권 탄압 혐의에 대한 재판을 받지 않았다.

누가 우리의
영웅인가

어린이들에게는 자기만의 우상, 영웅이 있게 마련이다. 다른 많은 이들처럼 어린 시절 내 우상은 부모님이었다. 그리고 팝 스타. 또래들은 '비틀스'에 미쳐 있었지만 나는 미국 남성 팝그룹 '몽키스' 팬이었다. 만화 캐릭터들 중에서는 미국 만화 《배트맨》 시리즈에 나오는 여성 캐릭터 캣우먼도 맘에 들었지만, 특히 슈퍼맨을 좋아했다. 속옷을 겉에 덧입은 것 같아 우스꽝스럽긴 했지만.

누구나 10대가 지나고 세상을 알면 환상이 깨지듯 나도 자라나면서 '영웅 숭배'에서 벗어났다. 어른이 되고서는 존경하는 사람, 감사하는 사람은 있어도 더 이상 영웅은 없었다. 그런데 얼마 전부터 다시 그런 존재가 생기기 시작했다. 2008년에 미국 대통령으로 당선된 버락 오바마Barack Obama다. 그러고 보면, 우리 인간은 마음 깊이 영웅을 갈구하도록 타고난 듯싶다. 혼란스럽고 불안정한 상황에서는 그 갈망이 더 커진다. 한 사회의 영웅은 그 사회가 갈구하는 것, 사회의 성숙도, 역사적 발전 정도 그리고 희망과 꿈을 반영한다. 우리 개개인, 그룹, 국가가 곧 영웅의 모습을 만드는 것이다.

그러니 혼란스러운 만큼 새로운 시대에 대한 열망이 큰 인도네시아가 영웅을 갈망하는 현상은 당연하다. 수하르토 전 대통령이 죽은 뒤 몇몇 정치인들은 그를 '국가 영웅'으로 추대하자고 주장했다. 이 말을 듣고 영웅의 정확한 뜻은 무엇일까 생각했다. 사전을 찾아보니, "탁월한 업적이나 고귀한 성품 혹은 용기 있는 행동으로 존경과 숭배를 받는 사람"이라고 한다. 보통 남보다 뛰어난 삶을 살았거나 정의를 위해 싸운 사람, 남을 돕고자 자신을 희생한 사람들이 영웅이 된다. 그런데 수하르토를 국가 영웅으로 추대하자고 주장하는 그들에게 '영웅'은 어떤 의미일까. 수하르토를 '영웅'이라고 여기는 그들에게서 우리는 무엇을 떠올려야 하나. 그들은 혹시 수하르토와 연결된 사람들일까? 그래서 자기들과 인연이 있는 옛 지도자가 '부패한 독재자'보다는 '국가적 영웅'인 쪽이 정치적으로 안전하다고 생각한 걸까? 그러면 혹시라도 나중에 신질서 체제에 가담해 저질렀던 죗값을 치르지 않을 수 있을까 해서?

수카르노 초대 대통령을 생각해보자. 그 역시 장점과 단점을 지녔다. 그는 인도네시아를 식민통치에서 해방시킨 인물로 평가받지만(수하르토가 인도네시아를 공산통치에서 해방시켰다고 주장하는 사람들도 있다) 집권 말기에는 독재자였다. 그래서 수하르토의 권위주의 통치의 터를 닦은 인물은 다름 아닌 수카르노라고 비판하는 사람도 많다. 하지만 수카르노는, 죽을 때까지 아무 처벌도 받지 않았던 수하르토와 달리, 권력을 잃은 뒤 가택연금 상태에서 사망했고 16년이 지나서야 국가 영웅 칭호를 받았다. 수하르토는 일가친척에게 부정축재로 일군 막대한 재산을 남겼지만 수카르노가 자식들에게 남긴 것은 '카리스마와 결점을 동시에 가진 한 위대한 인물에 대한 기억'뿐이었다.

이 시대는 강력한 리더십을 갈망한다. 이러니저러니 결점이 있다 해도 젊은이들조차 수카르노를 국가적 상징으로 떠받들고, '수카르노주의Soekarnoism'는 여전히 사람들을 움직인다. 그렇다면 시간이 흐르면 '수하르토주의Soehartoism'가 힘을 얻는 때도 올까? 많은 사람들이 동의하지 않겠지만, 몇몇은 확신하는 것 같다.

"자신들의 영웅조차 존경하지 않는 민족은 위대한 나라를 만들 수 없다"는 말이 있다. 이 말에서 새겨야 할 대목은 '위대한 나라'가 아니라, 누가 '우리의 영웅인가'다. 수하르토는 영웅일까? 글쎄, 의혹과 부패 혐의 속에 영원히 침묵해버린 수하르토보다는 차라리 확실한 즐거움을 주는 '몽키스'를 영웅으로 삼는 편이 낫겠다.

너무나 먼 결혼의 자유

미국 TV 프로그램 〈오프라 윈프리 쇼〉에서 오프라가 두 여성과 대담하는 걸 보았다. 한 명은 금발이고 또 한 명은 검은 머리였는데, 둘 다 숨 막힐 정도로 예뻤다. 원래 이성애자였던 둘은 처음 만나는 순간 서로가 서로의 '소울 메이트'임을 깨닫고 레즈비언 커플이 됐다고 한다. 남편과 오랫동안, 심지어는 수십 년 동안, 결혼생활을 잘하다가 자신의 성적 정체성을 뒤늦게 깨달은 여성들 인터뷰도 나왔다. 그들은 결국 이혼하고 레즈비언 동반자를 찾았다.

"남편에게 레즈비언이라고 고백했다가 놀라운 비밀을 알게 됐지요. 사실은 남편도 게이였던 거예요!"

한 여성이 털어놨다. 그녀는 이혼했고 옛 남편과는 지금도 친구처럼 지낸단다. 그녀와 옛 남편 사이의 자식들은 옛 남편이 자신의 게이 파트너와 함께 살면서 키우고 있다. 그 가운데 오프라가 만난 한 아이가 말했다.

"물론 힘들었고 놀림도 많이 당했죠. 하지만 지금은 부모님이 진심으로 원하는 인생을 살아가기로 했다는 게 자랑스러워요."

〈오프라 윈프리 쇼〉를 보면서 나는 대학 시절 만난 여성 강사를 떠올렸다. 벌써 30년 전, 자기가 레즈비언이라는 사실을 깨달은 그녀는 남편과 이혼하고 동성 애인과 결합했다. 당시로선 굉장히 충격적인 사건이었을 것이다. 게다가 그녀는 전통 있는 귀족 집안 출신이었다. 가족, 친구 그리고 동료 모두로부터 버림받을 것이 뻔한 상황에서 '커밍아웃' 할 때, 얼마나 큰 용기를 내야 했을까. 그녀는 어머니에게 얘기를 처음 꺼내며 "엄마, 아프거나 장애를 가진 자식도 사랑할 수 있겠어요?"라고 물었다고 한다. 딸의 성적 정체성을 조금이라도 쉽게 받아들일 수 있도록 스스로를 '병자나 장애인'이라고 했던 것이다.

동성애자가 사회에서 겪는 가장 근본적 문제는 '낮은 사회적 지위'다. 인도네시아에서는 결혼하지 않으면 '진정한 어른'으로 대접받지 못한다. 그래서 심지어 집으로부터 독립해 사회에서 어른 대접을 받으려고 결혼하는 동성애자들도 있다. 나는 이런 이유로 이성과 결혼한 게이 몇 명을 안다. 어찌어찌 아이를 낳아 키우며 어정쩡한 결혼이 오래 지속되기도 하지만 게이에게 이성 배우자와의 결혼생활은 쉽지 않다.

대안은 개방적 동성 결혼이겠지만, 이것 역시 쉽지 않다. 잡지 〈리버티 Liberty〉가 아주 독특한 사건이라고 보도한, 1981년 자카르타에서 올린 조시와 보니의 결혼을 생각해보자. 조시와 보니는 부모님을 포함한 축하객 120명 앞에서 레즈비언 커플임을 공식적으로 알리는 결혼식을 치렀다. 인도네시아에서는 전례가 없었기에 대단한 뉴스였고, 강경파 이슬람을 비롯한 보수주의자들은 비난을 쏟아냈다.

인도네시아 사회 연구를 위해 서구에서 온 레즈비언 여성운동가인 내 친구는 조시와 보니를 편드는 글을 쓰고 싶어 했다. 그때는 수하르토 정권 신질서 체제가 서슬 퍼렸던 시절이어서 나는 "그런 글을 발표했다가는 당장 체류 허가를 취소당할 것"이라며 글을 발표하지 못하도록 설득했다.

그 대신에 나는 토에티 헤라티 Toeti Heraty*, 마리안느 카토포 Marianne Katoppo**와 함께 조시와 보니의 결혼을 지지하는 글을 편지처럼 써서 〈템포〉에 실었다. 글이 나가자 남성 독자들에게서 거친 비난 편지들이 쏟아졌다. 그런데 우리를 응원하는 편지도 한 통 있었다. 지금은 동성애자 권익옹호단체 가야누산타라의 창립자로 유명해졌을 뿐 아니라 나와는 둘도 없는 친구가 된 데데 오에토모가 보낸 것이었다.

데데는 이성애만이 인정받는 분위기에서 우리가 발표한 공동 서한이 "한 줄기 신선한 바람 같았다"며 "당신들 외에도 레즈비언들이 조시와 보니를 응원하려 많이들 나설지" 물었다. 우리는 그저 웃을 수밖에 없었다. 우리는 데데에게, "별로 그럴 것 같지는 않고, 우리는 레즈비언이 아니라 섹슈얼리티에 관한 개인의 자유를 중요하게 여기는 시민들일 뿐"이라는 솔직한 답장을 써 보냈다.

동반자 관계임을 공식적으로 인정받고 싶어 하는 동성 커플들에게 조시와 보니의 결혼은 선구적 사건이었다. 톰 벨스토르프 Tom Boellstorff는 저서 《게이 군도 The Gay Archipelago》에서 "그 결혼식은 공개적이고 상징적인 이벤트였다"고 평했다. 두 여성이 벌인 즐거운 잔치는 인도네시아가 맞닥뜨린 새로운 문제를 수면 위로 끌어올렸다. 여러 단체와

---

* 인도네시아의 여성 시인, 철학자. 수하르토 독재정권에 항거한 민주화투쟁과 인권운동으로 명성을 떨쳤다. 여성권익 옹호에 앞장선 페미니스트이기도 하다.

** 인도네시아 여성 신학자, 저널리스트. 기독교 신학에 마르크스주의를 접목한 철학으로 유명하다.

학교들이 그 사건을 놓고 공식 입장을 밝혀야만 했다.

거의 모든 동성애는 인종이나 마찬가지로 유전적으로 결정된다는 게 정설이다. 즉 타고난다. 곱슬머리라는 이유로 누군가를 차별해서는 안 되듯이 동성애자들을 차별하는 일은 옳지 않다. 하지만 이건 어디까지나 이상일 뿐이다. 현 정권이 내세운 대로 지금이 '개혁 시대'인지는 잘 모르겠지만, 부모와 두 자녀로 구성된 수하르토 정권 시절의 가족 모델이 여전히 '이상적인 가족'으로 받아들여지고 있다. 인구의 10퍼센트, 웬만한 나라의 전체 인구에 맞먹는 2천 4백만 명이 동성애자인 인도네시아에서 이것은 문제가 아닐 수 없다. 이는 인구통계학적인 '사실'이다. 그리고 이 많은 동성애자들은 이성애자들과 마찬가지로 가정을 이루고 싶어 한다.

그래서 법이 허용하건 말건 상관없이 동성 결혼을 결행한다. 뜻 있는 단체들이 이들을 돕기도 한다. 가야누산타라의 수라바야^{자바 섬 북동부의 항구 도시} 지부 간부는 얼마 전에도 레즈비언 커플의 '서약식'을 도왔고, 발리에는 레즈비언 결혼식만 진행하는 이벤트업체까지 있다. 언제까지 이들의 권리를 이렇게 소외된 채로 두어야 할까.

인도네시아는 민주주의 사회이니 당연히 소수집단의 권리를 보장해야 한다는 말에 동의하지 않는 사람은 별로 없을 게다. 하지만 종교적, 민족적 소수집단뿐 아니라 성적 소수집단도 권리를 똑같이 보장해야 한다는 사실을 잊는 이들이 많다. 인구의 2퍼센트를 차지하는 중국계 소수민족의 권리가 마땅히 인정되어야 하듯이, 그보다 많은 동성애자의 권리에 눈 감아서는 안 된다. 다수파가 소수파를 어떻게 대접하는가는 그 사회가 정의로운지를 보여주는 리트머스 시험지다.

게이 민주주의

10대 시절, 가슴에 몽우리가 지고 엉덩이가 커지고 월경을 시작하는 신체적 변화를 겪으면서 성적 정체성을 깨닫기 시작했던 때가 기억난다. 어른들은 "이제 여자가 되기 시작한 거야."라고 말했지만, 난 모든 것이 낯설었고 두렵기까지 했다. 게다가 그 '저주 받을' 사내아이들! 그 애들은 걱정과 고통, 혼란, 절망, 당황스러움의 원천이었다. 하지만 나와 마찬가지로 스스로를 재발견하는 시간을 겪고 있었던 그 아이들은 내 흥분과 즐거움의 대상이기도 했다.

어른이 되어 섹슈얼리티 공부를 시작한 뒤로 나는 '만일 내가 게이라면 성장 과정이 얼마나 힘겨웠을까' 하는 생각을 하게 됐다. 성장기는 '이성애자 소녀'에게도 고통스러웠지만, 적어도 나는 '주류'에 속해 있었다. 아직도 동성애를 '일탈한 것', '비정상적인 것', 기껏 잘 봐주어도 '다른 것' 정도로 여기는 사회 분위기 속에서 자기 자신이 동성애자임을 깨닫는다면 말할 수 없이 힘들 것이다.

10대 시절 한 사내아이에게 폭 빠졌던 나는 친구들에게 내 느낌을 털어놓을 수 있었다. 그런데 만일 내가 여자아이에게 사랑을 느꼈다면, 아니 '성적인 욕망을 느꼈다면' 어땠을까? 어디로 가야 할지, 무엇을 해야 할지, 누구에게 말을 해야 할지도 모른 채 완전히 절망에 빠져 방황했으리라. 이것이 인생의 새로운 단계로 첫발을 떼며 스스로를 발견하고, 전에는 겪어보지 못한 감정을 느끼게 되는 바로 그 시기, 수많은 10대 동성애자들이 맞닥뜨리는 상황이다.

그 아이들은 그 순간 사회를 지배하는 가치관과 신념, 관습, 편견, 사회적 낙인 따위를 떠올리며 자신의 감정을 격렬히 부정하게 된다. 정체성을 형성할 나이에 겪는 자기부정은 무서운 덫이다. 그럼 어떻게 해야 할까? 첫 번째 탈출구는 '지식'이다. 지식은 성적 소수자에 대한 차별과 불관용의 온상인 무지를 극복하도록 도와준다. 과학은 우리에게 섹슈얼리티 감정, 개성, 사회성, 성적 지향을 모두 포괄하는 개념, 젠더 사회적으로 만들어진 성별 구분, 섹스 생물학적, 해부학적으로 타고난 성가 역동적으로 변할 수 있는 연속성을 지녔다고 알려준다. 이 사실을 안다면, 생물학적 성별에 갇혀 궁지에 몰리지 않을 수 있다. 셋 중 하나가 바뀌면 다른 성 구분들에도 영향을 미친다는 사실을 보다 자연스럽게 받아들일 수 있고, 그러면 동성애자들은 적대적인 사회 분위기 속에서 고문실에 앉아 있는 사람처럼 고통에 시달리지 않아도 될 테다.

동성애 감정으로 몇 년씩 남모르는 갈등을 겪는 사람들이 꽤 많다. 해답을 찾으려고 오랜 시간 고민한 끝에 결국 사회적 압력에 굴복하고 이성과 결혼해 아이까지 갖는 사람들도 있다. 하지만 결국 그들 대부분은 타고난 동성애를 바꿀 수 없다는 사실을 깨닫고 마침내 고통스러운 내면의 싸움을 끝내고 게이라는 정체성을 받아들인다. 이렇게 게이 정체성을 갖는다는 것은 많은 의미와 사실을 함축하고 있다. 단순히 개인의 감정에 얽힌 문제뿐 아니라 사회적, 정치적 의미까지 지닌 까닭이다. 동성애자가 아닌 나조차도 '여자아이'여서 차별을 받는다고 느꼈고 결국 페미니스트가 됐는데, 이것은 개인 차원의 선택이었지만 분명 정치적 선택이었다.

인도네시아는 동성애자들을 때로는 수용하고 때로는 거부한다. 이 나라는 게이로 살기가 쉬운 동시에 어렵다. 전통문화와 맞닿은 다양한 섹슈얼리티는 모자이크 같은 인도네시아 문화를 꾸며주는 한 부분이다. 이성애자로 평범한 결혼생활을 하는 사람들 가운데도 동성들과 관계를 맺는 사람들이 있는가 하면 와리아는 TV 코미디쇼에 종종 등장할 정도로 널리 받아들여진다. 이슬람 기숙학교 프산트렌의 커플처럼 비공식적이지만 '제도화'돼 있는 동성애 관계도 있다. 점점 더 눈에 띄게 늘어나는 게이 문화는 주류인 이성애 문화에 도전하면서 공존을 요구하고 있다.

게이나 레즈비언이 되기가 더 쉬워져야 한다. 수하르토 독재정권이 무너진 뒤부터 인도네시아 정부는 인권·시민권 보호를 줄곧 강조해왔다. 여기에는 '표현의 자유'라는 권리도 포함된다. 새로 도입한 인도네시아 헌법은 유엔세계인권선언 내용들을 거의 다 담고 있다. 새 헌법은 이론적으로는 헌법재판소라는 기구를 통해 모든 시민들의 권리를 보장하고 보호하게끔 돼 있다. 그중 몇 가지를 살펴보자.

27조 2항: 모든 시민은 인간적 존엄성을 지키며 일하고 살아갈 권리가 있다.

28조 C항 (1): 모든 사람은 기본적 욕구를 충족하면서 스스로를 계발할 권리가 있다.

28조 E항 (2): 모든 사람은 자유롭게 신념과 믿음을 가질 권리, 양심에 따라 생각을 표현할 권리가 있다.

　28조 1항 (2); 모든 사람은 어떤 영역에서든 차별 대우를 받지 않을 권리, 차별 대우를 당하지 않도록 보호 받을 권리가 있다.

　그런데도 공식적인 문화에서 동성애는 여전히 금기다. 이상하게도 수하르토 정권이 무너지고 개혁파 정부가 들어선 뒤에 동성애 비방과 여성 차별이 더 심해진 것 같다. 기분 탓일까. 헌법재판소는 옛 공산주의 운동가들의 피선거권을 보장했다. 그럼 게이 정당은 어떤가? 이런 걸 보면 수하르토 시대 이후 인도네시아에서는 '핑크(동성애자)'가 되느니 '레드(공산주의자)'가 되는 편이 살기에 훨씬 나은 듯하다. 민주주의와 인권이 목표라고들 말하지만 게이, 레즈비언 그리고 여성들은 여전히 사회의 보호 밖에 내던져져 있다. 헌법이 명시한 자신의 성적 정체성을 결정할 권리조차 보장받지 못하고 있다.

　이런 현실은 인도네시아 게이들과 레즈비언들 앞에 놓인 장애물이다. 남과 다른 성적 정체성을 가질 권리, 남과 다르게 살 수 있는 권리를 인정받는 일은 그들에게 도덕적, 정치적, 법적, 민주적 성취가 될 것이다. 그들은 사회의 다른 사람들로부터 '일탈 행위를 용서받으려는' 것이 아니라 기본적인 인권을 보장받으려는 것뿐이다.

 깊이읽기: 미스 와리아 인도네시아 축제

　'와리아waria'는 인도네시아어로 여성을 가리키는 '와니타wanita'와 남성을 가리키는 '프리아pria'를 합쳐 만든 합성어로 인도네시아에서 성전환자를 일컫는 말이다. 이들은 미니스커트를 입고 밤거리에 서서 실리콘을 넣은 큰 가슴으로 남성들을 유혹하는 섹스 서비스 종사자나 무대, 텔레비전 등에서 쇼를 펼치는 사람들로 대표된다. 하지만 실제 인도네시아 와리아 사회는 훨씬 여러 갈래로 나눌 수 있다. 이들 가운데는 스스로를 생물학적 남자로 인식하면서 단지 여성적 태도만을 흉내 내며 간혹 여성 옷을 입거나 화장을 하는 사람들도 있다. 또 일상생활에서 그냥 여성으로 받아들여질 만큼 거의 여성에 가까운 사람들도 있다. 하지만 이런 개인들은 잘 드러나지 않는다.

사회적 편견에 부딪혀 마음고생을 하는 수많은 와리아들을 위해 생겨난 것이 2006년부터 시작된 '미스 와리아 인도네시아 축제'다. 이 축제 주관 단체는 '야야산 푸트리 와리아 인도네시아Yayasan Putri Waria Indonesia'다. 전 미스 와리아 퀸 메기 메가와티Megie Megawati가 이끄는 이 단체는 섹스 서비스 종사자들을 위한 보건교육, 고용창출, 반차별, 권익옹호 등의 활동을 벌이는데, 2006년부터 연례행사로 정착된 미스 와리아 인도네시아 축제도 그 일환이다. 이들은 화려하고 규모가 큰 이벤트를 통해 와리아가 얼마나 다양한 재능과 기술, 자산을 갖고 있는지 공개적으로 보여줌으로써 사회의 편견을 깨고, 와리아로서 좋은 역할 모델을 제시해서 와리아가 자신의 정체성을 긍정적으로 받아들이도록 돕는다.

사회를 향한 메시지도 있는데 와리아가 인도네시아 사회에 필수불가결하고 중요한 구성원이라는 사실을 알리는 일이다. 2006년 비수bissu 공연단의 공연은 와리아가 인도네시아 전통의 한 부분이었다는 사실을 알리려는 것이었다. 고대 남부 술라웨시의 왕실에서 사제단 역할을 했던 비수는 공연을 하는 예인이면서 성이 뚜렷이 나뉘지 않은 특별한 사람들이었다. 축제의 가장 중요한 행사는 미스 와리아 선발이다. 심사 기준은 외모, 성취, 특기, 도덕적 기준 등인데, 미스 와리아는 와리아 사회뿐 아니라

인도네시아 전체 사회에 역할 모델이 되어야 한다는 대회 주관 단체의 비
전을 반영해 도덕적 기준까지 포함시켰다.

결선에 올라온 와리아들은 대회 기간 동안 미용이나 패션, 외모에도 신
경 쓰지만 에이즈 예방, 불법약물 사용 같은 문제도 공부한다. 그리고 미
스 와리아로 최종 선발되면 관광이나 에이즈 예방을 위한 홍보대사를 맡
아야 한다. 와리와와 섹스 산업 의 연관 관계를 애써 감추려던 기존 태도
와 달리 훨씬 적극적으로 인정하는 셈이다. 이들의 목표는 인도네시아의
도덕적 가치나 미 기준의 근본적 변화가 아니라 와리아가 이런 가치들에
본래 합치하고 있다는 사실을 보여줌으로써 사회가 이들을 받아들이게
하는 것이다.

메기 메가와티의 활약으로 와리아에 대한 인식은 많이 바뀌었지만 아직 갈등은 남아 있다. 연례행사가 되기 전 2005년 미스 와리아 대회 행사 예정 장소였던 사리아 빌딩에 이슬람단체 회원 1백여 명이 들이닥쳐 소란을 일으켰다. 메기는 오히려 그들 덕에 행사가 더 널리 알려졌다고 당당하게 말했는데, 그 덕분인지 다음 해 본격적으로 시작된 제1회 미스 와리아 인도네시아 축제에는 와히드 전 대통령을 비롯한 유명인들이 많이 참석했다. 전 대통령의 참석으로 행사 주관사 정도의 위상이었던 야야산 푸트리 와리아 인도네시아는 상설 조직으로 자리잡게 되었고 국내외 인식도 높아졌다.*

* 미스 와리아 관련 내용은 사진을 제공해준 이르판 코르트샥이 〈insideindonesia.org〉에 기고한 기사 〈Defining Waria〉를 참고했다.

고통만은 함께

　폴은 어느 날 아랫사람 알리가 잔뜩 풀이 죽은 모습을 보았다. 이유인즉슨, 아이가 여덟이나 있는데 아내가 또 임신을 했단다. 알리는 "어떻게 해야 임신을 막을 수 있을까?" 하며 한숨을 쉬었다. 폴은 미리 대책을 세웠어야지 뒤늦게 후회하면 뭐하느냐며 콘돔을 쓰는지 물었다. 알리는 "시도는 해보았지만 맘에 들지 않아 포기했다"고 했단다. 그러면 알리의 아내가 할 수 있는 피임법을 찾아보지 그러냐고 물으니, 알리는 아내가 자궁 내 피임기구를 시술받는 것을 무서워하고 피임약은 너무 비싸서 쓸 수 없다고 했다. 알리는 절망적인 얼굴로 폴을 쳐다보면서 "당신은 대학을 나왔으니 좋은 방법을 알지 않느냐?"고 애원했다. 폴이라고 뾰족한 방법이 있을 리 없었다.

　그러고 나서 몇 주 후 알리는 함박웃음을 지으며 폴을 찾아왔다.

　"방법을 찾았어요. 두 번째 아내를 두기로 했어요."

　의기양양하게 알리가 내놓은 해법이었다. 알리의 가정사지만 문제가 벌어진 후에야 해결책을 찾으려는 건, 어디서 많이 보던 모습이다. 더구나 그 해결책이 알리의 경우처럼 미봉책인 것도 익숙하다.

우리 집안일을 도와주던 사리와 디디 부부도 마찬가지다. 그들 역시 제대로 먹이고 입히고 가르치지도 못할 아이가 이미 셋씩이나 있고 돈벌이가 모자라 아이들 교육비용을 온전히 내게 기대고 있으면서 덜컥 넷째 아이를 가졌다. 아이를 지울 수도 있었지만 의학적으로 꼭 필요하지 않은 낙태는 불법인 데다 당사자가 죄를 지을 수 없다며 내켜하지 않으니 억지를 부릴 수도 없는 노릇이었다. 세상에 새 생명을 내놓은 다음에는 더 큰 책임이 기다리고 있음을 고려하지 않고 일부터 벌이는 것이다. 국가라면 당연히 적절한 피임 방법을 제공해야 하지만 의료 서비스 같은 사회복지는 뒷전이라 사회 발전은 더디고 절대적 빈곤으로부터 헤어날 길도 막혀 있다.

어떻게든 되겠지, 하는 게으른 낙관주의는 나약한 인간의 밑바탕에 깔린 속성이다. 수하르토 독재정권의 '신질서' 체제나 수하르토 이후의 '개혁'도 모두 그런 낙관주의의 산물이다. '앞으로는 다 잘될 거야'라고 생각하다 보면 탐욕에 굴복하게 되고, 앞날을 내다보고 조심하려는 생각을 버리게 된다. 예를 들면 자카르타 시는 해마다 홍수가 일어날 것을 알면서도 아무런 대책을 세우지 않는다. 매번 당하면서도 '올해는 괜찮겠지' 하고 생각해버리기 때문이다. 이런 무대책 낙관주의가 불러온 실패의 대표적인 예가 1997년 금융위기다.

1990년대에 인도네시아 금융기관과 기업들은 외국 돈, 주로 미국 달러를 빌려오느라 정신이 없었다. 인도네시아 루피아 화폐는 오랫동안 달러에 고정환율제로 묶여 있었다. 기업과 금융권은 고정환율제가 계속되리라 믿었다. 그래서 대출을 분산하거나 환율변동보험에 가입하는 식으로 앞날의 위험에 대비하지 않았다. 콘돔을 쓰지 않고서 아이가 생겼다고 투덜거린 알리처럼, 단기적인 돈놀이 재미에 빠져 '금융 콘돔' 쓰기를 거부했던 것이다.

1997년 루피아 가치가 계속 떨어지자 수하르토 정권은 고정환율제를 포기해버렸다. 그러자 루피아 가치는 나락으로 떨어졌다. 미리 위험을 분산해놓지 않았던 이들은 루피아로 들어오는 소득 가치가 기존 가치의 5분의 1, 7분의 1, 심지어 10분의 1로 떨어지는 것을 속수무책 지켜봐야 했다. 그 덕에 1997년 인도네시아는 사상 최악의 금융산업 붕괴와 경제위기를 겪었다. 부실채권 인수기구인 인도네시아재건청은 사상 최대 규모의 금융기관 국유화를 단행하지 않을 수 없었다. 경제위기는 처음에는 금융위기로 불리다가, 곧 '총체적 위기'가 됐다.

홍청망청한 1990년대 분위기에 휩쓸려 달콤한 열매를 맛봤던 사람들도 고통받았지만 단맛은 보지도 못한 훨씬 더 많은 사람들까지 고통을 받았다. 잘 나가던 경제성장률은 뚝 꺾였다. 국내총생산은 마이너스 5퍼센트 성장, 수치로 보면 '온건한 후퇴'로 보이지만 그 여파에서 비롯된 시련은 오래 계속됐다. 특히 평생 은행에 한 번 들어가본 일도 없는 극빈층이 가장 극심한 고통을 겪었다.

이듬해 소요가 일어나 수하르토 독재정권이 무너지고 혼란스러운 '개혁 시대'가 찾아와 8년 동안 이어졌지만 과거를 거울 삼아 미래를 계획하고 차곡차곡 진행한 것은 아무것도 없다. 수하르토 시절 억압 당하고 소외됐던 이들이 '새로 생긴 파이의 한 조각'을 차지하려고 목소리를 높이고 밀치고 싸우고 할퀴느라 난리도 아니었다. 찰나의 즐거움, 순간의 쾌락이 종종 비극적인 결과를 가져와 무고한 이들에게 피해를 입힌다는 걸 생각해야 할 때다.

무슨 일이든 일어나기 전에 예방하면 비용이 적게 들 뿐 아니라 위험도 적다. '예방'은 나쁜 일이나 상황이 벌어지는 것을 막는 일일 뿐 아니라 앞으로 닥칠 수 있는 부정적 가능성들을 다잡는 일까지 포함한다. 그러니 '예방'하려면 앞날 내다보기, 다시 말해 성숙함과 지혜, 자제, 통찰력 그리고 자신은 물론 타인의 경험들에서도 교훈을 이끌어내는 능력이 모두 필요하다.

인도네시아 사회는 뒷전에 제쳐두었던 문제가 재앙으로 터져나와야 들여다보는데 그때는 아주 비극적이고 돌이킬 수 없는 결과를 감당해야 한다. 그럴 때 희생자들은 대개 아무 잘못 없는 이들, 가난하고 약한 사람들이다. 알리의 처첩행위로 어려움을 겪을 피해자가 여덟 명, 아니 곧 아홉 명이 될 그의 자식들이듯이. 또 디디의 넷이나 되는 아이들이듯이. 지금 세 아이의 학비를 대는 것으로 모자라 새로 태어날 아이의 교육비까지 열심히 모아야 하는 나를 포함해서 말이다.

숲을 잃고
우리가 얻는 것

인도네시아 정부는 얼마 전 싱가포르로 하던 모래 수출을 전면 금지시켰다. 당국과 시민사회의 의견이 오랜만에 일치해 이뤄진 조치였다. 환경감시기구 오션와치Ocean Watch에 따르면 리아우Riau 제도를 비롯한 몇몇 지역에서는 모래 채취가 너무 심해서 여러 어종이 사라지고 산호초가 파괴되었고 작은 섬들 몇 개가 사라지기까지 했다. 이제라도 당국이 나서서 다행이긴 하지만, 그동안 너무 소극적이고 느렸다. 환경단체 인도네시아환경포럼WALHI · Wahana Lingkungan Hidup Indonesia은 수하르토 '신질서' 시절부터 경제적, 물질적 발전만 뒤쫓았던 우리의 탐욕이 끔찍한 환경파괴를 초래했다고 지적한다. 우리 아둔함도 환경파괴의 속도를 더했다. 환경파괴는 집 안에 들어앉은 채 집에 불을 지르는 꼴이다. 왜 그런 짓을 저지르냐고? 돈이 생기니까. 인도네시아 환경파괴는 투자자들이 돈을 주고 자원을 가져가면서 벌어진다.

지금 인도네시아는 망가진 경제를 살릴 수 있다면 무슨 짓이든 하겠다며 팔을 걷어붙였다. 정부는 재정 균형은 안중에도 없이 당장의 적자를 메운답시고 환경을 멋대로 망가뜨리도록 허락해주고 대신 빚을 늘리고 있다. 결국 모두 떨어질 위태로운 외줄 타기를 하며 바닥으로 먼저 떨어지는 사람을 뽑는 시합을 벌이는 듯하다. 우리 자신의 일이라는 걸 잊고 본다면 재미있는 구경거리일 게다. 하지만 여기서 이익을 챙기는 쪽은 기업가, 지역 유지, 외국의 거대 기업들이지 가난한 인도네시아 사람들이 아니다. 이렇게 별로 얻는 바도 없이 자기 자신을 거덜 내는 일인데도 사람들은 더 늦기 전에 조금이나마 자기들 몫을 챙겨보겠다고 자연 수탈에 앞장선다. 굶주림이나 면해보자는 수준이지만 이들이 벌이는 소규모 불법 자원채취, 벌목, 어업은 경제적 혼란과 구멍 뚫린 규제망을 비집고 난맥상을 보인다.

불법 남벌에 더해 야자기름을 얻으려 자생 수목들을 없애고 야자수를 대량 이식하는 신종 플랜테이션 건설도 자연림을 사라지게 한다. 2002년 이래 인도네시아에서는 해마다 삼림 340만 헥타르가 없어지고 있다. 2007년에는 280만 헥타르 정도가 사라졌다. 파괴 면적이 줄어드니 좋은 소식 아니냐고? 천만에 말씀! 숲 파괴 면적이 줄어든 건, 숲 자체가 줄었기 때문이다. 이렇게 우리의 자원은 사라져가고 환경은 파괴되고 있다. 그 결과는 무섭다. 인도네시아환경포럼에 따르면 2006년 한 해에 인도네시아에서 일어난 홍수와 쓰나미, 지진, 산불, 흉작을 비롯한 환경재앙은 135건이다. 이 재해들로 모두 1만 명 넘는 이들이 숨졌고, 1백만 명 이상이 집을 잃었다. 경제적 손실은 수백 조 루피아에 이른다.

환경문제라면 일차적인 책임은 정부에 있다. 자원 개발을 중심으로 한 현행 경제 정책은 환경보호에 취약하다. 당연히 법 집행도 미진했다. 당국은 환경을 파괴하는 기업, 기구를 이끄는 핵심 인물에게는 하나도 책임을 묻지 않고 실무자들만 잡아넣었고 법원은 불법 벌목꾼 70퍼센트를 무죄 방면했다. 정부에 환경파괴를 막으려는 '정치적 의지' 따위는 없어 보인다. 광업을 한번 살펴보자. 인도네시아에서는 '네 이웃을 사랑하라'는 말은 없고 '네 이웃의 땅을 파라'는 말만 통한다. 정부는 전국 곳곳 자연보호구역에 광업허가를 내주고 있다. 논란을 빚었던 외국 거대 광산기업들에게 허가를 내준 얘기는 더 하고 싶지도 않다.

우리의 강은 어떤가. 자바, 칼리만탄, 술라웨시, 자바 섬 동쪽의 섬 누사 틍가라Nusa Tenggara의 강들은 물 남용 탓에 수량이 줄고 심하게 오염됐다. 자카르타 수질오염 물질의 절반쯤은 산업시설에서 나온다. 그들은 해마다 자카르타와 서자바 지역을 흐르는 강들에 유독물질 220만 톤을 쏟아낸다. 자카르타 우물물 73퍼센트는 암모니아에 오염돼 있다. 내가 사는 남자카르타 우물 13퍼센트에서 수은이 검출됐다. 앞으로는 주스만 사 먹어야 될 것 같다.

바다로 눈을 돌리면 더 울적해진다. 6만 평방킬로미터에 이르는 인도네시아 해안 산호초 가운데 6퍼센트만이 온전하다. 17개 주 60개 지점에서 해안 침식이 일어났다고 보고됐다. 강과 바다가 만나는 곳에 자라며 홍수나 해일, 강풍으로부터 삶의 터전을 보호해주는 망그로브 숲 가운데 보존 상태가 좋은 곳은 30퍼센트뿐이라고 한다. 망그로브라는 보호막이 사라진 뒤 다시 쓰나미가 닥치면 손바닥보다 큰 홍다리얼룩새우가 해안가로 물밀 듯 밀려올지도 모르겠다. 맛난 새우 요리를 먹기에 앞서, 이것들이 바로 해안가 망그로브 숲을 없앤 자리에 우후죽순처럼 생겨난 양식장에서 떠밀려왔음을 잠시 생각해주길 바란다. 상황이 이러니, 이번 모래 채취 금지도 겉치레로 끝날 공산이 크다.

이런데도 어느 누구 하나 신경 쓰는 이가 없다. 열대우림이 사라져 기후가 건조해졌는데 가난한 사람들은 여전히 숲에 불을 놓아 밭을 일군다. 이것이 인도네시아에서 해마다 산불이 반복되는 이유다. 산불로 생긴 연무煙霧가 퍼져 공기를 오염시키고 시야를 가려 동남아시아 전역에 건강 문제를 일으키고 항공교통을 마비시켜 이웃 나라들로부터 욕을 먹는다. 그런데 우리 이웃 나라들은 산불에 불평을 늘어놓으면서도 그 원인이 되는 환경파괴에는 관심이 없다. 말레이시아는 인도네시아에서 불법으로 자른 목재를 사들이는 주요 수입국이다. 벌목은 산불을 일으키는 원인 중 하나인데, 산불에는 불평을 하면서 인도네시아의 자연을 파괴해 얻는 자원은 좋아하는 셈이다.

인도네시아는 환경보호를 즉시 행동으로 옮겨야 한다. 그리고 인도네시아의 자원을 수탈해 이득을 얻는 다른 나라들도 환경을 보존하고 살리는 방법을 찾는 데 힘을 보태야 한다.

우리는 모두 이어져 있다. 땅으로 연결돼 있지 않더라도 바다로는 다 이어져 있다. 하늘로도 마찬가지다. 이제 우리 마음도 이어지기를 기대해본다. 최소한 지역적 협력을 통해 부존자원을 비롯한 동남아시아의 자산이 지속 불가능한 수준으로 고갈되지 않도록 막는 일을 당장 시작해야 한다. 인도네시아 리아우 제도에 '특별경제구역Special Economic Zones'을 만들려는 싱가포르가 인도네시아 환경보호에 관심을 가지면 좋지 않을까.*

---

* 2004년 6월 인도네시아와 싱가포르는 리아우 제도에 있는 바탐 섬·빈탄 섬을 경제특구로 개발하기 위해 경제협력협정을 맺었다. 핵심 사항은 투자와 관세 등 총 일곱 개 항목에 협력해 최근 경쟁력이 떨어진 제조업을 중심으로 투자 유치를 도모한다는 내용이다.

_ 삼림 파괴

인도네시아의 열대우림은 전 세계 10퍼센트(9100만 헥타르, 인도네시아 총 면적의 약 3분의 2) 정도로 아마존 밀림과 함께 지구의 허파 역할을 한다. 하지만 이 열대우림이 위기에 직면했다. 목재나 종이를 만들기 위한 벌목도 문제지만 최근 가장 큰 문제는 바이오디젤을 생산하려고 들어서는 야자나무 농장이다. 거목들을 잘라내고, 불을 질러 만든 야자수 농장이 칼리만탄에만 벌써 4백만 헥타르다. 야자유는 라면, 아이스크림, 초콜릿, 비누, 윤활유 등 생필품에도 많이 쓰이는데, 대부분이 인도네시아와 말레이시아에서 생산된다.

최근에는 화석에너지를 대체할 바이오디젤 생산량이 많아지면서 큰 문제가 되고 있다. 야자유가 바이오디젤로 각광을 받게 된 것은 콩이나 유채 등에 비교할 수 없는 생산성 때문이다. 유채와 비교하면 생산성이 거의 다섯 배 정도 높다. 일자리 창출과 다국적 기업에서 거둬들이는 세금이라는 달콤한 유혹에 빠진 인도네시아는 야자수 농장을 만든다며 매년 서울시 면적의 마흔여섯 배에 해당하는 280만 헥타르의 열대림을 파괴하고 있다. 또 죽은 나무와 풀이 쌓여 서서히 썩어가는 피트랜드peat land의 물을 빼서 야자수 농장을 만드는 것도 문제를 일으켰다. 원래 오랜 시일이 걸려 썩어야 하는 나무와 풀이 단기간에 썩으면서 엄청난 이산화탄소를 배출해 인도네시아가 세계 3위 이산화탄소 배출국이 된 것이다.

야자수 농장의 규모 확대는 장기적으로는 지구 온난화를 가져오고 해수면 상승으로 이어져 인도네시아 같은 열도 국가는 직접적인 피해를 입는다. 사람들의 삶도 직접 위협받고 있다. 쌀 경작지가 야자수 농장으로 바뀌면서 농민들은 일터를 잃고, 강 상류에 들어선 야자수 농장에서 흘러 나오는 오염물로 어부들은 더 이상 물고기를 잡을 수 없다. 농약에 중독된 아이들은 시름시름 앓고, 경작지 감소로 쌀 가격이 급등해 빈민들은 싼 식 량을 찾아 헤매고, 먹고 살기 위해 야자수 농장에서 적은 임금을 감수한 채 일해야 한다.

_ 망그로브 숲 파괴

인도네시아의 해안은 나무들이 얽혀 군락을 이룬 망그로브 숲으로 감 싸여 있었다. 섬으로 이루어진 인도네시아에서는 해일의 거센 물살을 완 화하고 분산시켜주는 망그로브 숲이 아주 중요하다. 2004년 12월 26일 쓰 나미 참사 때도 망그로브 숲이 파괴된 곳과 보존된 곳 사이의 피해 규모는 크게 차이 났다.

해안가에서 자라는 망그로브는 땅 위까지 올라온 복잡한 뿌리 구조로 강한 물살을 막아 해안지역의 침식과 해수 침입을 예방해준다. 또 어류를 비롯한 야생동물들의 서식지이자 전통 약초 등 다양한 식물의 터전이 된 다. 수상 부유물에 의한 오염을 막는 천연 여과기 역할도 한다. 그러나 인 도네시아의 망그로브 숲은 총 삼림 940만 헥타르 중에서 현재 670만 헥타 르, 약 70퍼센트가 파괴되었다.

●●●
해안가에서 자라는 망그로브 숲은 땅 위에까지 올라온 복잡한 뿌리 구조로 강한 물살을 막아주어 해안 지역의 침식과 해수 침입을 예방해 준다. 또 어류를 비롯한 야생동물 들의 서식지이자 수상 부유물들에 의한 오염을 막는 천연 여과기 역 할도 한다. 하지만 망그로브 군락 지는 개발 여파에 밀려 점차 사라 지고 있다.

망그로브 숲은 주로 정착지 건설, 연못 건설, 농지 확장 때문에 사라지고 있는데, 인도네시아 정부는 자연재해의 위협에 대비해 망그로브 숲을 되살리는 프로그램을 진행하고 있다. 이 프로그램으로 2004년과 2005년 3만 4601헥타르, 2006년에는 2790헥타르를 재건하는 등 많은 성과를 보이고 있다. 하지만 망그로브 숲이 사라지는 속도에 비하면 복원은 매우 느리다. 다행히 파푸아와 칼리만탄 섬에 전혀 손상되지 않은 망그로브 삼림이 많이 남아 있고, 정책적으로 농장 확대를 위해 나무를 벌목하려는 농부들에게 20년 이상 된 망그로브 나무들만 선별하여 벌목하도록 교육하고 있어 숲 보존 전망은 밝은 편이다.

_ 산호초 파괴

인도네시아 부근의 바다 속 산호초 지대는 지구에서 생성된 이산화탄소를 탄소 동화작용으로 감소시켜 지구의 대기권이 균형을 이루도록 보호한다. 열대우림처럼 지구의 허파 역할을 하는 셈이다.

그러나 폭약으로 물고기를 잡는 필리핀과 인도네시아 어부들의 폭약어로는 산호초를 파괴하고 있다. 인도네시아 어부들이 주로 사용하는 폭약은 링거병이나 음료수병에다 질산칼륨, 염소산칼륨 그리고 석유를 넣은 것으로 거기에 심지를 꽂고 불을 붙여 바다 밑으로 던진다. 짧은 시간에 많은 물고기를 잡을 수 있지만 산호초 파괴는 바다 생태환경을 황폐하게 만들어 물고기 종류와 숫자가 점점 줄어들고 있다.

함께 녹아내리거나
앉은 채 당하거나

쓰나미에 휩쓸린 아체 지방을 담은 가슴 아픈 사진들 수천 장 속에서 유독 하나가 눈에 띄었다. 〈리플리의 믿거나 말거나Ripley's Believe It or Not〉*에 실렸던, 길이 60미터 높이 15미터짜리 큰 배가 아체 마을 한복판에 버려져 있는 사진이었다. 거대한 해일은 배를 바닷가에서 8킬로미터나 떨어진 반다아체 내륙 마을 한가운데 있는 집 지붕들 위에 얹어놓았다.

작은 바닷가 마을에 그렇게 큰 배가 왜 있었을까? 아마도 인도네시아 북쪽 끝 외진 반다아체에 전력을 공급하는 '떠다니는 바다 위 발전소'였을 게다. 아체는 극심한 전력난에 시달려왔고, 그래서 전기공급선이 필요했던 것이다. 전기 부족과 정전은 아체만 겪는 일이 아니

---

* 미국 저널리스트 로버트 리플리(Robert Ripley)가 시작한 기록으로, 기네스북처럼 진기한 사건, 사람들에 대한 기록이나 이미지를 담고 있다. 매년 새로운 내용을 업데이트해 발간한다.

다. 21세기 들어 인도네시아 전력 부족은 더 심각해졌다. 수마트라, 칼리만탄, 이리안자야는 상습 부족 지역이고, 개발이 많이 된 자바 섬과 발리도 때로 정전을 겪는다. 인도네시아 전체가 '등화관제 시대'로 들어가고 있다. 경제가 하루가 다르게 성장해 산업과 민간 전기 수요가 늘고 있으니 전기 사정은 나빠질 일만 남았기 때문이다.

인도네시아는 에너지 위기다. 인도네시아가 석유수출국기구의 강력한 회원국이자 '에너지 부국'이라는 믿음은, 떠벌리기 좋아하는 정부 지도자들이 만든 착각이다. 세계 석탄 공급량의 3퍼센트, 석유 공급량의 2퍼센트, 천연가스 공급량의 1퍼센트, 어찌 보면 대단한 양이겠지만 인도네시아가 인구 규모면에서 세계 4위라는 점을 생각하면 결코 넉넉하지 않다.

인도네시아가 차세대 에너지인 지열 에너지를 많이 보유한 나라라는 말은? 또한 환상이다. 우리 땅 밑을 흐르는 뜨거운 지하수는 부식성이 매우 강해서 발전시설 유지에 막대한 비용이 들어가 현실성이 떨어진다. 그러면 태양에너지는? 풍족한 듯 보이지만, 태양광 발전에는 넓은 공간과 기술이 필요하다. 고비용 에너지라는 뜻이다. 태양광 패널을 설치할 때 쓰는 재료들을 생각해보면 '오염 없는 에너지'라 부르기도 힘들다.

등화관제가 정전까지 가지 않으려면 우리는 무엇을 할 수 있을까? 내가 당신 생각을 맞춰보겠다. 'ㅎ'으로 시작하는 말, 맞다, 핵에너지. 핵 발전소를 세우려는 계획은 오래전부터 있었다. 사실 인도네시아는 40여 년 동안 핵 발전 가능성을 연구해왔다. 맨 처음은 수하르토 시절인 1972년이었고, 1996년에서 1997년에 걸친 두 번째 검토는 금융위기로 무산됐다. 그리고 다시 2004년 메가와티 정부가 실현 가능성을 저울질했다. 이때까지는 검토로 끝났다. 그런데 지금은 더 나아가고 있는 듯하다. 이대로 핵 발전 계획이 실행된다면 2017년 자바 섬 북부의 산악지대 구눙무리아^{Gunung Muria}에 첫 핵발전소가 문을 열게 된다. 그러면 인도네시아는 동남아시아 최초 핵 발전 국가가 된다.

고백하자면 예전에 나는 반핵론자였다. 1995년 프랑스가 남태평양에서 핵 실험을 했을 때도 항의하는 뜻으로 그해 7월 14일 자카르타 주재 프랑스 대사관에서 열린 혁명기념일 축하 행사 초대를 거절했다. 그런데 사람들이 손가락질할지 모르지만, 지금 나는 핵에너지 개발이 현실적으로 필요할지도 모른다고 마음을 조금 바꿨다. 핵 발전이 온실가스를 내뿜지 않는 '깨끗한 에너지'다, 화석에너지보다 상대적으로 안전하고 경제성이 높다(그렇다고 돈이 적게 들어가는 것은 아니지만), 핵 발전의 원료인 우라늄은 풍부하다 등 여러 주장에 좀 더 귀를 열려 한다.

물론 체르노빌은 마음속에 여전히 남아 있다. 하지만 그건 1986년에 벌어진 일이고, 지금은 그로부터 20년도 훨씬 지났으니 기술이 많이 발전했을 것이다.

그런데 과연 핵 안전성이 기술로만 해결될 문제던가? 인도네시아는 환태평양 지진대, 이른바 '불의 고리^{ring of fire}'*에 자리 잡고 있다. 이 나라에는 홍수와 산사태와 쓰나미 같은 재해도 유독 많이 일어난다. 또 핵 발전소 부실 공사 같은 문제를 불러올 부패도 만연해 있다. 이런 수많은 걱정거리들이 있음에도 불구하고, 혹은 몰라서 인도네시아인들은 핵 발전이 가능하다는 쪽으로 상당히 기울고 있다. 독이 들었다는 사실도, 결국엔 그 독에 모두가 죽게 되리라는 걸 알면서도.

---

* 인도네시아 자바, 수마트라 섬은 태평양판과 인도양판이 만나는 지점이어서 화산, 지진이 빈발하는 지역이다. 태평양판을 중심으로, 지구 지각판들이 만나는 지진 다발지역을 불의 고리라 부른다.

농담 따위를 할 생각은 없다. 정부가 '핵 발전이 인도네시아에 꼭 필요하다'며 밀어붙이려는 상황에서, 핵 발전이 가져올 위험을 낮춰 보면 안 된다. 하지만 화석 연료가 기후 변화를 비롯한 수많은 폐해를 불러온다는 것이 입증된 지금 다른 대안을 찾아야 하지 않을까. 앨 고어 전 미국 부통령이 다큐멘터리 〈불편한 진실An Inconvenient Truth〉에서 보여줬듯, 인류는 지금 서서히 뜨거워져가는 냄비 물속에 멍하니 앉아 있는 개구리 꼴이다. 끓기 시작할 땐 이미 늦는다.

우리가 심각하게 고려해야 할 점은 핵에너지와 화석연료, 무엇을 선택할 것인가가 아니라 어느 쪽이 더 파괴적인 에너지 형태인가다. 그런데 인간의 '무지'는 종종 모두 나쁘다는 사실에 눈 감고 그 가운데 무엇을 고를까에만 골몰한다. 에너지 부족에 따른 위기와 핵 발전이 몰고 올 위험, 이 둘 가운데 하나를 선택하라고 한다면, 나는 다른 것을 선택할 수도 있지 않겠느냐고 말하겠다. 인간과 환경을 파괴하는 많은 에너지 가운데 복구 불가능한 파괴를 낳는 것도 있다. 핵 에너지는 확실하고 대표적인 예다. 구눙무리아 핵 발전소 건설 계획이 확정되면 반대 시위로 뜨거울 거다. 에너지 때문에 생긴 그 열기를 어떻게 식힐 수 있을까. 제3의 방법을 찾을 수 있을까.

약한 자들의 무기

우리는 모두 어린 시절 사랑, 보살핌, 가르침, 보호를 비롯해 하나 하나 부모님께 의지한다. 나도 그랬다. 하지만 부모님도 사람이기에, 나는 실망할 때도, 깊이 상처받을 때도 있었다. 쉰세 살이나 먹은 지금까지 완전히 헤어나지 못한 어릴 적 트라우마도 있다. '어린 소녀' 티를 벗은 지 한참 됐지만, 변하지 않은 부분도 많다. 책임감과 신뢰가 모든 인간관계의 기본이라는 믿음은 그 가운데 하나다. 내가 생각하는 신뢰는 간단하다. 약속을 지키는 것이다. 입 밖에 낸 말은 지키고, 자기 빚은 자기가 갚고, 미리 정한 시간을 잘 지키는 사람은 믿을 만한 사람이다. 이게 '무리한 요구'일까?

지성과 재능이 뛰어나고 훌륭한 사회 활동을 하지만, 온전히 믿기 어려운 친구들이 많다. 친구들의 믿지 못할 행동을 맞닥뜨릴 때면 당황하기도 하고 가끔은 분노한다. 신뢰를 중요하게 생각하기에 가끔은 '저 사람들 하는 짓을 어떻게 이렇게 오래 참았지?'하며 스스로 놀랄 때도 있다. 사랑하고 존경하던 사람들이 때로 병이지 싶을 만큼 겉 다르고 속 다른 행동을 할 때 그렇다. 약속 시간에 늦고서 자카르타의 교통체증 탓을 하거나 얼토당토않은 핑계를 대는 사람들은 너무 많아서, 포기하기로 했다. 그런 이들에게는 너무 애착을 갖지 않고 '사회적 접촉' 수준으로 선을 긋는다.

친구들은 그렇게 정리한다손 치더라도 수많은 인도네시아의 '못 믿을 사람들'은 어떻게 해야 하나. 가장 먼저, 고질적으로 약속을 어기는 정치인들. 그들은 자기네가 직접 만든, 기본적인 정치, 윤리(그리고 성!)에 관한 법률조차 어기기 일쑤다. 탐욕스럽고 기회주의적이며 선정적인 주장을 일삼고 언론을 교묘하게 이용하려는 정치인들이 인도네시아에만 있지 않다는 사실 정도가 위안이라면 위안이랄까.

다음은 인도네시아 정부. 자카르타 주지사 선거 운동이 한창일 때 늘 노점상 단속에 쫓기는 우리 동네 닭 꼬치구이 가게 아저씨가 이야기했듯 "누구 뽑히든 다 똑같다." 노점상 말고 다른 큰 일들은 어떻고? 대규모 사업이라면 해외로부터 투자를 많이 받아야 맞는데, 실제로는 오히려 자본이 흘러나간다. 여성들이 유민처럼 전국을 떠돌며 일하지 않도록 하겠다더니 그 숫자도 줄지 않았다. '인도네시아 경제의 중추'라며 틈만 나면 치켜세우던 중소기업을 적극 지원하겠다던 공약도 허공을 떠돌 뿐이다. 모두 공공의 이익을 추구하기보다 관리들 자신의 이익만 따지기 때문이다.

그럼 개인적 삶이나 직업 부분에서 드러나는 신뢰는 어떨까? 우리는 이익을 뒤쫓아 골육상쟁을 일삼는 세상에서 살아왔다. 신질서 시절 정권은 국민을 통제하고 억압하는 짓을 정당화하려고 속속들이 스민 불신 풍조를 교묘히 이용했다. 또 겁먹은 국민들의 '나약함'과 '순응'을 권력에 대한 '신뢰'와 '국민 통합'이라고 세뇌했다. 이렇게 이용당해온 사람들이 신뢰를 바탕으로 행동하려 할 까닭이 없다. 게다가 어떻게 행동하든 저임금, 형편없는 음식과 집, 엉망인 치안은 마찬가지인데, 뭐하러 약속 따위를 충실히 지키려 하겠는가. 힘이 없으면 아주 사소한 법규를 어겨도 처벌받고 자신이 아니라 정부가 저지른 잘못까지 책임을 져야 하는데, 누가 신뢰 따위를 얻겠다고 성가신 노력을 하겠는가. 미국 정치학자 제임스 C. 스콧 James C. Scott이 쓴 책 제목 '약한 자들의 무기Weapons of the Weak'처럼 정부의 사소한 명령이나 규칙을 어기고 강요당한 책임을 회피하는 것은 힘없는 이들에게는 오히려 소극적 저항 기술이기도 한다.

그러나 다시 생각해보자. 국가를 일으켜 세우는 힘은 그런 소극적 저항이나 거짓말, 변명 따위가 아니라 신뢰에서 나온다. 네덜란드가 이 나라를 식민지로 만든 뒤 우리 '원주민'들을 신뢰할 수 없는 존재로 취급하며 실행한 '분할통치'는 우리 힘을 약화시키려는 방책이었다. 그런데 수하르토 권력의 정치적 억압, 1990년대 경제위기, 수하르토 축출 뒤 맞은 개혁 시대를 거치면서도 우리 정신 상태는 제국주의의 술수에 여전히 놀아나고 있다. 혁명, 반란, 폭동, 테러, 쓰나미, 지진, 화산 폭발, 진흙사태 같은 위기가 많다 보니 어쩌면 당연한 일일지도 모른다. 불확실성이 지배하는 사회에서는 신뢰를 지키려다가 갑자기 바뀐 상황에 도리어 손해볼 위험을 늘 겪어야 한다.

그래서 현명한 국민들은 오랜 세월에 걸쳐 '신뢰를 깨는 것'이 생존전략이라는 점을 깨달았다. 그러니 남이야 어찌 되건, 어떤 혼란이 오건 자기 이익을 좇아 편한 대로 약속을 뒤집고 규칙을 어기는 일을 당연한 권리로 여긴다. 하지만 이것도 닭이 먼저냐, 달걀이 먼저냐 하는 문제다. 먼저 신뢰가 구축되었더라면 예측가능성과 일관성이 높아져 효율성이 높아졌을 테니, 신의를 저버리면 오히려 더 큰 손해를 입었을 것이다. 게다가 지금은 우리만 사는 세상이 아니다. 외부의 신뢰를 얻지 못하면 친구도 계약도 약속된 도움이나 투자도 모두 잃는다. 당신은 아니라고? 그럼 당신도 인도네시아 사람?

미국 정치학자 프랜시스 후쿠야마 Francis Fukuyama는 저서 《신뢰 Trust》에서, 신뢰야말로 번영의 핵심적인 요소임을 정확하게 짚었다. 온 세계와 경쟁하면서 동시에 협력해야 할 글로벌 시대에 귀담아들어야 할 말 아닌가. 그러니 친애하는 인도네시아인들이여, 책임감 있고 믿을 만하게 행동하자! 인도네시아의 미래가 거기에 달렸다. 차가 막혀 늦었다든가 고양이 때문에 숙제를 못 가져왔다는 변명은 앞으로는 용납되지 않을 것이다!

강도짓도 생계 수단

운전면허증을 갱신하러 경찰서에 갔다. 경찰복을 입은 남자가 나에게 무슨 일로 왔느냐고 물었다. 용건을 이야기하자 그는 "20만 루피아를 내라"고 했다. 공식 수수료보다 좀 비쌌지만 어쨌든 나는 돈을 건넸고, 그는 내 면허증을 받아들더니 어디론가 사라졌다. 그리고 한 시간도 채 지나지 않아 사진 촬영, 지문 날인을 모두 끝내고 갱신한 면허증을 받을 수 있었다. 이 정도면 정말 빠르고 효율적인 서비스 아닌가?

내 친구 하리는 내 면허증을 갱신해준 사람이 '경찰 마피아'란다. 어쨌든 난 만족했다. 절차를 제대로 밟았다면 돈은 덜 들었을지 몰라도 운전면허 실기·필기시험에 신체검사, 심리검사까지 받아야 했을 테고, 운 나쁘면 며칠이 걸릴 수도 있다. 시험에 통과하지 못하면 길게는 몇 달 동안 운전대를 못 잡을지도 모른다. 그러니 '마피아 수법'은 누이 좋고 매부 좋은 일 아닌가.

차를 몰고 집으로 오는 길에 '그럼, 나도 부패에 동참한 것 아닌가?' 하는 찜찜한 기분이 들었다. 생각하기 나름이다. 운전면허증 갱신은 선악을 따질 문제는 아니다. 나는 정부 돈을 떼어먹지 않았고 시간과 에너지를 절약하게 해준 경찰의 쥐꼬리만 한 봉급에 가욋돈 몇 푼을 얹어줬을 뿐이다. 20만 루피아 중 2만 5천에서 5만 루피아 정도가 그에게 돌아갔을 것이다. 그 정도면 팁이라고 넘길 만한 금액이다. 그가 이런 식으로 챙기는 뒷돈이 모두 합해서 얼마인지는 알 길이 없지만, 공식 급료만 가지고 가족을 먹여 살리는 공무원은 거의 없다는 게 인도네시아 공무원의 공인된 현실이다.

턱없이 적은 봉급을 받는 탓에 공무원들은 부수입을 올릴 기회를 노린다. 수백만 명에 이르는 공무원들의 처지는 대개 비슷하다. 장삿속 빠른 인도네시아 사람답게 나를 상대한 경찰은 어떻게든 가계 적자를 면할 방법을 찾아냈고, 그것이 번거로운 서류 따위를 생략하고 빠른 서비스를 받고 싶은 시민들의 필요와 맞아떨어진 거다. 이것이 '상식'이고, '관행'이다. 아랫선에서 행정처리를 도와주는 이들이 갑자기 모두 없어져버린다면 관공서 업무는 뒤죽박죽이 될 것이다. 아니, 그런 식으로 일을 처리하는 공무원에 의존해왔던 정치·사회·경제를 망라한 모든 관료 시스템이 마비될지도 모른다.

그러니 좋든 싫든 부패는 인도네시아 공화국이라는 기계가 돌아갈 수 있게 해주는 윤활유다. 이것이 우리의 현실이다. 다른 많은 개발도상국 사정도 비슷하리라 짐작한다. 미국에서도 행정 각료나 의원들이 얽힌 로비 스캔들이 심심치 않게 등장하는 걸 보면 선진국들도 마찬가지인 듯싶다. 인도네시아에서 행정처리를 도와주는 이런 '중개자'들이 판치는 이유는, 정부가 거대한 관료주의를 효율적으로 움직일 재원을 갖지 못해서다. 그나마 나를 도와준 경찰 같은 중개자들 덕에,

부패와 비효율성과 과중한 업무 피라미드로 이뤄진 탈 많은 이 체제가 멈추지 않고 굴러간다.

그래서 나뿐 아니라 많은 사람들이 '부패 추방 캠페인'을 우려한다. 유도요노 대통령이 집권 초부터 '개혁'이라는 화려한 구호를 내세워 벌인 반부패 캠페인에 걸려든 이들은, 독재자 수하르토 집안 같은 거물급이 아닌 잔챙이들뿐이었다. 정부는 몇몇 속죄양을 잡아낸 뒤 국민들에게 "부패를 몰아냈다"고 말하지만 그들을 감옥에 보냈다고 체제가 바뀌지는 않는다. 그러니 그냥저냥 꼴사납지 않게 살아가려는 수많은 사람들은 어쩔 수 없이 작은 부패에 발을 들여야 한다.

우리 동네 입구에도 항상 버티고 기다리다가 오가는 트럭들에게서 통행세를 뜯어내는 건달 몇 명이 있다. 돈을 안 주면 봉변을 당한다. 항만관세청, 법원, 이민국……, 인허가권과 관련 있는 관공서라면 어디든 이런 협잡꾼이 있다. 그들을 기생충 같은 범죄자, 노상강도로 여기던 내 생각을 바꾼 건 하리에게 들은 한 남자 이야기였다. 그는 스물여덟 살인데 결혼을 해서 세 살배기 아들을 두고 있다. 다들 그렇듯 그 역시 살림을 꾸려나가기가 버거웠다. 2년 전 기름 값이 크게 오르면서 하루 종일 택시를 몰아도 일당 채우기가 어려웠다. 그러다 보니 트럭 붙잡아 통행세 뜯기를 비롯해, 오만 가지 일을 다 하게 됐다. 건달이 된 것이다.

그 얘기를 들은 뒤로 나는 동네 건달을 좀 다른 시각에서 보게 됐다. 일자리는 없는데 가족들 먹을거리에 옷가지, 자식들 학비, 병원비까지 마련해야 하는 불쌍한 남자들은 너무 많다. 그런 사람들에게는 내가 '강도짓'이라고 부르는 일이, 어쩔 수 없이 선택한 생계 수단이다. 그런 짓이 범죄가 아니라는 말은 아니지만, 생계형 범죄라면 이해는 충분히 할 수 있다.

인도네시아의 공식 실업자 수는 1천 2백만 명이다. 비정규직이나 일용직 같은 '불완전취업자'가 4천 5백만 명 이상일 것으로 추정된다. 〈자카르타포스트〉에 실린 한 사설은 "실업률이야말로 인도네시아의 최대 문제"라고 지적한다. 그 사설에서 실업률과 비교한 다른 사회문제들은 빈곤, 범죄, 사회복지 부재, 교육문제다. 나는 여기에 '부패'를 덧붙이고 싶다.

이 모든 사태의 책임은 누구에게 있을까? 수하르토가 물러나고 개혁이 시작된 지 8년이 됐지만 부패도, 실업도 여전하다. 개개인의 삶은 오히려 더 나빠졌다. 누구를 탓할 것인가. 유도요노 정부? 수하르토 독재정권? 국제통화기금? 아니면 그들 모두? 누가 제일 나쁘냐고 묻는다면, 잘은 몰라도 실업자 건달들이나 나를 도와준 경찰 같은 사람들은 아닐 것 같다. 그들은 조금이라도 많이 벌 궁리를 하긴 하지만 동시에 남들에게 유용한 서비스를 해주는 사람들이다. 선거로 뽑힌 정치인들이 그들을 조금이라도 닮으면 좋으련만.

섹스로
정치를 말한다

여성의 지위는 사회의 발전 정도를 알아볼 수 있는 핵심적인 지표지만 성 평등 같은 문제에 관심을 기울이는 사람은 많지 않다. 그러나 최근 인도네시아에는 새로운 변화의 바람이 불고 있다. 지난 몇 년 동안 여성 작가들이 많이 등장해 정치적, 사회적 현실 가운데서도 특히 성 문제를 다룬 작품들을 많이 내놨던 것이다. 이들 문학을 살피면 인도네시아 사회가 안고 있는 성 평등 문제의 오늘과 내일을 살피는 데 큰 도움이 된다. 문학은 삶을 반영하게 마련하므로.

수하르토 정권 신질서 체제에서는 국가가 만든 단 하나의 정체성을 받아들여야 했다. 민족(종족) · 종교 · 젠더를 비롯해 여러 부문에서 잘못된 고정관념이 왜곡했거나 한데 합칠 수 없는 것이 많지만 국가가 발전하기 위해서라는 명분으로 강제적인 통합이 강력한 힘을 발휘했다. 하지만 이른바 개혁 시대를 맞아 이런 식의 '정체성 정치'도 도전을 받고 있다. 지방자치가 활성화되면서 생겨난 드넓고 다양한 정치 공간에서 지역, 민족, 종교, 성을 놓고 다양한 정체성들이 경쟁을 하기 시작한 것이다.

인도네시아에서 '지방자치'는 양날을 가진 칼이다. 그만큼 조심스러울 수밖에 없다. 하지만 30여 년 동안 수하르토 독재가 억눌렀던 사회적 에너지―그게 긍정적인 것이든 부정적인 것이든― 가 모두 터져나오도록 판도라의 상자를 여는 일 말고 다른 정치적 대안은 있을 수 없다. 그 판도라의 상자 속에서 튀어나온 낡은 정체성과 낡은 권력도 자치라는 이름을 빌려 되살아나고 있지만, 정치적 자유주의도 함께 활기차다. 미디어, 인터넷, 대중문화, 소비주의, 자유무역, 사회운동 부문에서 민주주의, 인권, 시민의식, 젠더·성 평등을 기반 삼은 가치관이 주류가 되고 있다. 사람들이 한번 그런 것들에 눈을 뜨면 시대를 거꾸로 되돌릴 수는 없는 법이다.

수하르토 권력 막바지에 보수-진보 세력 갈등은 높아졌고, 급진 좌·우파 간극도 벌어졌다. 갈등의 골은 개혁 시대를 맞아 더욱 깊어졌다. 정치영역뿐 아니라 여러 사회세력과 다양한 이익집단들 사이에도 갈등이 더 다양해졌다. 포르노금지법안 논란은 사회 영역에서 시작된 갈등이 의회로 들어간 사례다.

이런 갈등 가운데 젠더, 즉 사회·문화적 성이 만들어지는 과정을 둘러싼 싸움이 두드러진다. 사회·문화적 함의가 훨씬 큰 젠더, 그 가운데서도 여성성이 어떻게 만들어지는지를 놓고 벌이는 치열한 전쟁은 눈으로도 확인할 수 있다. 종교적인 선택 혹은 강압, 패션까지 다양한 이유로 질밥을 쓰는 여성들이 늘고 있지만 다른 한편에서는 몸을 드러낸 섹시한 옷차림이 인기다. 많은 여성들이 수하르토 시절보다 자유롭다고 느끼지만, 엄격한 규범인 프르다에 묶여 과거보다 더 억압당하는 여성들도 적지만 존재한다.

성에 보다 개방적이 되었지만 동시에 관용적 태도가 줄어들고 있다. 인도네시아어판 〈플레이보이〉 발행 논란과 미스 유니버스 대회 논란*을 생각해보라. 몸을 거의 다 드러낸 여성들을 앞세운 타블로이드 신문들이 넘쳐나는 인도네시아에서 무슨 해괴한 시위였는지. 그들은 〈플레이보이〉와 미스 유니버스 대회가 서양 제국주의·퇴폐문화와 연결돼 있다고 주장하는데, 그럼 '동양 퇴폐문화'는 괜찮은가?

인도네시아를 이해하는 열쇠 중 하나가 '다양성'이라고들 하지만 젠더를 두고 벌어지는 일들을 보면 '다양성'이 아니라 '분열'이라는 말이 더 잘 맞는 듯하다. 젠더가 형성되는 과정에서는 종교, 전통, 종족, 자유주의, 자본주의, 심지어 신질서 체제의 이데올로기까지 다양한 가치체계들이 경합을 벌인다. 게다가 각 가치체계는 여성성을 놓고 다중적, 분열적 태도를 보인다. 인도네시아 국민들의 인식을 축소판처럼 보여주는 이런 가치관을 개혁 시대의 문학은 그대로 비춘다.

수하르토 체제가 끝나고 지역문학, 공동체문학, 아동문학, 칙릿, 사이버문학 등 모든 문학 장르가 활기차다. 출판사가 많아졌고, 출판물 질도 다양해졌다. 나에겐 특히 1998년 이후 문학 발전을 선도한 젊고 지적이고 비판적, 창조적이며 상상력도 풍부한 여성작가 그룹이 특별하다.

이들을 가리키는 '사스트라왕기sastrawangi'**라는 말은 문자 그대로 해석하면 '향기로운 글을 쓰는 이들'이라는 뜻이지만, 여러 의미를 함

---

* 인도네시아는 1996년부터 미스 유니버스 대회에 참가하지 않다가 2005년에 9년 만에 미스 유니버스 대회에 참가했다. 타이 방콕에서 열린 대회에 미스 인도네시아 아르티카 사리 데비(Artika Sari Devi)가 참가하자 이슬람 강경파는 "국가의 도덕 기준을 무너뜨리는 행위"라며 자카르타에서 반대 시위를 벌였다.

** 전통적으로 남성작가를 가리키는 '사스트라완(sastrawan)'에 여성형 어미를 붙인 신조어.

●●●
인도네시아의 대표적인 '사스트라왕기' 아유 우
타미. 신문과 잡지 등에 기사와 에세이를 실어
유명세를 얻었고, 1998년 펴낸 무슬림과 기독
교도 사이의 사랑을 소재로 한 소설 《사만
(Saman)》은 10만부 이상이 팔렸다. 이 작품은
수하르토 몰락 이후 인도네시아의 정치·사회
적 변화를 잘 드러냈다는 평을 얻었다.

축하고 있고 그만큼 논란의 소지도 많다. 어떤 이들은 가부장적 가치
관이 담겨 있다며 여성작가들이 스스로 그렇게 부르는 일은 자기비하
라고 지적한다. 뒤떨어진 존재, 겉보기에만 그럴싸한 감각적인 작품
을 내놓는 지성적이지 못한 작가들이라는 뜻이 숨어 있다는 것이다.
하지만 몇몇 페미니스트들은 사스트라왕기가 '가부장적 질서를 파괴
하는 사람들'이라며 찬사를 보낸다.

어쨌든 '사스트라왕기'라는 이름표는 반대파와 지지자들 모두 애
용한다. 아유 우타미 Ayu Utami, 제나르 마에사 아유 Djenar Maesa Ayu, 디나
르 라하유 Dinar Rahayu 등 젊고 매력적인 30대 '사스트라왕기' 스스로가
이 호칭을 쓴다. 내가 'MTV 세대'라고 부르는 이들은 계급, 부족, 종
교의 경계선을 자유롭게 넘나든다. 신질서 체제가 지운 심리적·정치
적·이데올로기적 짐에서 자유로운 그들은 지금껏 금기였던 성적 주
제들도 과감히 다룬다.

"여성은 도덕성을 지키는 최후의 보루이며 여성들이 섹스를 이야기하는 것은 적절하지 못하다"고 생각하는 사람들에게는 사스트라왕기가 다루는 주제뿐 아니라 문체도 충격적인 듯하다. 그 이유를 살펴보자.

전통적으로 '섹스'는 남성 영역으로 여겨졌다. 남성이 주체고, 여성은 객체다. 그런데 사스트라왕기 작품들에서는 여성도 주체가 되어 섹스를 즐긴다. 이런 내용을 '위선에 대한 반란', '여성성에 대한 가부장적인 관념을 전복하는 행위'로 해석하는 이들이 많다.

일부 여성작가들은 "사스트라왕기는 섹스를 지나치게 묘사해 천박을 자초하면서 남성중심주의를 간접적으로 돕는다"며 비판한다. 여성작가들 중에는 사스트라왕기는 말할 것도 없고, '여성작가'라는 구분조차 좋아하지 않는 이들도 있다. 그럼에도 이미 사스트라왕기라는 말은 젊고 인기 있고 상업적으로도 성공한 여성작가들을 가리키는 트레이드마크가 돼버렸다.

가장 큰 의문은 '사회가 보수화하는데 문학이 어떻게 자유롭고 개방적일 수 있느냐?'다. 이 문제는 문학이 여전히 중산층과 엘리트의 욕구를 반영하고 있다는 사실과 관련 있다. 섹스를 별로 다루지 않는 작품을 포함해, 다양한 사회 계층의 취향을 반영한 여러 문학 장르가 있다는 사실 또한 잊어서는 안 된다. 린다 크리스탄티^{Linda Christanty}는 독특한 소재를 다루는 작가들 가운데 하나다. 동티모르에서 취재한 짤막한 이야기를 소재로 쓴 《마리아 핀토의 날아다니는 말(馬)^{Kuda Terbang Maria Pinto}》은 여성작가들에게는 금기였던 또 다른 주제, 즉 정치적 메시지를 분명하게 드러내고 있다. 린다가 저널리스트이자 시민운동가라는 점은 작품의 소재를 고르는 데에 분명히 영향을 미쳤을 것이다. '여성작가'보다 그냥 '작가'로 불리길 바라는 누킬라 아말^{Nukila}

Amal, 노바 리안티 유숩Nova Riyanti Yusuf, 헬리 티아나 로사Hely Tiana Rosa,

메디 루킷Medy Loekit은 여성의 눈으로 일상을 표현한다. 이들도 사스트라왕기처럼 도회적 정서를 표현하지만 세대, 계급, 종교 그리고 무엇보다 인생 경험에서 미묘한 차이가 있다.

종교(주로 이슬람)에 치우친 여성작가들의 교훈적인 작품도 최근 인기를 끌고 있다. 이런 소설들이 있구나, 놀라는 사람이 많을 텐데, 대중매체들이 섹스를 소재로 한 사스트라왕기 소설을 소개하는 데 인색하니까 몰랐다고 해도 크게 부끄러운 일은 아니다. 그 밖에 부족, 지역 정서를 담은 문학과 공포·신비주의 문학 등 다양한 장르 문학이 존재한다. 1970년대부터 활동해온 마리안느 카토포와 미라W. Mira, 마르가T. Marga 같은 대중작가들은 여전히 왕성하게 활동하고 있다.

그렇다. 문학은 삶을 반영하지만, '정확히' 반영하지는 않는다. 문학이 표현하는 공간은 상상이 만든 까닭에 '실제 인생'과 달리 경계가 없다. 좋게 보자면, 이론적으로 문학이 현실에서보다 훨씬 빨리 사람들을 '민주화'로 이끄는 역할을 할 수 있다. 인권과 마찬가지로 민주주의라는 구성요소에서 빠져서는 안 되는 성 평등도 문학은 훨씬 자유롭게 표현할 수 있다. 여성작가들은 인도네시아가 최근 이룬 사회 발전에 주도적 역할을 함으로써 이를 입증해 보였다. 게다가 여성작가들은 문학뿐 아니라 활자문화 전반에 대한 관심을 다시 불러일으키는 역할을 했다.

인도네시아에서 사회·문화적으로 다양한 젠더를 제대로 이해하고 받아들이는 과정은 파편적으로 진행되고, 실제 인식의 변화는 달팽이 걸음처럼 느리다. 이런 상황에서 문학은 진정한 다원주의, 민주주의의 이정표를 세워야 한다. 현실에서는 여성들이 정치적 표현을 비롯해 옷차림까지 남성 권력자들에게 억압당하고 휘둘려야 하지만,

문학과 예술 영역에서는 자유로울 수 있다.

　　문학은 인도네시아에서 성 평등을 이루는 데 선구적인 역할을 할 수 있을까? 당장은 아니겠지만 빛을 찾는 이들에게 문학은 분명 고개를 들어 바라보고 따를 횃불이 되어줄 것이다.

여성 대통령은
여성 편일까

세계에서 가장 강력한 권력을 가진 자리, 미국 대통령 후보를 놓고 벌인 힐러리 클린턴과 버락 오바마의 민주당 경선은 온 세계 사람의 뜨거운 관심사였다. 나 또한 흥미롭게 경선 과정을 지켜보았다. 게다가 힐러리-오바마 경쟁은 여러 가지 상징성을 지니고 있다. 미국 역사상 첫 여성 대통령이 탄생할 것인가, 아니면 최초의 흑인 대통령이 나올 것인가. 여성, 흑인이라는 요소는 경선 결과에 영향을 미치지 않을 수 없다.

예전 같으면 나는 힐러리를 지지했을 게다. 하지만 많은 '페미니스트 여성'처럼 내가 미국인이라면 이번엔 오바마에게 투표했을 듯싶다. 과거엔 페미니스트라면 무조건 여성 후보를 찍어야 한다는 생각이 우세했지만 지금은 페미니즘이 그렇게 단순하지 않다는 사실을 이해하는 이들이 많아졌다. 중요한 점은 누가 치마를 입었느냐가 아니라, 정책의 내용이다.

여전히 전 세계에서 여성 국가지도자는 10퍼센트에 못 미치지만 최근 수십 년 동안 여성 정치인이 크게 늘었다. 페미니즘의 가치가 승리한 증거라고? 세계 곳곳에서 공직에 오르는 여성들은 늘어나는데 어째서 여성에게, 그리고 어린이와 남성에게 더 안전하고 편안한 세상이 오지 않는 걸까. 왜일까.

미국의 여성·인권운동가 질라 에이젠스타인Zillah Eisenstein은 저서 《성적인 미끼들Sexual Decoys》에서 "우파는 성 차별을 감추려고 여성을 얼굴 마담으로 내세운다"고 비판했다. 책 제목에 있는 '미끼'는 우파가 동원한 여성들을 가리킨다. 이런 '미끼'들은 치마를 팔랑거리며 마치 여성 편인 듯 굴지만 사실은 여성에게 불공정한 사회적, 경제적, 정치적 질서를 고착, 유지하는 데 도움이 될 뿐이다.

우파의 '미끼'일 뿐인 고위직 여성들은 그 사회의 여성 권익이 몹시 커진 듯한 착각을 불러일으킨다. 그래서 이런 여성들이 성 차별과 같은 여성문제에 아무런 노력을 기울이지 않으면서도 그 자체로 큰 기여를 하고 있는 듯 우리를 착각하게 만든다. 에이젠스타인은 대표적인 예로 콘돌리자 라이스Condoleeza Rice 미국 전 국무장관을 들었다.

콘디(조지 W. 부시 미국 대통령과 그 친구들이 콘돌리자 라이스를 이렇게 부른단다)는 이스라엘이 2006년 레바논에 퍼부은 가차 없는 폭격을 보며 "중동에 새로운 민주주의를 탄생시키기 위한 진통"이라고 말했다. 그녀는 아이를 낳는 게 어떤 건지도 모르면서 레바논이 오래도록 고통스러울 상처를 남긴 그 과정을 '진통'이라고 표현했다. 한 나라를 황폐하게 만들고 사람들을 죽이고 쉽게 가시지 않을 고통을 안긴 폭력과 증오와 공포로 가득 찬 폭격을 묘사하는 데 여성의 몸과 생명의 기적을 끌어들이다니! 굳이 그렇게 비유하자면 레바논 전쟁은 정의를 사산아로 만든 전쟁이었을 따름이다.

에이젠스타인의 눈에 힐러리는 어떻게 비쳤을까? 놀랍게도 에이
젠스타인은 힐러리조차 '성적인 미끼'라고 말한다. 힐러리는 이라크
전쟁에 찬성했고, 이스라엘이 레바논 이슬람 무장정치조직 헤즈볼라
Hezbullah를 공격할 때 지지했다. 힐러리는 "미국은 미국적 가치를 대변
하는 이스라엘을 지지해야 한다"고 주장하기도 했다. 그러니 그녀가
상원의원으로 있는 뉴욕 주의 페미니스트 1백 명이 힐러리에 반대하
고 오바마를 지지한다는 성명을 낸 것도 이해가 간다.

미국에서 힐러리는 여성이라는 점 때문에 오히려 이득을 본 측면
이 있다. 만약 인도네시아에서였다면 어땠을까? 여기선 오로지 여성
에게 불리한 쪽으로만 성별을 이용한다. 그 정도로 한심한 상황이어
서, 명목상으로나마 성 차별이 없어진다면 그것만으로도 큰 진전일
것이다. 적어도 우리가 문제를 인식하고는 있다는 뜻이 될 테니까.

물론 인도네시아 관료체제에도 고위직 여성들이 있다. 판사 가운
데 30퍼센트가 여성이고 각료 서른세 명 중 네 명이 여성이다. 여성정
책부 장관 외에도 우리 여성을 대변할 각료가 내각에 있는 것이다! 재
무장관 스리 물라니Sri Mulyani도 여성이다. 하지만 물라니 장관이 이끄
는 재무부가 여성 공무원에게 남성과 동등한 기회를 주려고 애썼다는
얘기는 듣지 못했다. 그녀를 꼬집어 공격할 생각은 없지만, 성 차별에
있어서는 재무부도 다른 부처보다 나을 게 없다. 물라니라는 미끼 밑
에는 수많은 여성 하급공무원들이 늘어서 있는데, 물라니와 여성 하
급공무원들 사이에 놓인 유리천장은 단단하기만 하다.

수하르토 정권은 1980년대 중반 유엔의 '여성을 위한 10년' 캠페인
에 맞춰 여성부를 만들었다. 인권 기준을 충족시키는 척해 외국 원조
를 받으려는 조치였다. 여성부는 1998년 수하르토 퇴진 뒤 위상을 새
롭게 한다며 '여성권익부'로 이름을 바꿨지만 '정치적 목적'은 수하르

토 시절과 다르지 않았다. 여성부가 생긴 지 30여 년이 다 되어가고 개혁 시대에 들어선 지 10년이 지났지만 여전히 인도네시아에는 '성적인 미끼'들이 존재한다.

메우티아 핫타Meutia Hatta 여성부 장관이 얼마 전 영화 〈연꽃의 노래 Perempuan Punya Cerita〉의 검열을 지시한 것도 같은 맥락에서 생각할 수 있다. 이 영화는 여성주의 영화감독 니아 디나타Nia Dinata가 만든 옴니버스 형식의 다큐멘터리로, 감독 자신과 세 친구의 눈물겨운 이야기를 담았다.

영화는 언론이 떠들썩하게 보도한 대로 감독인 메우티아의 10대 시절 문란했던 성관계와 낙태 따위를 생생하게 묘사하고 있다. 질밥을 쓴 여성들이 둘러앉아 담배를 피우며 섹스를 놓고 수다 떠는 장면도 나온다. 정부는 이런 장면들이 '공격적'이며 '인도네시아의 가치'를 담지 못하고 있다고 주장한다(인도네시아의 '가치'는 아닐지 몰라도 '현실'을 다룬 것은 틀림없어 보인다).

검열위원이었던 여성 영화감독 티티에 사이드Titie Said는 "영화는 훌륭한데 성 문제를 너무 적나라하게 다뤘다"고 지적했다. 결국 여성부와 검열위원회는 영화 상영을 허용했지만 너무 심하게 가위질을 해 영화를 엉망으로 만들었고 현대 인도네시아 여성들의 취약한 현실을 담은 메시지도 흐려졌다.

메우티아가 겪어야 했던 일은 이 나라 여성의 권익이 어떻게 취급받는지, 여성이 스스로 처한 현실을 인식하게 됐을 때 어떤 상황에 맞닥뜨려야 하는지를 그대로 보여준다. 우리 여성부는 '여성권익을 없애기 위한 미끼부' 즉 DMDWDecoy Ministry of the Disempowerment of Women로 이름을 바꾸는 편이 낫겠다.

안나에게는
안나의 무대를

인도네시아 민족주의 · 여성주의 선구자를 기리는 '카르티니Raden Ayu Kartini*의 날'인 4월 21일에 우연히 영화 〈카핑 베토벤Copying Beethoven〉 DVD를 샀다. 스승과 제자로 만난 작곡가 베토벤과 젊은 여성 안나 홀츠가 연인이 되어가는 과정을 그린 영화였다.

여주인공 안나는 오스트리아 빈에 있는 한 음악학교 장학생이다. 교수 추천으로 베토벤의 악보를 옮겨 쓰는 일을 돕게 된 안나는 위대한 작곡가에게 음악을 배울 기회를 얻었다고 매우 기뻐한다. 그러나 음악이 인생 전부인 노작곡가는 그녀가 기대한 가르침은커녕 청력을 잃어가는 고통에 간혀 "여자 주제에!"를 입에 달고 안나를 번번이 무

---

* 1879~1904. 19세기 말~20세기 초 자바에서 활동했던 민족주의자, 여성운동가. 인도네시아 민족주의의 선구자로 식민통치하 여성들의 현실을 일깨우고 교육을 확산하는데 기여했다. '인도네시아의 어머니'로 추앙받고 있다. 1964년 초대 대통령 수카르노는 카르티니 탄생일인 4월 21일을 '카르티니의 날'로 공식 선포해 그 후부터 해마다 기념하고 있다.

시할 뿐이다. 베토벤이 가차 없이 드러내는 업신여김은 그 시대의 모습을 반영하는 대목이다. 하지만 안나는 "최고로 훌륭한 학생이 필요하다고 하셨잖아요, 제가 바로 최고의 학생이라고요"라며 완고한 거장에 맞선다. 베토벤은 마지못해 제자로 받아들인 안나의 재능을 서서히 인정하게 되고, 나중에는 의존한다. 베토벤이 안나의 도움으로 그의 마지막 교향곡 〈합창〉 초연을 성공적으로 해내는 장면은 영화의 하이라이트다. 교향곡 연주가 끝나자 청중들은 무대 위 베토벤에게 박수갈채를 보내지만 그날 실제로 연주를 이끈 사람은 청중들이 볼 수 없는 오케스트라 한구석에 자리 잡고 베토벤을 지휘한 안나였다.

〈카핑 베토벤〉은 베토벤 말년을 상상해 그린 허구다. 이 작품에서 베토벤은 '영웅적 예술가의 전형'을 벗어나 스물세 살 젊은 여성과 어쩔 수 없이 협력하고 의존하는 나약한 인간이다. 안나는 베토벤의 고통스런 내면으로 들어가 창조력을 북돋울 뿐 아니라 우정과 위안까지 선사한다. 시궁쥐가 들끓는 지저분한 아파트를 청소하고 빨래와 밥을 해주고 아프면 간호도 한다. 이렇게 노작곡가를 돌보면서 동시에 작품을 비평하고 창작을 자극하면서 베토벤이 죽기 직전 새로운 형식의 '대푸가'를 작곡할 수 있도록 예술적 영감을 준다.

이들 관계는 선생과 제자처럼 보이지만 사실은 안나가 베토벤에게 여성적 돌봄과 사랑을 훨씬 더 많이 베푼다. 베토벤은 마침내 마음을 열고 "신이 귓가에 외쳐준 소리"를 완성할 수 있게 된다(보통 사람이라면 신이 '속삭여'주기만 해도 참 좋을 텐데).

변화는 안나에게도 찾아온다. 여성음악가로서의 삶을 열망했지만 할 수 없을 거라는 불안한 패배감에 사로잡혀 있던 안나는 스승 작품을 자신의 감각과 재능으로 과감히 비판하는 용감한 조언자이자 공동창작자로 성장해나간다. 안나 작품을 깔보던 베토벤은 안나가 지닌

●●● 인도네시아 여성의 권익을 위해 노력한 카르티니는 무엇보다 교육을 중요하게 생각했다. 카르티니가 스물다섯 살에 산후병으로 죽은 후 설립된 카르티니 재단은 여성을 위한 학교 설립에 주력했다. 2005년 3월 어느 날, 카르티니 임시 학교에서 딸아이를 가르치는 엄마의 모습은 카르티니가 그리던 모습이었다.   EPA/MAST IRHAM _ ⓒ 연합통신

창조성을 깨닫고 자신의 경솔함을 사과할 뿐 아니라 성장의 발판이 되어준다. 베토벤의 죽음과 함께 안나는 작곡가로 새롭게 태어난다.

영화 속 두 사람은 육체적 관계는 맺지 않지만 음악이 이어준 '연인'으로 그려진다. 안나가 베토벤 9번 교향곡 작곡을 돕는 과정은 연애 장면처럼 그려졌는데 특히 음악을 들으며 황홀한 듯 눈을 감는 안나의 모습이나 두 사람이 손을 잡고 음악에 빠져 춤추는 장면은 나를 매혹했다.

〈카핑 베토벤〉은 베토벤의 일생을 다룬 전기 영화가 아니며 안나 홀츠는 감독이 만들어낸 가상 인물이다. 음악뿐 아니라 창조와 사랑과 열정을 그린 이 영화에서 나는 사랑과 열정을 가졌기에, 축복과 저주를 동시에 겪어야 하는 고통스런 천재들의 삶을 보았다. 또 소리와 침묵, 음악과 아이디어, 남성적인 것과 여성적인 것, 신과 합일, 하나가 되었다 다시 갈라지고 또다시 합쳐지는 남자와 여자의 다이내믹한 교류도 읽었다.

그런데 영화가 준 가장 강력한 충격은 우리가 남자와 여자의 창조적 결합에 대해 거의 생각하지 않는다는 사실이었다. 모든 연인들이 맺는 관계는 창조적일 텐데 말이다. 우리가 여성적인 것, 여성의 창조성을 드러내놓고 얘기를 하길 꺼려서일까. 그렇다면 슬픈 일이다. 원래 예술은 본성에 있어서 '여성적'인데도 역사적으로 인정받는 작가, 음악가, 미술가들 가운데 여성은 아주 적다. 수많은 '안나'들이 역사의 무대 위에 서지 못하고 커튼에 가려져 뒤편에 있었을 것이다.

여성이 재능이 부족해서? 절대 아니다. 내가 아는 인도네시아의 여러 훌륭한 여성 예술가들이 반증한다. 그들은 지난 수십 년 동안 남성이 지배해온 예술 세계에 도전해 업적을 쌓아왔다. 그리고 여성 예술가들은 이제 도약을 시작했을 뿐이다. 특히 수하르토 이후 '개혁 시대'가 되면서 여성 예술가의 역할이 중요하다는 사실을 사회도 인정하기 시작했다. 이른바 '사스트라왕기'는 포스트-수하르토 시대 문학에 활기를 불어넣는 선봉이었다. 문학뿐 아니라 무대예술과 미술, 음악에서도 여성 예술가들이 점점 더 적극적으로 활동하고 있다. 인도네시아 전통 대중음악 당둣dangdut을 부르는 여성 가수 이눌 다라티스타Inul Daratista는 관능적인 춤으로 '당둣의 왕'이라던 남성 가수 로마 이라마Rhoma Irama의 아성을 무너뜨렸다. 다라티스타의 명성은 여성들의 자기표현을 '음란함'으로만 치부하던 관행과 집요하게 싸워 얻은 결과다.

문학이나 예술보다 정치는 더 오랫동안 광범위하게 남성이 지배해온 영역이다. 그러니 제도권 정치 세계에서 여성들이 가야 할 길은 아직 멀 수밖에. 하지만 제 몫을 찾으려는 여성들은 점점 더 많아지고 더 적극적으로 행동하고 있다. 인도네시아 최초의 여성 대통령인 메가와티 전 대통령은 아버지 수카르노 초대 대통령의 후광을 입었다. 하지만 그것이 전부라고 생각해선 곤란하다. 수카르노에게는 딸 둘과 아들 둘이 더 있지만, 대통령궁 주인이 된 인물은 큰딸이었다.

내가 생각하는 '카르티니 기념일'의 메시지는 이렇다.

"공식 영역에서 여성들에게 제자리를 돌려준다고 남성들이 화낼 일은 아니다. 인도네시아에서 남성과 여성은 함께 일할 수 있다. 안나와 베토벤처럼 함께. 그러니 '안나'에게도 무대를 만들어달라."

정치, 미술, 문학, 음악 모든 부분에서 여성 참여는 모두에게 이로운 일이지, 누구에게도 손해를 입히지 않는다.

이슬람은 어떻게
억압적인 종교가 되는가

두어 해 전 삼림파괴와 기후변화 문제를 취재하기 위해 인도네시아에 갔다. 자바 섬 자카르타 공항에 내려 도심까지 들어가는 고속도로를 달리면서 처음 마주친 풍경은 강남의 테헤란로 부럽지 않게 우뚝우뚝 솟은 마천루와 초현대적인 주상복합아파트 단지들이었다. 더 인상적인 것은 호화로운 첨단 건물들 바로 옆을 흐르는 쓰레기투성이 개천과 골목들이었다. 아시아의 거대 개발도상국 인도네시아의 두 얼굴을 보는 듯했다. 자카르타에서 이틀을 보내고 자바 섬 중부의 소도시를 거쳐 탈탈거리는 소형 비행기를 타고 도착한 칼리만탄(보르네오 섬)에는 이 나라의 세 번째 얼굴이 있었다. '빈부격차'를 말하기조차 힘든 미개발 지역, 강물 위에 통나무집을 짓고 사는 사람들. 그러나 그 속에는 인도네시아의 또 다른 얼굴이 있었다. 다국적 제약회사가 운영하는 거대한 야자 농장들과 속살까지 파헤쳐진 밀림. 그곳은 세계화와 초국적 자본주의의 개발 바람이 불어닥친 자본주의의 최전선이었다.

인도네시아는 자원이 많고 땅이 넓고, 오랜 역사와 다양성을 지닌 나라다. 자바 섬 중부 족자카르타에는 보로부두르와 프람바난 사원 등 세계 어느 문화유산과 견주어도 빠지지 않을 찬란한 힌두·불교 유적이 있다. 칼리만탄과 이리안자야의 원시림은 아마존과 함께 지구의 허파로 불린다. 발리의 전통문화와 아체의 석유, 자카르타의 마천루 모두 인도네시아가 자랑하는 자산들이다.

인도네시아는 가진 것만큼 상처도 많다. 국제부 기자로 일하면서, 이렇게 재해가 많이 일어나는 나라도 드물 거란 생각을 했다. 2004년 쓰나미에 지진, 산사태, 한국에서는 듣도 보도 못한 '진흙 화산' 분출, 항공기 추락과 유람선 침몰이 빈발하는데 심지어 조류독감까지……. 재난과 사고가 끊이지 않아, 국제부 기자들 사이에서는 "인도네시아는 국가 차원에서 굿이라도 해야 하는 것 아닐까" 하는 쓸쓸한 농담이 나오기도 했다. 인도네시아는 멀지 않은 나라이지만 대다수 한국인들이 그곳에 대해 아는 것은 '수만 개의 섬으로 이뤄진 나라', '쓰나미로 큰 피해를 입은 나라', '자원이 많은 나라' 정도가 아닐까.

이 책은 '크지만 우리에겐 잘 알려지지 않은' 나라 인도네시아를 가까이 느끼게 해준다. 전통사회와 현대의 충돌, 자본주의적 발전과 그로 인한 그늘, 32년 수하르토 독재와 민주화. 우리 역사와 놀랍도록 비슷하지만 결정적인 차이가 있다. 그들 나라를 움직여가는 주요 원리가 이슬람이라는 사실이다. 저자는 인도네시아의 이슬람이 민주적, 합리적인 종교가 되어야만 인도네시아의 미래를 낙관할 수 있으며, 그러려면 두 가지 편견에 맞서야 한다고 말한다.

첫째는 이슬람을 '여성들을 탄압하고 성性을 억압하는 종교'로 만들어온 이슬람 보수파들과 테러를 일삼는 극단주의자들의 독선을 향한 것이다. 두 번째는, 이슬람을 '폭력적이고 억압적인 나쁜 종교'로 보는 이슬람 밖의 시선을 향한 것이다. 율리아는 이슬람의 폭력성을 들쑤시고 부추기는 서방의 오만함을 질타한다.

'이슬람과 여성'이라는 주제는 1996년 극단주의적인 이슬람 무장 조직 탈레반이 아프가니스탄을 장악하고 여성들에게 '부르카'를 입히면서 '글로벌 이슈'로 부상했다. '부르카'는 검은 베일에 갇혀 얼굴과 목소리와 몸짓을 잃고 사회적으로 존재 자체가 지워져버린 이슬람 여성의 상징이 됐다.

이슬람은 여성을 억압하는 종교인가? 그렇다면 그 억압은 언제부터 시작된 것인가? 이슬람의 여성 차별은《꾸란》에 규정돼 있는 것인가 아니면 일부 무슬림들이《꾸란》을 곡해하면서 나타난 현상인가?

이 모든 질문들에 대한 대답은 "그렇기도 하고, 아니기도 하다"가 될 것이다. 이슬람은 여성을 억압하기 '위해' 만들어진 종교는 물론 아니다. 이슬람 옹호론자는《꾸란》은 여성들에 대한 '배려'와 '보호' 그리고 '재산권 인정' 등을 규정하고 있다고 말한다. 선지자 무하마드의 아내가 돈 많은 과부로 경제권을 쥐고 있었다는 점을 예로 들며, 여성들에게 베일을 씌우는 풍습 등 '이슬람의 여성 차별'로 알려진 관행 상당수가 아랍의 유목생활에서 온 잔재라고 말한다.

하지만 이유를 이슬람 교리 자체에서 찾든, 아니면 아랍의 부족 문화유산에서 찾든, 이슬람 여성들이 탄압을 받고 있는 것은 분명한 사실이다. 파키스탄, 방글라데시, 터키, 요르단 등지에서 자주 일어나는 '명예살인'은 대표적인 예다. 몇 해 전 파키스탄 동부 펀자브 주에서는 40대 남성이 4세부터 25세까지의 네 딸을 아내 앞에서 모두 흉기로 살해하는 엽기적인 사건이 일어났다. 이유는 단 하나, 큰 딸이 바람을 피웠을 가능성이 있다는 것이었다.

아프간 남부에서는 지금도 탈레반 추종세력들이 여학교 교사와 학생들에게 염산을 퍼붓는 테러를 저지른다. 이런 일들은 극단주의자들이 저지르는 예외적인 사건이 아니라 이슬람권에서 드물지 않게 나타나는 '구조적인 범죄'들이다.

'히잡' 논쟁도 되새겨볼 필요가 있다. 이슬람권의 여성들이 쓰는 베일을 보통 '히잡'이라고 부르지만 형태에 따라 명칭이 조금씩 다르다. 부르카든 질밥이든 개인이 원하면 쓸 수 있다. 유럽에서는 몇 년 전부터 이슬람 여성 탄압의 상징인 히잡이 '사회적 가치관에 위배된다', '정-교 분리 원칙에 어긋난다'는 이유를 들어 공공장소 착용을 금지시키려는 움직임이 있었다. 그러자 프랑스를 비롯한 여러 곳에서 이민자 2세인 무슬림 여성들이, 강요당해서가 아니라 "우리가 원해서, 문화를 지키려 히잡을 쓰려는 것"이라며 자유롭게 히잡을 입을 권리를 주장하며 시위를 벌이기도 했다. 이 문제를 다룬 국내 여러 언론의 논점은 대략 '이슬람의 여성 탄압이 문제냐, 유럽 우월주의 잣대가 문제냐'로 모였다. 서구가 이슬람을 대할 때 보인 오만함에 반감을 느껴온 이들 사이에서는 은근히 '히잡 착용론'을 옹호하는 분위기까지 나타났다.

그러나 맹목적 반미론자들처럼 '미국의 적은 우리 편'으로 보거나, 대^對테러전쟁이 옳지 않다고 생각한다 해서 이슬람의 억압적 기제들을 '문화적 다양성'으로 편들어주기만 할 수는 없다. 수억 명 무슬림 여성이 자의로 베일을 쓴다 하더라도 히잡 혹은 차도르, 부르카, 질밥을 거부한다는 이유로 살해 위협을 받거나 탄압당하는 사람이 단 몇 명이라도 있다면 '자유로운 의사결정을 존중한다'고 볼 수는 없으니까. 이슬람권 여성 현실을 감안한다면 이슬람의 '현대화'가 늦었음을 부인하기는 힘들어 보인다. 하지만 이런 현상들을 깊이 들여다 보면 문제는 이슬람이라는 종교 자체가 아니라 그런 범죄를 저지르는 자들

(혹은 국가, 사회제도)이 이슬람이라는 종교를 명분으로 내세운다는 것임을 알 수 있다. 이슬람 국가 내부의 사회·경제적 모순 구조가 종교의 외피를 쓰고 여성을 비롯한 약자를 괴롭히는 것이어서 이슬람과 여성, 이슬람과 마이너리티에 대한 주제는 어렵고 복잡하다.

이슬람의 여성차별·마이너리티 탄압과 인권 침해는 뿌리 깊은 문제인 동시에, 비교적 최근에 두드러져 나타난 '새로운 현상'이기도 하다. 이 역설은 최근의 '근본주의화' 현상과 관련 있다.

이집트, 이라크, 이란 등 이슬람권 주요 국가들은 아주 최근까지도 종교와 거리를 둔 세속주의 근대 국가였다. 독재와 분쟁 같은 문제는 있었을지언정, 탈레반 치하의 아프간 같은 극단적 이슬람주의로 인한 문제들은 상대적으로 적었다. 이슬람 종주국 사우디아라비아는 지금도 여성이 운전을 할 수도, 사회생활을 할 수도 없는 국가지만(여성뿐 아니라 모든 이들의 정치적 자유가 없다는 점에서 이 나라는 모든 국민을 억압하는 나라라고 할 수 있다) 다른 아랍-이슬람권 국가들은 식민통치에서 벗어난 뒤 그들 나름의 근대화 과정을 걸었다.

하지만 이 지역의 근대화 과정은 서방의 궤적과는 다르다. 냉전 구도의 부산물인 독재가 냉전 체제 해체와 함께 끝난 뒤에 오히려 정치·경제·종교적 근본주의화 현상이 전 세계 이슬람권으로 퍼지기 시작했다는 점에서 말이다.

율리아가 살고 있는 인도네시아도, 헌법상으로는 '이슬람 공화국'이 아닌 세속주의 국가여서 이슬람을 포함한 5개 종교를 공식 인정한다. 좌파 민족주의에 쏠렸던 수카르노 초대 대통령 시절부터 1999년 쫓겨난 수하르토 독재정권까지 정-교 분리를 엄격히 지켰다. 하지만 '민주화'와 함께 보수적인 이슬람 세력의 목소리가 강해지고 있다. 특히 9·11 이후 미국이 이른바 '테러와의 전쟁'을 벌이면서 아프가니스탄, 파키스탄 등지에서 넘어온 이슬람 과격세력이 기승을 부리고 있다. 2002년과 2005년의 발리 연쇄 테러, 2003년 자카르타 매리어트호텔 폭탄 테러 등은 이 과정에서 벌어진 초대형 사건이었다.

그러므로 이슬람은 종교로서보다 사회와 개인의 삶에 영향을 미치는 하나의 사회 원리로 다루어야 한다. 이 책은 무슬림이 중동보다 더 많은 인도네시아를 통해 이같은 내용을 꼼꼼히 살폈다.

극단주의가 민주화를 비집고 들어오는 현상이 인도네시아에서만 나타나는 것은 아니다. 세속주의 독재 혹은 권위주의 통치에서 민주주의로 어렵사리 옮겨가고 있는 이라크, 이집트, 터키 등 이슬람권 나라들이 모두 비슷한 진통을 겪고 있다. 사담 후세인 정권 시절, 이라크에서 탄압 받았던 보수적인 친이란계 시아파는 후세인이 물러나자 목소리가 커졌다. 후세인 독재정권이 몰락했으니 시민적 자유와 인권이 신장되어야 마땅하지만, 독재가 사라진 자리에 이슬람주의가 들어서면서 사회적으로는 오히려 후퇴되는 양상까지 나타나고 있다.

이스라엘에 맞선 팔레스타인인들의 저항은 제 땅에 제 나라를 세우려는 독립운동이지만 여기에도 이슬람주의가 끼어들었다. 특히 이스라엘의 억압이 심한 가자지구에서는 무장 정치조직 하마스가 점점 이슬람주의에 경도되면서 히잡을 쓰는 여성이 늘고 있고 사회 분위기도 보수화되고 있다. 아랍권에서 가장 자유롭고 개방된 편이었던 이집트 문화에도 변화 양상이 보인다. 영국 BBC방송 등은 2008년 이집트의 한 특급호텔이 공공장소에서 음주를 금한 이슬람 규율을 들어 술 판매를 중단했다고 보도했다. 이집트의 관광업계는 이슬람 규율이 확산되면서 관광 산업이 타격을 입을까 우려하고 있다.

터키에서는 레제프 타이이프 에르도안 총리가 이끄는 이슬람 정권과 세속주의를 옹호하는 야당·지식인·군부가 미묘하게 대립하고 있다. 터키는 총리가 실권을 행사하는 의회민주주의 국가로, 의회에서 명목상 국가원수인 대통령을 선출한다. 2007년 터키 대선 때 에르도안 총리의 정의개발당은 압둘라 귤을 후보로 내세웠다. 귤의 부인은 공개석상에서 히잡을 쓰는 여성이었다.

터키에서는 공식석상에서 종교를 드러내는 히잡을 쓰지 않는 것이 관행이었다. 정-교 분리 헌법의 수호자를 자처한 군과 야당, 지식인들, 그리고 사법부까지 나서서 귤이 후보 자격이 있는지를 놓고 싸웠다. 곡절 끝에 타협이 이뤄져 귤이 대통령에 당선되긴 했지만, 이 사건은 히잡이 갖는 상징적인 의미와 함께 이슬람권 국가에서 벌어지는 종교 중심주의 대 세속주의의 갈등을 여실히 보여줬다.

동남아시아에서 가장 안정된 말레이시아에서도 이슬람주의의 목소리가 커지고 있다. 말레이시아는 공식 국호가 '말레이 이슬람 왕국'이고 일곱 개 에미르(군주)들이 돌아가며 국왕을 맡는다. 공식적으로는 이슬람 국가지만 말레이시아는 마하티르 모하메드 전 총리의 오랜 집권 기간 내내 세속주의 원칙을 지켜왔다. 이슬람 세력을 억눌렀던 마하티르가 물러나자 종교정당이 곳곳에서 득세하고 있다.

이렇게 이슬람근본주의의 영향력이 커지는 것을 가리켜 뉴욕타임스 칼럼니스트 토머스 프리드먼은 '이슬람권의 사우디아라비아화(化)'라 부르기도 했다. 현대화된 도시의 이슬람이 오히려 퇴조하고 사우디 오일달러에 힘입어 '사막의 이슬람' 즉 전근대적이고 교조적, 극단적인 교리가 이슬람 문화권을 질식시키고 있다는 것이다. 세속주의에 대한 이슬람의 반격에는 점점 지배적이 되어가는 서구 문화의 영향력에 맞선 지역적 저항이라는 측면도 있다. 하지만 그 속에서 훼손되는 민주주의의 가치 중에는 '서구의 것'이라고 쉽게 내팽개칠 수 없는, 보편적 인권에 해당되는 것들도 많다. 더 중요한 것은, 이슬람 근본주의화로 가장 큰 피해를 입는 것이 사회적 약자들이라는 점이다. 근본주의자들의 '밖'을 향한 공격의 상징이 9·11 테러라면, '안'을 향한 공격은 여성을 비롯한 사회적 약자들을 노린 것이다.

그래서 이슬람의 여성 탄압은 전근대적 종교·제도의 산물이면서 동시에 탈냉전기 이슬람권의 사회변화와 연결된 '새로운 현상'이다. 율리아 또한 통치권력이 된 이슬람이 인도네시아 사회의 '민주화'를 어떻게 왜곡되고 있는지에 초점을 맞춘다. 이슬람근본주의자들의 시민사회에 대한 공격은 인도네시아뿐 아니라 세계 곳곳 이슬람권으로 퍼지고 있다.

하지만 '폭력적인 종교 이슬람'이라는 주장에 대한 저자의 답은 단호하다. "이슬람의 본질은 그렇지 않다, 문제는 이슬람이 아니라 이슬람을 빙자해 테러와 폭력을 저지르는 자들이다." 모든 종교가 그렇듯 이슬람은 배타적이고 동시에 관용적이다. 또 지금의 기준으로 볼 때 분명 폭력적이고 억압적인《꾸란》구절들이 있지만 약자에 대한 배려가 거의 없던 당시《꾸란》이 명시한 여성 상속권 등은 혁명적이라고 할 수 있는 인권 신장이었다. 이슬람을 관용의 종교로 만들지 폭력의 종교로 만들지는 각자의 의지에 달린 셈이다.

덧붙여 이슬람의 전근대성을 질타하는 미국과 서방도 근본주의화에 책임이 있음을 짚어야 한다. 미국은 사우디아라비아와 이집트의 친미정권들을 지원해왔다. 사우디는 미국산 무기의 최대 수입국 중 하나며, 이집트는 국가재정의 3분의 1을 미국의 원조로 충당한다. 중동·이슬람권의 맹주인 두 나라의 독재정권은 미국과의 결탁 속에서 자국민들을 억압하며 권력을 유지하고 있다.

독재정권의 탄압과 부패, 높은 실업률과 사회적 억압에 시달리는 두 나라 젊은이들이 유독 테러조직에 많이 가담하는 것은 우연이 아니다. 오사마 빈라덴은 메카와 메디나가 있는 이슬람 본산 사우디에 미군기지가 들어서 있는 현실을 보고 미국을 공격하기로 마음먹었다고 밝힌 바 있다.

미국은 냉전시절 소련과의 경쟁에서 도움이 되기만 하면 독재정권이건, 이슬람근본주의자들이건 가리지 않고 지원했다. 그 결과 알카에다 같은 테러조직들이 생겨났고, 그들은 냉전이 끝난 뒤 미국을 향해 총구를 돌렸다. 미국 버락 오바마 대통령은 2009년 4월 첫 해외순방에서 터키를 방문해, "미국은 이슬람과 전쟁을 치르고 있는 것이 아니"라면서 화해의 손길을 내밀었다. 미국의 새 정부가 보여주는 '달라진 몸짓'에 세계는 환호를 보내고 있다. 그러나 이슬람 국가의 국민들이 미국에 대한 의구심을 모두 거둔 것은 아니다.

이 책을 옮기면서 때로는 답답하기도 했다. 저자가 책 제목을 '율리아의 지하드'라고 했지만, '왜곡된 이슬람에 맞서는 여성 사회학자의 성전聖戰'이라 부르기엔 너무나 온건하고 너무 모호한 게 아닌가 싶은 부분이 많아서였다. '이슬람'이라고 명시하는 대신 '종교'라는 말로 대신하며 피해가기도 한다. '이슬람극단주의'라 쓰지 않고 '종교적 극단주의', '종교적인 문제', '종교적인 보수파'라 바꿔 부르는 식이다. 이런 것들이 좀 더 강력한 '내부로부터의 목소리'를 기대했던 이들에게는 실망스러울 수 있다.

이 점에 대해서는 율리아가 처한 상황을 감안해야 할 것 같다. 율리아는 이슬람 보수주의를 비판하는 칼럼을 썼다가 극단 세력으로부터 신변의 위협을 받은 적이 있다고 한다. 실제로 인도, 파키스탄, 방글라데시 등에서는 율리아 같은 여성 지식인들에 대한 테러가 수시로 일어난다. 그러니 이런 현실을 고려하면서, 율리아의 글에 나타난 이슬람 비판의 강도를 머릿속으로 조율해가며 읽을 필요가 있다.

이슬람권에도 여러 독특한 문화가 있다. 특히 열대의 섬들로 이뤄진 인도네시아 이슬람과 유목문화에서 출발한 아랍 '본토'의 이슬람은 차이가 있을 수밖에 없다. 일례로 인도네시아 무슬림은 단식월 끝무렵 고향을 찾지만, 추석이 없는 아랍에는 귀향 행렬이 없다.

스스로 서문에서 밝혔듯 인도네시아 사회의 상류층인 율리아 글에서 부르주아 의식이 엿보일 때면 종종 불편했다. 하지만 여러 문화 속에서 자라고 교육 받은 덕에 모태 신앙 이슬람과 조국 인도네시아를 건강하게 비판하는 균형감이 돋보였다. 이런 점들을 감안하면서 읽는다면 훌륭한 이슬람 안내서, 인도네시아 안내서가 될 듯하다.

구정은

천 가지 얼굴의 이슬람, 그리고
나의 이슬람

첫판 1쇄 펴낸날 2009년 4월 30일

지은이 율리야 수리야쿠수마
옮긴이 구정은

펴낸이 김수진
기획 정문태
편집 이현주 이정규

인쇄 중앙 P&L
제책 서정바인텍

펴낸곳 아시아네트워크
출판등록 2007년 10월 2일 제 406-2007-000093호
주소 경기도 파주시 교하읍 문발리 파주출판도시
　　　 529-3번지 푸른숲 빌딩, 우편번호 413-756
전화 031)955-1441~3(편집부), 031)955-1400(마케팅부)
팩스 031)955-1445

ⓒ아시아네트워크, 2009
ISBN 978-89-960239-4-4 04910
　　　 978-89-960239-0-6 (세트)

이 도서의 국립중앙도서관 출판시도서목록(CIP)은 e-CIP 홈페이지(http://www.nl.go.kr/cip.php)에서
이용하실 수 있습니다. (CIP제어번호: CIP2009001186)